外国语言文学知名学者讲座系列·**语言学十讲**

主编 束定芳 **策划** 庄智象

认知语言学十讲

◎刘正光 李雨晨 著

U0745354

Ten Lectures on Cognitive Linguistics

上海外语教育出版社
外教社 SHANGHAI FOREIGN LANGUAGE EDUCATION PRESS
www.sflep.com

图书在版编目（CIP）数据

认知语言学十讲 / 刘正光，李雨晨著．
—上海：上海外语教育出版社，2019 (2021重印)
（外国语言文学知名学者讲座系列．语言学十讲）
ISBN 978-7-5446-6100-3

Ⅰ.①认… Ⅱ.①刘… ②李… Ⅲ.①认知语言学 Ⅳ.①H0-06

中国版本图书馆CIP数据核字（2019）第277632号

出版发行：**上海外语教育出版社**
　　　　　（上海外国语大学内）　邮编：200083
电　　话：021-65425300（总机）
电子邮箱：bookinfo@sflep.com.cn
网　　址：http://www.sflep.com
责任编辑：陈先奎

印　　刷：**上海信老印刷厂**
开　　本：635×965　1/16　印张 15.5　字数 253千字
版　　次：2019 年 12月第 1版　　2021 年 1月第 2次印刷
印　　数：1 100 册

书　　号：ISBN 978-7-5446-6100-3
定　　价：55.00 元
　　　　本版图书如有印装质量问题，可向本社调换
　　　　质量服务热线：4008-213-263　电子邮箱：editorial@sflep.com

总　序

　　根据《国家中长期教育改革与发展规划纲要（2010-2020年）》和教育部有关文件要求，高等学校应培养"具有国际视野"、"懂国际规则"、"能参与国际事务"的大学生。《高等学校英语类专业国家标准》（征求意见稿）提出，高校英语专业课程应培养学生的基本学科素养和基本的研究能力；同时，随着计算机和网络技术的发展，大学课程应该适应最新的网络、多媒体和移动通讯方面的发展趋势，借鉴国外网络公开课程的模式，引导学生自主学习。

　　本系列的目标读者是英语专业、大学英语高年级学生、研究生和英语教师，其主要目的是普及语言学基础知识和基本理论，引导学生关注语言与人类生活和人类发展的密切关系，为他们学好语言课程、从事基本的语言研究或语言对比研究，或今后更好地适应与语言相关的工作打下良好的基础。

　　本系列涉及语言学最重要的分支领域或流派。每一领域或流派各为一册，包括语言学的各个主要分支学科和流派。

　　丛书每册以十个讲座的形式，勾勒出所涉及的领域或流派的概况和历史发展过程，介绍基本概念和基础理论，体现最新研究成果，指出需要进一步研究的问题和发展趋势。讲座突出重点，提纲挈领，语言简洁，举例丰富，说理易懂，既可作为语言学初学者的学术参考书，又可作为课堂教材使用。各分册部分内容配有相关的视频讲座，与纸质书配套出版，供教师和学生参考学习。

　　本套书的策划和编辑得到了广大专家和外教社领导、学术部工作人员的大力支持。时任外教社社长和总编辑庄智象先生最初提出该丛书的设想并协调了组稿及丛书编辑原则制定等过程。外教社孙静主任和蔡一鸣编辑具体负责了联系作者、协调编写原则和要求、审稿、修订等工作。在此一并致谢。

束定芳

2017 年 10 月

前　言

　　上海外语教育出版社策划了一个很有意义的普及语言学的"讲座系列"，把语言学的各分支学科用通俗易懂的讲座形式呈现给读者。感谢信任，委托我写《认知语言学十讲》。我感觉有三点难处：1）认知语言学涵盖面很广，哪些该写进去，难以取舍；2）认知语言学的入门读物已经有几个很有影响的版本了，如 *An Introduction to Cognitive Linguistics*（Ungerer, Friedrich & Schmid, Hans-Jörg 1995）、《认知语言学概论》（赵艳芳 2000）、*Cognitive Linguistics: An Introdution*（Vyvyan Evans 2006）、*Cognitive Linguistics: Basic Readings*（Dirk Geeraerts 2006），再要写一本导论，难度可想而知；3）读者对象为语言学专业，怎样述说才能让读者接受，心中根本没底。也正因为这样，2014 年接受这个任务后，一直不敢动笔。

　　为了完成这个看似简单的任务，去年申请了三个月的国家留学基金项目，静心思考本书应该包含的内容、全书的结构和表述的方式。确定了三个基本原则：一是，虽然这是一本导论，也要能够引导读者深入思考，学会怎样运用认知语言学的基本原理研究问题；二是，用简明的方式让读者理解认知语言学中的"认知"与语言的关系；三是，对读者学习外语有所启发。

　　基于以上原则，全书内容的安排线索完全不同于以前的同类著作，以认知能力为主线，将要讨论的内容串起来，从目录可以看出这种安排。一个更大的变化是，本书没有将隐喻和转喻作为独立的章节来写。这是因为，既然隐喻是语言与思维的基本方式，那么，在语言与认知的各个层面都会有它的作用。因此，为了避免内容的重复和逻辑层次的交错，我们采用了隐性处理，花了较多笔墨讨论语言学习的问题。

　　写作中，我们不求面面俱到，而是以核心概念为基础，深入阐释其内涵与启发意义，希望有助于掌握学术阅读的方式，实现深度阅读。表述上，我们尽可能地使用交谈的方式，选用一些具有时代性和可读性的语言事实进行分析，尽量增加亲切感。

　　本书的写作过程再一次让我更深刻地体验了语言的魅力与乐趣。

目　录

第一讲 认知语言学对语言的认识

认知语言学作为一种新的语言研究范式，产生于 20 世纪 70 年代，成熟于 80 年代，其标志是 1989 年在德国第一届国际认知语言学大会的召开和《认知语言学》的创刊。其奠基性人物有 G. Lakoff、R. Langacker、C. Fillmore、L. Talmy、M. Johnson、M. Turner、G. Fauconnier，后来 J. R. Taylor、D. Geeraerts、E. Sweetser、A. Goldberg 等人对认知语言学的发展作出了开创性贡献。

认知语言学是现代语言学中一个相当广泛的理论运动（movement）的总称。它包含许多不同的途径、方法和研究重点，这些不同的途径、方法和重点由"概括和认知"两大理论追求（the commitments to generalisation and cognition）统一起来。认知语言学中最重要的假设是：语言是人类认知不可分离的一部分，任何对语言现象真知灼见的分析都必须包含在人类认知能力之中。

认知语言学不能取代其他语言学理论或流派，相反，与其他流派是互补的。

1. 认知语言学的产生

认知语言学之所以产生于美国，主要是因为当时统治世界语言学的生成语言学产生于美国，旗帜性人物 Chomsky 在美国，生成语义学的主要人物 Lakoff 等人也在美国。准确地说，由于生成语言学对语义的忽视导致了生成语义学研究寻找新的出路，从而产生了认知语言学。

1.1 认知语言学产生的学术背景

认知语言学属于认知科学的重要组成部分，产生于第二代认知科学。第一代认知科学在认识论与方法论上具有以下特征：第一，认知即符号计算，它认为理智（reason）与体验分离（disembodied）是直义或客观的（literal），就像形式逻辑一样是符号系统的运算。因此，心智就是一个抽象的计算程序，心智的硬件（大脑和身体）对心智没有影响。第二，意义即心理表征，可以作两种理解。首先，意义根据符号之间的内在关系定义，意义是符号计算的结果；表征即概念。其次，符号是外在现实的内在表征，即意义对应于客观现实；那么，表征就是形式系统之外某物的符号表征。概而言之，思想可以用形式符号系统表征，而符号本身是没有意义的，思想是这些符号根据规则计算的结果。

生成语言学属于第一代认知科学，从 20 世纪 50 年代开始，一直统治着语言学理论研究，尤其在美国。生成语言学认为：语言是一组符合语法的句子组成的集合，语法是生成所有合乎语法的句子的一个机制；语言学家研究的应该是母语者的语言直觉，而不是可以观察到的话语，因此应该采用内省的方法进行研究；语言学研究的最终目标是人类语言的普遍语法；人类大脑中有一个独立的语言习得机制，或者说天赋的语言能力，语言能力独立于其他认知能力。语言学研究的重点对象由研究语言转入研究语法（徐烈炯 1988）；生成语言学在其发展过程中，不断地追求抽象的原则；另外，生成语言学由于研究的是人类语言的普遍原则，因此在研究内容上只关注那些核心（core）的语言事实或者说理想的语言事实，而对那些涉及词库知识的句法现象则作为边缘事实排除在外，推给语用学研究。

以上观点可以概括为生成语言学的三个根本假设：语言（语法）具有自主性（autonomous），独立于人的其他认知能力；句法是个自主的形式系统，与语义和语用关系不大；语义是真值—条件构成的与客观世界的对应联系，应该由客观化的形式逻辑来描写。

就直接的理论动因而言，认知语言学产生于生成语言学的一些理论困境。

1.2 生成语言学在解决语义问题上的困难

生成语言学采用形式逻辑这种数理的方法研究语义，直接导致了其分支学科生成语义学的主要人物 Lakoff 等人脱离生成语言学阵容转而探究新的研究途径。用逻辑的方法研究语义无法回避的问题是，形式语义学所构建的有关世界的模型完全是与人类经验相分离的（disembodied）、客观的。世界是由物体、特征和关系组成的客观世界，形式语言的符号可以映射到这些物体、特征和关系之上，这就是我们通常说的条件—真值语义学或者说逻辑语义学。语义学的所有工作就是研究符号与集合之间的映射关系，人的因素被抛弃得远远的，但是无数的语言现象却蕴涵了人类的经验。

逻辑语义学认为，句子表达命题。自然语言的语义可用形式逻辑进行合理的研究。指称、同指与描写自然成为语义研究的中心问题。然而，在自然语言的研究中，形式逻辑在无数的自然语言现象面前却束手无策，如（1）—（7）（转引自 Lakoff 为 Fauconnier 的 *Mental Spaces*（1994）作的序）：

（1）If I were you, I'd hate me.

（2）If I were you, I'd hate myself.

（3）If Woody Allen had been born twins, they would have been sorry for each other, but he wasn't and so he's only sorry for himself.

（4）John's children are blond.

（5）If John has children, John's children are blond.

（6）In this painting, the girl with the brown eyes has green eyes.

（7）If a man owns a donkey, he beats it.

例（1）和（2）表达的意义不同，形式逻辑无法区别两者之间的差别，因为 me 和 myself 都是一人称，应同指说话者，可它们分别指你和我，这里实际是将"自己"一分为二。形式逻辑能解决同指问题，却无法解决同一实体一分为二的问题。例（3）中，twins 是非指称性谓语名词，因而不能充当先行词。那么，单数所指 Woody Allen 就必须同时充当 they 和 he 的先行词。形式逻辑语义理论不能解决这种同指分裂问题。例（4）预设了 John 有小孩，然而，在例（5）中，if 条件句取消了这种预设。这就出现了指称与预设的统一性问题。例（6）在逻辑语义理论中被视为自相矛盾的句子，因为 in this painting 既不是逻辑功能词，也不是表示命题态度的动词，因而不可能用逻辑式表达其域界差异。在例（7）中，虽然两个不定冠词的意义相同但不能由存在量词用经典逻辑式表达，因为这类量词不能同时约束 he 和 it。相反应用广义量词表达，问题的根本在于怎样使不定冠词获得一致的意义。

1.3　理论建设中的方法论问题

Langacker（1987：v—vi）在阐述研究认知语法的动因时说，他对当时的语言学理论主要有两点不满。其一，理论框架的狭窄性和缺乏自然性（难以符合语言现实）；其二，理论概念和假设的不确定性。

理论框架的狭窄性指研究的范围有限，将许多重要的事实排除在研究视野之外，如隐喻性语言。事实表明，隐喻性语言在自然语言中很普遍（pervasive）、更基础（fundamental），甚至在语法结构中也是如此。如果将隐喻性语言排除在研究范围之外，就没有什么研究的内容了。缺乏自然性指的是没有尊重研究材料的原始特征，忽略了语言事实的丰富性、细微差异和复杂性，破坏语言材料的内在结构，以分析者所需要的方式使用材料，或者是孤立地使用材料，或者是强加给材料某些实际上并没有的理论结构与意义。

理论概念和假设的不确定性指语言学理论在使用一些没有明确界定的概念和术语讨论问题，这样容易导致理解上的混乱，如名词、动词、修饰语、主语、从属结构等。语言学家们都在使用这些概念和术语，但没有几个人准确、明晰、易懂地定义了这些概念和术语，只是提供一些例证而已。

1.4　相关领域的研究发现

Lakoff（2012）曾说，他转而研究认知语言学，是 1975 年夏天四位学者在加州大学伯克利分校的报告启发了他。一是，其同事 Kay 关于颜色词及其意义的研究。Kay 的研究发现，在众多的颜色中，世界上的语言对某几种颜色都有表达的词语。这说明，焦点颜色的存在。同时，神经科学的研究也发现人的经验对判断颜色起作用。二是，认知心理学家 Rosch 关于基础水平范畴的研究，她发现在人们关于基础水平范畴成员的心理意象中，有身体和大脑活动的参与，这表明意义具有体验的性质。三是，Talmy 关于空间关系的研究。空间关系的语义元素并不只是与空间关系相关，还与身体的作用方式相关。四是，Fillmore 关于框架语义学的研究。概念框架不是来源于逻辑，而是与人类经验相关。这四个启发具有的共同意义是，**意义与人类的经验具有千丝万缕的联系，也启发 Lakoff 提炼出认知语言学的体验哲学观。**

2.　对语言的三点基本认识

认知语言学产生于第二代认知科学，其主要观点对认知语言学的语言观、理论假设和研究取向产生了重要影响。第二代认知科学主要有 8 个主要观点（Lakoff & Johnson 1999：77-78）：

（1）概念结构来自感觉运动经验和神经结构。在我们的概念系统中，"结构"体现为意象图式和运动神经图式（motor schema）。

（2）心智结构与我们的身体和经验相联结，因此它在本质上是有意义的，不可能被无意义的符号所描写。

（3）概念有一基本层次，主要来自运动神经图式、格式塔感知能力和形成意象的能力。

（4）大脑的结构具有从感觉运动区域向更高脑皮层区域投射激活类型的能力。这样的激活类型构成基本隐喻。这种投射以身体直接联结的感觉运动加工中的推理模型为基础，有助于我们对抽象概念进行概念化处理。

（5）概念结构包含不同种类的原型：典型事例、理想事例、社会常规、突显样本、认知推理点等。每种原型都有各自独特的推理方式。大部分概念不能运用充分必要条件来描写。

（6）推理是基于身体经验的，其基本形式来自感觉运动和其他基于身体的推理形式。

（7）推理具有想象力，基于身体的推理形式经由隐喻映射投射到抽象推理模式之上。

（8）概念系统具有多元性。通常情况下，抽象概念由多重概念隐喻来定义，而这些概念隐喻本身常常并没有内在一致性。

对语言的基本认识是一切语言学理论建立的前提和基础。认知语言学对语言的基本认识既有对前人思想的继承又有新的发展。

2.1　语言的基本单位是形义构成的整体

认知语言学将语言定义为："... an enormous structured inventory of conventional linguistic (symbolic) units"（Langacker 1987：73, 78）。在这个定义里，最后两个字是核心。

语言单位具有"符号性"特征，是现代语言学的奠基人索绪尔对语言的根本特征的概括，一直为人所接受。认知语言学同样接受这一观点，体现出认知语言学对索绪尔语言学思想的继承和发展。

在生活中，我们很容易理解符号是形义结合的整体。如参加亲朋好友的聚会，尤其是婚礼，穿着颜色艳丽的衣服，其目的实际是为了衬托喜庆的气氛。相反，如果参加葬礼，西方人多穿黑色等深色衣服，中国以前多穿白色，现在也多穿深色了，都是表示庄严肃穆。

语言也是一样。一个词的发音是它的物质外壳，它所表达的概念是其内容，即意义，二者构成一个有机整体。其实，词在词典里的意思和在使用中的意思是不一样的。以汉语中的"兄弟"为例：

（8）a. 他们是个大家庭，有五兄弟。

　　b. 老王和我是兄弟，以后请多关照他一点。

　　c. 你有钱时，这些人都说和你是兄弟。没钱时就不认得人了。

　　d. 兄弟啊，这个事情千万做不得。

（8a）中表示血缘关系的同辈人；（8b）中可能有歧义，既可以是血缘关系的同辈人，也可以是关系很好的、没有血缘关系的两个人（甚至可以不同辈）；（8c）中表示关系好的同辈人；（8d）是一个呼语，但带有一点关系较近的味道。本例表明，词的意义不仅是形义整体，还是一个网络系统或者说一个概念范畴。

构式（construction）或句型（pattern）同样也是形义整体，如：

（9）a. It appears that she is quite smart.

　　b. She appears to be quite smart.

以前，我们在中学学英语时，老师总是说，这类句型转换意义是没有变的。其实，本族语者还是会区别使用的。（9a）中的 It appears (seems, etc.) that... 结构更多的表示客观评价，因为 it 作为第三人称代词，表示的就是客观事物。（9b）是一个 SVC 结构。语言中，SVO 或 SVC 结构都是典型结构。典型的 S（主语）是要对其后 V（动词）的行为负责的。在本句中，即 to be quite smart 是主语主动地、有意识地做出来的。因此，这句话多少有点"作"的意思。

从这个意义上来说，学习一个词也好，学习一个句型也好，掌握形式是第一步，更重要的一步是掌握其意义，尤其是进入具体使用的语境后所表达的意义，只有将意义与它的形式作为一个整体来掌握才能实现有效运用。

unit 强调形式与意义的不可分割性，是语言使用者熟练掌握能自动运用的整体单位。

2.2　语言的创造性来自语言使用者

生成语言学观察到了令人深思的现象：人们可以通过掌握有限的

语言规则知识，理解和产出无限的话语。在语言学里，这种现象叫作"递归性"（recursiveness）。生成语言学认为语言的递归性是语言系统内部特有的创造性。但递归性与创造性还是有区别的。

　　语言使用中确实存在创造性。创造性是语言系统内部的还是语言使用者带来的，这是生成语言学与认知语言学的根本分歧之一。认知语言学认为，语言的创造性来自语言使用者的主观能动性。2.1 节定义里的"inventory"这个重要概念就是针对这一问题提出来的。在新媒体高度发达的今天，我们尤其能够很容易理解这个基本问题，如：

（10）a. 他最后五米被对手超越了。

　　　b. 他好郁闷，去派出所登记结婚时，发现已经被死亡十年了。

　　　c. 高铁确实很快很舒服，但同时很多低收入者也被高铁了。

（11）a. 网友普遍吐槽，纷纷对放假安排表示不满，尤其是除夕这天竟然还要上班，这是要逆天的节奏啊！

　　　b. 搬个家河东河西来回三趟，这是要挂的节奏啦。

　　　c. 6 月 4 日晚，郭敬明突然在微博上 @ 吴亦凡，而吴亦凡也随即转发并附上几个太阳的表情，引发众人猜测，这是要合作的节奏？

　　（10a）是大家熟悉的"被"字句。在汉语中，"被"字句表示中性意义的"被动"并不是它最初的意义。表"被动"是用得多以后，"被"字句意义中性化的结果。其实，它最初的意义是表示不好的"遭遇"，具有负面意义（negative）。今天，"被"字构式表示负面意义实际是最初意义的复活。这个复活源自一位大学生在网上讲述自己没有找到工作，却在学校毕业生档案的就业情况栏里标明的是"就业"。该学生就用了"被就业"这个说法。自此以后，"被死亡"、"被高铁"、"被结婚"等说法应运而生，不一而足。（10b）和（10c）大家觉得很新奇，一是因为它一方面有被动的意味，另一方面是因为，"被"字后所接的成分。中性意义的被动句里，"被"字后都是接及物动词。而在（10b）和（10c）里接的是不及物动词和名词。今天看来，大家觉得它们都是创新性用法，因为它们突破了被动句的基本句法限制（后接及物动词）。可是，它们却是最初用法的复活。这种复活也是一种创新，但不是来源于语言系统本身。（11）是最近几年才流行的一个新的汉语表达式"……节奏"。大致来源于电脑游戏，流行于网络，现在已经成为一个炙手可热的句式了。

inventory 的另一层意思是，词汇、短语、构式等都只是语言的构件，语言学习需要逐步掌握这些构件，而不是仅仅掌握语法系统就够了。在上节的定义里，inventory 前面还有个词 enormous，它强调的是语言系统中构件的数量十分庞大，需要大量的语言实践逐步掌握。

2.3 语言的文化差异性

认知语言学关于语言的定义中，另一个关键词是 conventional。它主要有两层意思。一是，语言的规则与理据是语言社群在不断的语言使用中，大家共同接受、共同遵守、约定俗成的，如上面的例句（10）和（11）。但如果进一步观察还会发现，（10）多在新闻媒体，尤其是标题中使用，这就是使用域或风格的差别。另外，（11）多是那些语言比较时尚、比较潮的人使用。这是使用群体的差别。这些差别是从某种语言系统内部来观察的。同样，我们也可以通过比较不同语言表达相同意义时的不同表达方式，发现其差异，如一些常见的告示语：

（12）a. 严禁疲劳驾驶。   Tiredness kills (can kill).

      b. 严禁践踏草地。   Please keep off the grass.

      c. 不准大声喧哗。   Please keep quiet.

                           (Be quiet, please)

      d. 不准（严禁）抽烟。   No smoking.

从（12）中英文对比中可以看出，两种语言中所体现的权力意识。我们经常说，欧美思维中体现出一种民主、平等的意识。而汉民族由于长达几千年的封建社会的影响，等级意识、权力意识比较强。其实，这些告示语确实体现出来了。（12）中的汉语表达式都是使用的命令、禁止的口吻说话，而英语不一样。（12a）中 Tiredness kills (can kill) 作为陈述句，是摆事实、讲道理的方式说话，让你主动不疲劳驾驶。（12b—c）中的 please 体现出了尊敬，甚至礼贤下士的态度。（12d）使用的是一个中性构式 "No+V-ing"。

二是，既然语言单位是由语言社群约定俗成的，那么不同的社群之间由于社会文化传统、认知方式的不同而产生差异，即带上各自的文化烙印，或者说文化差异，如：

（13）a. 做   make—do

b. 拿（带）　　　　　　　bring—take—carry

c. 家　　　　　　　　　　house—home—family

这些词汇或者说概念，都是大家天天碰到，习以为常了的。其实它们体现出两种语言所承载的不同文化传统或思维方式。人们常说，欧美的思维方式是分析性思维，是二元对立的。中国人的思维方式是整体的、模糊的，往往用一些很大的例子来说明问题。其实，语言本身就会体现出这种差异。

汉语里，我们可以说"做一个方案 / 套"、"做家务 / 作业"。其实，这里边的"做"的意思是不一样的。前一个"做"是在没有方案、套的情况下，做一个出来。后一个"做"是在已经存在这些事情的前提下，去把它做完或处理掉。两个"做"，意义的方向刚好相反：前者是从无到有，后者是从有到无。这就是二元对立思维的典型反映。英语中很多表面上看起来的同义词或同义句型都是因为这样的表达区分才存在的。

同样，"拿 / 带"存在三种方向：拿 / 带来，拿 / 带走，随时携带（任意方向）。英语里三个词分别对应于此。"家"也有三种意义：房子，家庭（生活），家庭（成员或关系）。这些例子典型地体现出分析性思维的特征，把一个概念所包含的不同内涵清晰地分离开来，没有任何混淆。

人们常说，语言是文化的载体，但要真正领会这句话的含义，需要我们对不同语言中各自的表达方式有深入、准确的感悟，思考与把握。这样，学习语言就会是一个感受美的过程，是一种文化积淀的过程，更是思维能力提升的过程。

3. 语言的三个基本特征

认知语言学家们关于语言有三个基本共识：语义是核心，语言符号或结构都有意义，语言基于使用。

3.1　语义是核心

语义的核心地位直接来源于语言的符号性特征，体现在以下几个方面：1）多义性：语词项形成多重彼此关联的语义网络（Hudson 2008），各种变体或变化也包含其中，同时也反映出社会规约和概念的制约（Srinivasan & Rabagliati 2015）；2）词的意义包含了文化、百科和看待世界的方式；3）意义是由识解方式确定的，具有主观性。我们重点解释第三个方面，因为其他两个方面都可以从中得到体现。

识解指人们看待或理解事物的不同方式。同一个事件不同的人可以有不同的理解，下面以 Langacker（2008）的经典例句来说明说话人的主观能动性与语言表达的互动作用：

（14）a. The road winds through the mountain.

b. The road is winding through the mountain.

按照以前所学的语言知识，一般认为（14a）才是正确的，但事实上（14b）也是很地道的英语。差别在于说话人的视角不同。（14a）是客观的描述一个情形，是整体视角，而（14b）是说话人所在位置的视角，是局部视角。我们设想一下在大街上问路的情形，就很容易理解（14b）的意义了。它们的译文应该如（14'）：

（14'）a. 这条路弯弯曲曲地穿过这座山。

b. 这条路从这儿开始弯弯曲曲地穿过这座山。

本例表明，时体的使用不是对错的问题，而是表达说话人最佳视角（vantage point）的问题。另外，路和山都是静止的，可谓语动词是 wind through，本质上说，这是不可能的。正是由于说话人最佳视角的选择，说话人在心理扫描过程中，想象着路在动。下面我们再看一些非常熟悉的例子：

（15）a. The company's president keeps getting younger.

b. Your car is always different.

（16）a. *The mushroom omelet* left without paying *his* bill. *He* jumped into a taxi.

b. *The mushroom omelet appealed to *itself*.

（17）a. *Shakespeare* is on the top shelf. You'll find that *he* is a very interesting writer.

b. *Shakespeare* is on the top shelf. *It* is bound in leather.

c. *Shakespeare is on the top shelf. *It* is a very interesting author.

（18）a. He killed his wife.

　　　b. Smoking kills.

（15a）中的 the president，根据语法，按照字面的理解应该为一个现实存在的确定的"总裁"。如果这样理解的话，那么它与 keeps getting younger 在逻辑语义上相互矛盾冲突，因为它违反了生物学原理。据相应理解，某个实际的总裁年龄不可能年龄越活越小。那么，the president 不是表达该公司实际的某个总裁，而是在这个位置履行过总裁职责的所有的总裁，表达的是 the president 的"身份"（role），履行这个身份或位置的不同的人在不同的阶段体现这个身份不同的年龄值（values）。（15b）的理解类同于（15a），表示每次开一部不同的车。

　　（16a—b）典型地体现了转喻作为人类思维和语言运行的基本方式的重要作用。The mushroom omelet 本是食客所点的食物，但在转喻的作用下，转指食客。因此，随后的回指代词与后面的内容采用了语义一致的原则。其实，这种现象在生活中非常普遍，如医院的医生对住院病人的称呼一般都是 xx 床，或者是病人的病指代病人。因为对于医生来说，这样的信息与他们的职业（认知域）相关度更高，因而是最突显的信息，更容易记住。（17a—b）类同（16a—b），但（17a）更值得仔细回味，因为前句指作品，后句指作者。这种语言使用皆因转喻思维的想象性所创造的心理（虚拟）空间所致，语言使用者可以在心理空间中不断进行认知构建活动。

　　动词表达"过程"（PROCESS），具有时间轴上的动态性。事实上，语言使用中，动态动词往往可以表示静态意义。这其中的关键之处就在于现实与虚拟的转换。终止性（telic）及物动词要带宾语，这是常识。但是，很多情况下这类及物动词的宾语可以隐形，整个句子表示主语的特征或状态。（18a）表示"杀死"的事件实际发生了，而（18b）中的"杀死"行为并没有实际发生，只存在于人们的认识里，表达的是吸烟的性质。类似的用法如：

（19）a. The book sells well.

　　　b. This side of the road drives slow.

（20）a. Beavers build dams.

　　　b. *Dams are built by beavers.

（19a）是语言学术语中的所谓中动句。传统教学中，常被说成是主动形式表示被动意义。事实上，这样的理解只能解释（19a），不能解释（19b），因为主语 this side of the road 与谓语动词 drives 没有逻辑上的动宾关系。另外，这两个动词均为动态动词，但都不是表示实际发生的行为事件，而是表示主语的特征或状态，即主语自身的属性促进或阻碍某种状态的出现。如此一来，可以进入该构式的就不仅仅是及物动词了，不及物动词也可大量进入这个构式，只要满足表示主语的特征或状态这个条件即可。传统语法教学中，一般认为 SVO 主动语态可以转换成被动语态，其实，这里有个语义条件，即主动句必须表示动态的行为事件。很明显，（20a）中虽然动词是动态的行为动词，但整个句子表达的是主语的静态特征，即水獭具有筑坝的能力或习性，因此，这样的特征句不能转换成被动语态。

从（18b）到（20），因为表示静态的特征意义，所以这些句子要用一般现在时。以前，我们学英语时都把它们作为语法特例来讲解，其实它们都是常规用法，如果我们考虑到它们所表达的语义的话。

以上的讨论可以说明两个重要的观点：第一，一个符号单位的意义是不可能依据该符号单位的几个典型特征就能确定下来的，它们在使用中形成一个语义网络或概念范畴，前面的例子都说明了这一点。我们不妨再看一个例子（Langacker 1987：16）：

（21）a. I've never seen an orange baseball before!

b. Look at that giant baseball!

c. This tennis ball is a good baseball.

d. Who tore the cover off my baseball?

e. My baseball just exploded.

说话人会把一个物体称之为 baseball，不管它颜色是否是规定的颜色（21a），还是大小变了（21b），还是根本没有 baseball 的特征（21c），还是完全变形了（21d），更甚或是根本不存在了（21e）。

第二，语言中意义是核心意味着语法既不是语言的构成要素，更不是自主的，而是调节各构成要素的一种符号关系，将概念内容结构化和符号化，如下图：

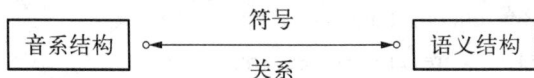

音系结构 ○━━━━符号━━━━○ 语义结构
　　　　　　　　关系

（转引自 Taylor 2002：21）

3.2 语法结构都有意义

既然语言是一个符号系统，语法（结构）并不是形式，而是由形式和意义匹配而成的符号结构。自然，任何结构都有它内在的意义。语法的本质是表达概念化的方式（包括组织方式和表达方式），体现在以下几个方面：1）语法体现为型式（patterns）：将低一级的表达式组合成更复杂的表达式（构式）；2）语法规则是不断由低级图式（构式）向高一级图式抽象的过程；3）规则由于识解（语言使用者的主观能动性或创造性）的作用而产生消解；4）形式上的任何变化都以语义的变化为基础；5）语法结构具有原型效应；6）语法结构的变化有隐喻和转喻的作用；7）语法结构具有多功能性（多义性）。请仔细分析以下例证：

（22）a. It seems that he already knows the whole thing.

　　　b. He seems to know the whole thing.

（23）a. The streets were lined with spectators.

　　　b. The spectators lined the streets.

（24）a. Pandas eat bamboo.

　　　b. *Bamboo is eaten by pandas.

（25）It's pretty through that valley.

（26）a. I come home last night and a stranger opens the door.

　　　b. Hamlet moves to center stage. He pulls out his dagger. He examines it.

　　　c. The train leaves at 8.

　　　d. Curry throws it ahead and Green throws it down.

　　　e. It's essential that everybody have some knowledge of it.

（27）Sam's house

（22—23）反映出对于同一情景，人们不同的概念组织和表达方式。（22—23）a 句采用的视角是以"情景"为视角的组织方式，即 the whole thing, the streets 是事件发生的场景，it 表达一个模糊的场景。而 b 句则是以"参与者"为视角。一个事件的发生至少有一个或两个参与者，体现在句法结构上就是典型的主语和宾语。由于组织方式的变化，它们的 a 句与 b 句表达的意义并不如人们传统上认为的那样没有差别；相反，差异还挺大，如（22—23）的相关译文所示：

（22'）a. 好像他知道了整件事情。（说话人的客观评价）

　　　b. 他好像（显得）知道整件事情似的。（含有"装"的意味）

（23'）a. 街上挤满了观众。（状态）

　　　b. 观众把街道挤得水泄不通。（施事的主动行为）

（23）可以转换成被动语态，语法上可以接受。但（24）的谓语动词也是行为动词，转换成被动语态为什么又不可以呢？这里就涉及被动语态构式作为一种抽象的结构的意义问题。被动语态构式表达的是一个事件的发生，所以（23）可以，而（24）表达的是熊猫的生活习性，即熊猫的特征。整个句子的意义是静态的，根本没有事件意义，因而不可接受。

　　（25）如果理解为"峡谷的风景美不胜收"，则只理解了该句一半的意思。因为，该句由一个静态构式和一个动态构式组成。英语中，be+predicative（表语）表达主语的状态或特征（性质），是一个静态构式，而介词 through+NP 则表示动态的运动（本句中是虚拟运动），同时隐含了一个说话人。上面的译文只表达出了静态的意义，而动态的意义扼杀掉了，准确的理解应该是"一路看过去（走来），峡谷的景色美不胜收"。类似的例子如：The forest is getting thicker and thicker（越往里走，森林越茂密）。这就解释了翻译时为什么要加词的理由。

　　（26—27）典型体现了语法结构的多功能性（多义性）。语法结构的多义性往往是由于隐喻的作用而产生的，意义之间形成一个网络。时态的基本用法是指称事件发生的时间，表示相对于说话时间，事件实际发生的时间。但（26）中的现在时都不是表示指称意义。（26a）"用现在时态而不是过去时"，这就是传统语法里说的历史现在时，为的是更生动的再现过去的事件。但问题是，既然时间是单向流动的，怎么又能回到过去呢？Langacker（1999，2001，2005，2008）用"心理回放"（mental replay）来解释。其实心理回放，也就是将实际发生的事件再重现一次，就像现在的电视重播一样，如果屏幕上不出现重播字样，观众是不会感觉到是在看重播的。（26b）是剧本（舞台）指令语，描写的是任意读者在任意时间阅读后认为可以在任意时候可能发生的事件，即没有实际发生的事件。（26c）是指火车时刻表里预定的运行时间，事实上，无论是"发车"，还是"八点"这个时间都是一个虚拟的任意时间。（26d）是体育解说词，常用现在时。其实，体育比赛中的动作都是连续地、瞬间完成的。从理论上讲，不可能是现在发生的。而用现在时，是解说员从一个虚拟的视角虚构（重构）了一个同步进行的比赛，从而实现事件发生和解说的同步性。（26e）表达说话人的一种建议或观点。它不同于（26a—d），主句里的动词用的是原形形式，更凸显了虚拟的性质。

（27）是我们熟知的"所有格构式"。传统教学望文生义，认为该构式表达的就是一种"拥有"关系。其实不然，我们可以做出如（27）中的各种理解，甚至更多：

（27）a. the house Sam owns

　　　b. the one he lives in

　　　c. the house he owns and rents out

　　　d. the one he dreams of owning some day

　　　e. the one he designed

　　　f. the one he is scheduled to paint next week

（27）表明，"拥有"只是该构式的意义之一，也许是最典型的意义。仔细深入的考察会发现，该构式的最本质的意义就是建立起两个事物之间的联系，或者说讨论事物的"参照点"。

当认知语言学指出，语法结构有意义时（抽象的意义而非具体意义），它意味着与传统认识的五点不同：1）语法的本质是反映人类概念化的方式，包括概念的组织方式以及概念的理解与表达方式，这一点极为重要，它反映出语言使用者的主观能动性；2）语法结构的意义来源于其构成要素的相互作用和作用方式，反映出思维的基本方式；3）语法结构有意义体现出语言的理据性；4）语法结构有意义反映出形式与意义的内在联系与动态关系；5）语法结构的多功能性反映出隐喻思维的重要作用。

3.3　语言基于使用

语言基于使用，是一种对语言本质特征的认识，体现在语言的各个方面，很难用一句话或几句话高度概括，但基本可以梳理出这么几个方面。

第一，意义即使用（meaning is use）。这一认识实际强调的是语境和语境知识对语言意义的传递与理解至关重要。当然语境又可分为语言语境和认知语境（百科知识等）。上面我们在讨论"语义是核心"的时候所分析的例子，基本上都可以说明这一点。

第二，语言结构衍生于语言使用（structure emerges from use）。语言单位是在反复不断的使用过程中，不断强化定型（entrenched）而形成的（Tomasello 2003）。语言使用活动中反复出现的共性特征强化后便成为语言单位（Langacker 1988, 2000, 2001）。这样的单位既可以是非常具体的，也可以是高度图式化的。其中，具体的结构和局部的规则性与高层次的抽象具有同等的作用。网络上新出现的各种表达方式尤其能说明这一点，如（10）中的新"被"字构式，（11）中的"……的节奏"构式。

第三，词汇和语法是连续体关系，任何规则都只是局部的抽象。如上所述，语言单位的抽象化程度具有很大的差异性。这是因为，人类在语言习得和使用中，总是把抽象规则和具体实例同时并存在大脑里（Langacker 1987：71，1999：92），也就是说，语言规则是依据语言使用者的语言经验抽象出来的。那么，这样抽象出来的规则就不可能具有完全的预测性和普遍性。

第四，语言知识是动态的。大量的语言习得事实证明，语言知识（语言能力或语法）产生于语言实际运用的知识以及由此而得到的抽象（generalizations），语言习得是一个由下到上的过程，从具体的语言构式开始，由语言经验驱动。正是由于语言使用者的大量语言知识存在于具体的、低抽象层次的实际经历的语言表达式之中，语言知识是动态的，随语言使用者的语言经验而进化。这意味着，语言知识随着使用的增加而增长，相反长期弃之不用会最终从语言知识系统中消失（Taylor 2002：27—28）。

第五，语言使用事件是一个实际的语言使用行为，无论是语言表达式的选择，语言资源的利用还是非语言资源，如记忆、规划、问题求解能力、百科知识以及对社会、文化和话语语境的把握都是由语言使用者控制的。那么，语言使用过程中，语言使用者的主体性起着关键的作用。

第六，语言基于使用，意味着观察语言、研究语言的基本路径发生了根本的改变。生成语言学走的是演绎的路子，即由上而下（top-down），是一种还原主义的路子（reductionism），主要目的是寻找语言的共性特征。演绎法的最大问题是，在将研究对象静态化和理想化的过程中，大量非理想的（irregular）事实被排除在研究视野之外。认知语言学则将所有的，无论是理想的还是非理想的语言事实，全部纳入到考察的视野之中，以寻求对语言事实的全面认识并作出相应的解释。这是一种"从下至上"（bottom-up）的非还原主义的路子。另一个方法论上的特征就是，所有的规则抽象都是基于语言事实的表层形式而抽象，而不是像生成语言学那样，通过转换等手段寻找深层结构后再进行抽象。这样做的优点是能保留语言型式（pattern）之间的细微差异，从而实现更高、更准确的抽象。比如：

（28）a. The book sells well.

b. The book doesn't sell.

c. The rod fishes well.

d. The music dances well.

e. This side of the road drives slow.

（29）a. Pandas eat bamboo.

*b. Bamboo is eaten by pandas.

（30）a. Beavers build dams.

*b. Dams are built by beavers.

（31）a. Smoking kills.（英国烟盒上的广告）

b. Tiredness kills (can kill).（苏格兰公路边广告）

（28—31）在语言学研究文献里一般是作为四种不同的语言现象来研究的。（28）的通俗的说法是主动表被动，语言学称呼是"中动句"。其实，主动表被动的说法是非常片面的，因为它只能解释（28a—b）中，book 与 sell 的逻辑语义关系，即动宾关系。（28c—e）也是中动句，但并没有被动意义。因为，在逻辑上，（28c）中的 rod 是钓鱼的工具，（28d）中的 music 是跳舞所跟随的节奏，（28e）是车行驶的车道或路线。它们都不是动宾关系，而是修饰说明关系。另外，针对该构式，在以前的语法学习中，还提到了两点要注意：一是用一般现在时，二是要用一个副词（否定句不需要）。这两点，学习者可以记住，但为什么要这样使用呢？其实这就是这个构式本身的意义所决定的。用一般现在时，是因为该构式表示主语的静态特征；要加用副词，是因为该构式表示说话人对事物的评价。理解了这两点，就抓住了该构式的本质特征，就能明白（28c—e）这样的现象就是正常的语言使用，而不是例外了。从这个角度来说，对这种句式的概括层次就更高了。

（29）在语言学研究中，属于"类指句（通指句）"，即表示一类事物的基本特征的句式。在语法教学中，对这类构式，往往会强调两点：

一是要用一般现在时，二是不能转换成被动语态。为什么会有这样的限制呢？前面我们已经做了解释：该构式也是表达事物的静态特征。

（30）与（29）有相似之处，表示主语 beaver 的习性或能力，因此具有和（29）同样的句法限制。（31）就更有意思了。首先，kill 是终止性动词，一般做及物动词用，为什么本句中不需要带宾语呢？终止性动词表示事件的发生时，一般用一般过去时。然而，本句中时态为什么用一般现在时呢？这是因为，它们都不是表示事件的实际发生，而是陈述"吸烟有害健康"这样一个事实，或者说吸烟的危害或后果。这实际上也是表达主语的静态特征，与 Smoking is harmful to your health 同义。（31b）和（31a）的本质是一样的。

将（28—31）综合起来考察，会发现这么几个问题：1）时态的使用范围；2）主动与被动的转换；3）带论元的能力（如宾语）。其实这几个问题都与它们的一个共同特征紧密相关，即虽然它们句中的动词表面上都是行为动词，但表达的意义却不是事件的发生，而是事物的特征或状态。简单说来，句子表达事件的发生还是表达事物的特征或状态，是决定谓语动词语法能力的关键因素，即特征句时态多用一般现在时、不能转换成被动语态。基于这样的认识，许多以前被认为的特例现象都不是特例了，能得到充分的解释。

第七，语言基于使用揭示了语言习得的本质要求。既然语言单位是从语言使用活动中抽象出来的，基于使用的语言学习方式就应该是以"构式"（或语块）为基础，尽可能多地掌握各种表达式和表达方式。要实现语言习得的流利性，学习者必须掌握大量的固定表达式和具体场合下遣词造句的基本方式。

4. 认知语言学关于语言的三个基本假设

在认知语言学产生的前后，生成语言学一直居于统治地位，其学术思想一直影响着学术界，可以概括为三个基本假设：

- 语言是一个独立的认知器官；
- 语法是自主的；
- 语言是天赋的。

但认知语言学认为，语言是认知能力不可分割的一部分，它与社会、文化、心理、交际、功能相互作用，并提出了与生成语言学对应的三个基本假设：

- 语言不是一个自主的认知器官（faculty）；
- 语法是概念化过程；
- 语言知识产生于语言运用。

　　假设 1 是对语言是一个独立的认知器官的反动，宣告了认知语言学的语言观与生成语言学语言观的根本差异。该假设认为，语言知识的表征与其他概念结构的表征没有什么差别，语言知识运用的认知能力在本质上与其他知识运用的认知能力没有两样。这个假设包含两层含义：第一，语言知识——关于意义和形式的知识——从根本上讲是概念结构，即语义、句法、形态、音系表征都是概念性的；第二，管辖（govern）语言运用，尤其是意义的建构与交流过程的认知能力，原则上与其他认知能力相同。也就是说，语言知识的组织和检索与大脑中其他知识的组织与检索没有明显的差异，说出和理解语言时的认知能力与完成其他任务时所需的认知能力没有明显的差异。简而言之，语言能力是人类认知能力的一部分。

　　假设 2 在 Langacker 于 1999 年出版的 *Grammar and Conceptualization* 一书中得到了淋漓尽致的阐发。其基本观点是，概念结构不能简单地还原为真值—条件与客观世界的对应（correspondence）。人类认知能力的主要特征是将经验概念化后表达出来（包括语言知识的概念化）。概念结构的方方面面都离不开识解（construal）的作用，如范畴结构、知识的组织结构、多义性、隐喻、词汇语义关系等。识解具有主观想象的特征，即使语法成分与结构也是以某种方式将经验识解。因此，意义不可避免地具有主观性。

　　假设 3 认为，语义、句法、形态、音系的范畴与结构是在具体的语言用法中逐渐形成的。该假设认为，句法行为和语义解释的任何细微变化都应该做深入细致的分析与考察，这样产生的句法表征模型既能解释常规事实，也能解释特殊的（非常规的）事实。那么，非常规事实的理论意义得到了重视。由此而建立的理论模型更加符合语言实际（natural）。因此，理论模型的解释范围扩大了，解释力增强了。

　　关于天赋论，有必要指出的是，生成语言学与认知语言学是有差别的。生成语言学的天赋论指的是，人出生时就遗传有语言的基因，语言是学不会也教不了的，而是在自然的语境下，在语言输入的刺激下语言基因（语言的普遍原则）被激活而已。语言输入的作用是帮人们建立某种语言的参数，即最终习得某种语言。说得形象一点，语言是在人脑里长出来的（language grows in the brain）。认知语言学的天赋论指的是，人都具备学习语言的生物器官，具体学会的语言是在语言实践中逐渐衍生（emerge）出来的。

5. 认知语言学的哲学基础：体验主义

1980 年，Lakoff 和 Johnson 合作出版了具有划时代意义的认知语言学著作 *Metaphors We Live By*，他们首次提出了意义的体验性问题。1999 年，他们又一次合作出版了鸿篇巨著 *Philosophy in the Flesh: The Embodied Mind and its Challenge to Western Thought*，将认知语言学产生的理论基础与哲学来源进行了凝练与阐发，总结出认知语言学的体验哲学观：心智从内在上讲是体验（肉体）的；思维主要是无意识的；抽象概念主要是隐喻的。这三个发现从根本上动摇了两千年来关于理智的观点。

认知语言学，尤其是认知语义学，持强式体验认知观，认为心智与身体是连续体（Johnson 1987, 2008），人们理解世界的方式与他们的身体和环境的互动相联系，直接植根于感知运动系统（Lakoff 1987: xiv），语言交际的意义来源于交际主体的身体经验。经验的本质塑造着概念化的能力（Lakoff & Johnson 1999）。即使抽象概念也具有体验性，它们以意象图式和概念隐喻两种认知元概念（primitives）（Lakoff 2012）方式存在，反映出思维的隐喻性和认知的无意识性特征。

概念隐喻充盈于思维和语言中，如汉、英语中表示空间位置概念的"上"（up）和"下"（down）表达人类思维中的许多抽象概念，积淀着人类的经验和对经验的认知与抽象。

6. 研究内容：认知能力

认知语言学从研究句法、形态、音系、词汇意义、语篇结构等具体内容入手，解释人类概念形成的过程和方式，将语言研究纳入到人类认知的大视野下。这样做，超越了对语言事实的描写与理论表述的形式化，能对语言事实做出更赋见地的解释。那么，语言运用中所包含的认知能力就成为认知语言学中的主要内容。Taylor（2002）列举了以下认知能力：

1）范畴化能力。所有动物都具有范畴化的能力，虽然强弱不一样。人类的范畴化能力特别强，可以创造和驾驭无数的范畴，无论是十分细微的还是很一般的，无论是实实在在的客观物质世界还是抽象的精神世界。人类还可以修改现有范畴以适应新的经验，或者创造新的范畴来表达新的经验。作为一种基本的认知能力，范畴化结构和表征语言的各层次既是经典问题又是前沿问题。这将成为第二讲的基本内容。

2）图形—背景组织能力。视觉感知是图形—背景组织能力的最佳范例。在事物的感知过程中，某些方面会凸显在视觉范围内，而其他方面则处于背景的地位。语言结构怎样体现图形—背景组织能力将在第五讲深入讨论。

3）心理想象与识解能力。识解是一种普遍的认知过程。它是一种想象能力（imagery）。思维的想象性能让我们进行抽象思维并让思维超越我们的所见所感。识解的重要特征之一是，能将某一领域的内容用其他方式表现出来或者说将概念内容以不同的结构或途径组织起来，能灵活地、创造性地构造语言单位及其语义关联的合成概念。这将在第六讲专题讨论。

4）隐喻与体验性。隐喻是思维和语言运行的基本方式。它实质上也是一种识解能力。通常情况下，隐喻是通过物理的、身体经验来理解抽象领域的经验，即以具体的来理解抽象的。意象图式实际上就是基于体验的概念隐喻，是出现在许多领域里的有关身体经验的普遍的、反复出现的型式（patterns），如容器图式、路径图式、目的地图式、平衡图式等。它们将贯穿于本书的各讲之中。

5）概念原型。概念原型主要说明人类是怎样习得语言的。在这个问题上有两种既对立又极端的观点。一是以笛卡尔和乔姆斯基为代表的理性主义。该观点认为，人脑中具有丰富的内在结构，控制知识的获取。语言习得由语言习得机制来完成。人类大脑中长有一个普遍语法。二是实证主义观点，即人的大脑本来是一块白板，认知的发展完全是后天学习的结果。这样人类获得的概念就没有初始的限制，不同的语言就可能表达完全不同的概念。

认知语言学采取了折中的观点。认知语言学家观察到，不同语言之间的相似性和差异性都是惊人的，尽管相似性可能存在于比较抽象的层次。Langacker（1999：9）将这种抽象的相似性称之为"概念原型"（conceptual archetypes）。如"物"的概念，"行为、事件"的概念便产生了句法中的名词和动词。这样的认识也将贯穿全书。

6）推理能力。在思维与交际过程中，可以根据一定的信息，补充出细节、不足的信息，推导出隐含的话语意图，进行因果推理或者预测后果等。因此，语言的理解就必须超越语言的形式表达。反过来，概念的表达也不必要面面俱到。语言意义的"合成性"（compositional）是有限的，不一定能通过计算各部分的意义之和得到语言表达式的意义。第三章通过阐释人类知识的组织方式说明人类推理快速有效的机理。

7）自动化（automatization）能力或固化（entrenchment）能力。人类很擅长学习复杂的技能。随着时间的推移和训练的增加，神经运动会逐渐的自动化和程式化，有意识学习减少，错误逐渐消除。专业运动员与业余爱好者的差别就在于控制运动神经运动（motor movement）的神经—认知程式（routines），熟能生巧。语言中，同样存在自动化，如发音器官的控制，说话时快速地使用语言预制件（短语、惯用语、套语等）来组成更大的语言单位等。第九讲将阐明这样的能力在语言习得中的作用。

8）存储与计算能力。人的大脑有两个特征：容量大，智商高。从理论上讲，人的大脑可以储存无限的具体信息，同时能够根据指令进行复杂的运算。存储和计算相辅相成。以乘除运算为例，熟记各种数的平方是存储，根据乘法规则得出结果是计算。显然回忆已经存储的数据比根据规则计算要快，要省事。这实际是解释语言学习。这将是第九讲的内容之一。

9）聚焦形式的能力。语言的想象功能，可以离开语言的意义，而只关注其物质外壳，如声音、词形（edifices of words）、诗歌、谜语、韵文以及其他文字游戏等。宗教、社会的各种仪式实际上就是人类聚焦形式的认知能力的体现，语言中形态学研究的内容实际就是聚焦形式的反映。这将成为第十讲的内容之一。

10）社会行为能力。语言使用与社会因素戚戚相关。语言使用者都是社会人，语言使用的动机往往来自社会交往。语言可以成为人们身份的标志。语言能力又表现为跨文化交际能力，这将成为第十讲的重点内容。

11）符号行为能力。近年来，关于人类认知与非人类动物认知的根本差异究竟在哪里，讨论很多。高度复杂的思维能力并不是区别性特征。举例说，老鹰从天空俯冲下来捕捉奔跑的兔子时，也需要类似火箭专家一样的计算能力。二者的差别在于，老鹰的计算是在线的（online），即根据兔子的速度与位置的变化而实时计算的；而火箭专家的计算是离线的（offline），因为所有的计算都是在火箭飞行之前完成的。所以，Bickerton 声称，只有离线思维才是区别人类认知与非人类动物认知的根本特征。离线思维依赖的是对符号系统的控制。这实际就是思维和语言的虚拟性问题，我们将在第六讲详细讨论。

从以上研究内容，我们可以清楚地看出，**认知语言学在探索语言与认知的关系时，追求的是认知与心理上的普遍原则，而不是语言系统内的普遍原则。这是与生成语言学在探索语言与认知的关系时的根本差异，也更具有普遍性和概括性。**

7.　研究方法：内省法与实证相结合

认知语言学早期研究主要采用的是内省法。Talmy（2000）指出，要研究概念内容及其组织结构必须找到意义的处所。这个处所就在心理经验（conscious experience）之中。虽然语义具有不同特征，达及意识的程度也不同，但都必须通过内省的方法才能获得对概念内容及其组织结构的认识。但内省法使用时也必须受到限制，如对语言材料操作的控制，内省法获得的发现还必须与通过其他方法获得的发现联系起来。这样的方法有其他内省报告的分析，语篇与语料的分析，跨语言和历时的分析，对语境和文化结构的估价，心理语言学的观察与试验技术，神经心理学对大脑损伤的研究，神经科学的仪器探测等。神经科学对大脑功能的分析能够对内省发现提供坚实的科学证明。

Geeraerts（2005）指出，认知语言学要证明自己以用法为基础的基本观点和研究方法的正确性，必须做以下两方面的工作。一是必须研究语言的社会变化，二是不能仅局限于内省的方法，而应该积极使用实证方法。第一个问题涉及认知社会语言学是否可以成为一个学科及其研究的主要内容。第二个问题涉及研究的途径。北美的认知语言学家多采用内省方法，欧洲的认知语言学家正大力推崇以语料库为主的实证方法研究语言的变化。Geeraerts 认为，两种方法结合起来更能证明认知语言学的基本假设。

　　本讲小结：本讲介绍了认知语言学产生的学术背景和原因，从语言的基本认识、基本特征、基本假设、哲学基础、研究内容和研究方法等方面阐述了认知语言学的基本内涵和基本取向。基于此，我们可以对认知语言学有一个大致、简明、清晰的了解，从而能够较好地把握认知语言学的精髓，了解它的优势与不足，更好地运用认知语言学的基本原理服务于我们的学习和研究。

思考题

1. 认知语言学与生成语言学关于语言认识的差异对语言学研究方法有何意义和影响？

2. 语言基于使用与认知科学中的衍生主义（emergentism）有何相通之处？

3. 生成语言学将语法看成是语言的最核心的构成要素，并认为语言能力就是语法能力，认知语言学认为语法是一种符号关系。这样的认识差异的理论意义有哪些？

拓展阅读参考书目

Lakoff, G. 1987. *Women, Fire and Dangerous Things*. Chicago: University of Chicago Press.

Lakoff, G. & M. Johnson. 1980. *Metaphors We Live By*. Chicago: University of Chicago Press.

Langacker, R. W. 1987. *Foundations of Cognitive Grammar Vol. I*. Stanford: Stanford University Press.

Langacker, R. 2008. *Cognitive Grammar: A Basic Introduction*. Oxford: Oxford University Press.

Talmy, L. 2000. *Toward a Cognitive Semantics, Vol I: Concept Structuring System*. Cambridge/ Massachusetts: The MIT Press.

范畴化与非范畴化：认知的共性与个性

范畴化即对事物进行分类，从不同事物之间抽象出共性特征，它是人类最基本的认知能力。面对千奇百态的物质世界和纷繁复杂的经验世界，人类认识的首要任务就是对事物进行分类，只有这样，才能有效地储存和利用知识，灵活地应对多变的生存环境，在不断的范畴化过程中，减轻认知负担，降低劳动强度。人类在认识事物的过程中怎样进行分类，从亚里士多德开始到今天的认知科学，都是认知研究中的经典问题。

范畴化理论早期主要致力于解释词语的意义问题，即一个词是否能准确、充分表达其概念内容。

范畴化理论，主要有两种，一种是从 Aristotle 时代开始到现今居于主导地位的经典范畴化理论，一种是目前认知语言学所推崇的原型范畴化理论。它们各有优势。下面分别讨论。

1. 经典范畴化理论

长期以来，经典范畴化理论一直在哲学、心理学、结构语言学和生成语言学领域居于主导地位。

它是根据柏拉图和 Aristotle 的范畴化理论发展和建立起来的。其主要理论原则是：1）范畴由一组必要条件和充分条件／特征（feature）来定义；2）特征是二分的；3）范畴间的分界是明确的；4）范畴内所有成员的地位相等。如下图所示（Givón 1986），其中，A 表示标准性

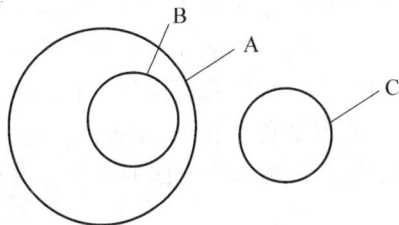

图 1 经典范畴化

（criterial）特征，确定范畴成员的资格，B 表示具备标准性特征，属于 A 所代表的范畴，C 表示不属于范畴的成员，不具备标准性特征。

以 man 的定义为例："人是两足动物"。在该定义中，"两足"和"动物"分别都是必要条件，其中一个条件的缺失都将使该定义无效。如果某个实体不具备这两个必要条件，该实体就不属于"人"这个范畴。同时，这两个条件一起就足以确定某个实体是否属于"人"这个范畴。由此可以看出，特征要么参与定义，要么排除在外。既然如此，某一实体要么属于要么不属于某个范畴，其边界十分明确。由于范畴内成员都满足了必要条件和充分条件，因而具有平等的地位。

经典理论的理论优势与实际意义是能够经济有效地为语言系统建立起各种结构关系。例如，"单身汉"可以由四个特征来表征：［人类］、［男性］、［成年］和［从未结婚］。只要违反了其中任意一个特征，就不能说是"单身汉"。在语义分析中，经典理论体现出以下三个优势（Taylor 1989/95：30—37）：

1）为词库系统建立起相互关系，如单身汉／处女，男孩／女孩，丈夫／妻子，叔叔／婶婶等。这些成对词里的对比性特征是男性／女性。"男人"与"单身汉"的语义关系，如类内包关系和上下义关系也可以由特征分析确定下来。"男人"的特征［人类］、［男性］、［成年］包含在"单身汉"里，"男人"是"单身汉"的上位范畴的词，"单身汉"是"男人"的下义词（hyponym）。

2）特征分析有利于定义自然类中的物体，便于表明语义的选择限制，如不能说 married bachelor, Sincerity admires John。

3）有利于确定句子之间的语义关系，如蕴涵关系，矛盾关系，因果关系等，如"老李是个单身汉"蕴涵"老李是个男人"，与"老李结婚了"构成矛盾关系。

经典理论的缺陷也同样很明显，主要有以下四个方面：

1）由于该理论强调范畴内全体成员的平等地位和必须共享所有特征，必然有许多实体被排除在范畴之外，只能说明范畴化的很小一部分内容（Lakoff 1987：5）。以 games 这个范畴为例，有的强调竞争性与胜负，有的强调娱乐，有的强调运气，有的强调技巧，有的是技巧和运气兼而有之，如罗金美（gin rummy：一种纸牌游戏）。在以上 games 中，无法概括出一个共享特征作为一个标准性特征充当判别的标准。

2）由于特征的二分性，它只能说明与解释具有对比差异的范畴内的现象，对大量的中间现象和边缘范畴成员无能为力，如两性人、变性人是属于男人还是女人？

3）必要条件和充分条件并不能保证准确的界定范畴成员的意义与属性，如"单身汉"包不包括教皇、和尚、离婚男子等？

4）只能静态地说明语言范畴化的过程。对语言与认知过程中的创造性无法提出动态的解释。

2. 原型范畴化理论

Labove（1973）曾说，语言学的立身之地就是研究范畴，即研究语言是怎样通过范畴分类将现实世界切分成一个一个或一组单位而把意义转换成声音。认知语言学的早期研究主要是语言形式与意义之间的关系。因而，范畴化就成为研究的重点之一。不过认知语言学接受的却是原型范畴化理论，这主要是受到了两位著名学者的研究的启发和影响。

2.1　原型范畴化理论的两个来源

原型范畴化理论的产生得益于 Wittgenstein 的语言哲学研究中家族相似性理论的产生与发展和认知心理学家 Rosch 的实验发现。

2.1.1　维特根斯坦（Wittgenstein）的家族相似性理论

Wittgenstein（1953）在《哲学研究》这部著作中批判了经典范畴化理论，代而提出了"家族相似性"的概念，认为范畴既不是离散的，也不是绝对的，而是边界模糊的，邻近性的，范畴的确定取决于语境、交际目的而不是必要条件和充分条件。家族相似性关系存在于同一范畴中各成员之间，如 a 像 b，b 像 c，c 像 d 等，而 a 和 d 之间可能不存在任何相似性。"家具"可以充当一个很好的例子说明这些观点，床、沙发、凳子、椅子、办公桌、书桌、饭桌、碗柜、衣柜、电视机、冰箱、微波炉、钢琴等，都属于家具这个范畴，但是没有一个属性是所有这些物品共享的。显然，家具作为一个类，并不是因为每一种家具都具有家具的共同特征，而是因为每一种家具都和其他几种家具具有某种相似性。相似性越大，越占据中心成员的地位。另外，家具是一个开放性的系统，不断有新成员加入进来，如微波炉、冰箱、电视机等。有的可能将其称为"家用电器"而不是家具。这正好说明，这两个范畴的边界模糊性。

上面"家具"这个例子充分证明了 Wittgenstein 的观点。Lakoff（1987：16—17）将以上观点概括为家族相似性理论的三个要点：1）家族内的成员的相似性可以用各种不同的方式体现在许多不同的方面，家族内的成员之间没有共享特征；2）范畴的边界可以扩展；3）有中心成员与非中心成员之别（如整数与其他数：分数、小数等）。但是，Givón（1986）指出，在家族相似性理论中范畴内各成员之间处于平等的地位，如上面的家具中的成员在家具这个范畴内都是平等的成员。他用下图表示它们之间的这种关系：

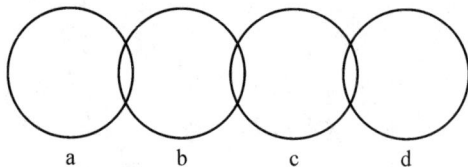

a　　　b　　　c　　　d

图 2　范畴成员平等关系图

2.1.2　罗丝（Rosch）的三个层次理论

20 世纪 70 年代，以 Rosch 为代表的一些认知心理学家将家族相似性作为理论思想引入认知心理学研究，奠定了它在原型范畴化理论中的地位。他们（Rosch & Mervis 1975；Rosch, Mervis, Gray, Johnson & Boyes-Braem 1976）认为，家族相似性对原型范畴化理论的主要贡献在于，它可以充当原型的内在结构原则：范畴原型的形成以及范畴成员的等级差异可以由家族相似性来约束。

Rosch（1978：30—35）指出，范畴化在纵向和横向两个维度上运作。纵向维度关注范畴的容纳（inclusiveness）水平（如"动物"这个范畴所能够包容的不同对象），或者说范畴结构能够抽象出来的层次，以建立基本的范畴分界线。纵向维度有三个范畴化的层次：上位范畴，基本水平范畴和下位范畴。

基本水平范畴代表整个范畴的中心成员，因为物体间的差异可以在很大程度上被忽略，或者说本范畴内成员之间相似度很高，具有内在的同一性（homogeneous），同时也能集中体现出不同范畴间的差异。处于基本水平范畴的事物最容易被认识与掌握，比如，"狗"在动物这个范畴里，属于基本范畴，所有正常智力的人都能很容易地认识狗。但如果你不是一个爱狗的人，也不养宠物，你就不可能区分各种不同的宠物狗。这是因为宠物狗分类太细，其中一些的区别不是特别明显。宠物狗在动物这个范畴里，相对于狗，就属于下位范畴了。本质上来讲，基本水平层次的事物具有范畴的典型特征，充当范畴的原型，具有以下三个特点（Croft & Cruse 2004：4-6）：

1）容纳能力最强，体现出的特征很明显。如要你模仿一个动物，你可能一下子不知所措。但要你模仿狗或牛或企鹅，你可以马上做出模仿动作。但如果又要你模仿某种宠物狗，你又可能感到很为难。

2）最容易形成一个明确的意象，就像绘画里的简笔画一样。幼儿识字图片就是典型代表。

3）用于日常交际中的统称，包括使用范畴中的一个成员来指这个范畴。如带着一个小孩在外面走，突然身后冒出一条宠物狗（或者猎狗，或者一般的狗），你随口冒出来的词是"狗"，而不会是牧羊犬。

在认知上，这样的特征成就了基础水平范畴的区分（differentiation）功能，也就是说，该范畴层次很容易与它毗邻的层次区分开来。

与基本水平范畴（如"狗"）相比，上位范畴（如"动物"）更泛化（general），同时也是异质性的（heterogeneous），因为它可以涵盖几乎各种不同次类的动物，如猫科类、哺乳类等。因此，在这个层次上难以发现物体之间的相似性及其典型特征。从认知的角度来讲，上位范畴更多存在于抽象思维或概括性思维中。

从语言学习的角度来看，上位范畴的名词往往是不可数名词，基础水平范畴的往往是可数名词，如：crockery (cups and plates); cutlery (spoons and forks); furniture (tables and chairs); footwear (boots and shoes); (computer) hardware (hard disks and modems).

当然，也有上位范畴的名词作可数名词、用复数，基本水平范畴的名词作不可数名词、用单数。其实，这种用法的上位范畴复数名词并不是表示数量，而是表示多个种类：

metals (iron & copper); beverages (beer & wine); spices (pepper & coriander).

上位范畴的词在语音和形式上一般比基础水平范畴的要复杂一些（Croft & Cruse 2004：4-8）

下位范畴（如"牧羊犬"）比基本水平范畴更具体（specific），因此，这个层次的事物相似性非常高，也正因为如此，与相邻范畴的区别性特征就少一些。在语言形式上，本范畴的成员有一个鲜明的特征：基础水平范畴成员前加修饰语，如椅子／摇椅，桶／水桶，车／宝马车等等。

横向维度主要考察范畴的内在结构。该维度表示范畴以最佳范例为组织结构。范畴的确定以最佳范例为参照对象（如在"鸟"范畴化过程中，知更鸟可以充当最佳范例）。在实体的范畴化过程中，好的、清楚的样本构成范畴化的基础，其他实体根据与这些样本在某些／一组属性上的相似性而归入该范畴。好的、清楚的样本即原型／典型，充当非典型实体范畴化的参照点。根据典型实体类比而得出的范畴即为原型范畴。

横向维度和纵向维度其实总是交织在一起的，反映了人类认识事物的不同视角。先有名称再确定它的所指对象或内容，这种视角叫指称视角（semasiological），原型的概念就是为此服务的。先有内容，然后给它一个名称，这种视角叫命名视角（onomasiological），基础水平范畴的概念就是为此服务的。

2.2 原型范畴化理论的四个假设

原型范畴化理论内容十分丰富，限于篇幅，本讲主要阐释其最主要的思想与原则，即原型范畴化理论的四个基本假设：

1）范畴内成员的原型属性特征具有不平衡性，范畴内成员的地位是不平等的；

2）范畴的边界是模糊的；

3）范畴表现出家族相似性结构，即结构中的不同成员以辐射（radial）的形式束集在一个或几个显性成员周围；

4）范畴不能通过一组必要条件和充分条件来界定。

这四个假设具有重要的理论意义和很强的实践意义，可以解释语言使用乃至社会生活中的各种各样的难以解释的问题。

2.2.1 特征不平衡性与使用限制的度

基于假设1，一个范畴内，其成员具备的范畴特征越多，越有可能成为范畴的核心成员；反之，所具备的特征越少，越接近边缘成员。这实际上就是范畴内的等级性差异。这一点十分重要，它能有效解释，为什么有的词或结构在使用过程中受到的限制很少，而有的却很多。我们以 SVO 构式为例说明这个问题。

在任何语言中，一个 SVO 构式由不同的 NP 和 VP 体现时，其及物性的程度肯定会有很大的差别，如：

（1）a. 他花十五万就买了这辆二手宝马。

　　　b. 这辆二手宝马被他用十五万买走了。

（2）a. 十五万就可以买一辆二手宝马。

　　　b. * 一辆二手宝马被十五万买走了。

（3）a. 他像他父亲。

　　　b. * 他父亲像他。

　　　c. * 他父亲被他像。

　　　d. * 他已经（正在）像他父亲。

（4）a. I see what you mean.

　　　b. *What you mean is seen by me.

　　　c. *I'm seeing what you mean.

　　　d. *I haven't seen what you mean.

（5）a. 斗牛（人与牛斗）。

　　　b. 斗鸡（鸡与鸡斗）。

在解释这几个例句之前，我们先说明几个概念：原型主语、原型谓语、原型宾语。原型主语能够对谓语动词的行为负责，即常说的行为动作的发出者，是有生命的、有主体意志性的。能够成为原型谓语的动词，表达的是瞬时能完成的行为，即常说的终止性动词。在英语中，典型的谓语动词可以有时态、体态的变化，可以转换成被动语态，可以有肯定否定的转换。原型宾语是高度个体化的，完全受谓语动词的影响。如果用 Langacker（1999）的说法就是在一个典型的行为链中，主语是能量的发出者，谓语是能量的传递方式，宾语是能量的消耗者。主语与宾语形成逆对关系（adversative），即棋逢对手的关系。典型的及物句式有两个参与者（即主语和宾语）。

在（1a）中，主语（施事）"他"对自己的行为（买不买这辆二手宝马）有完全的决定权。谓语"买"是一个终止性的瞬间行为。宾语"这辆二手宝马"具体指某辆车，同时表示所有权发生改变。整个句子报告一个事件。"花十五万"从功能的角度看，只是行为发生的工具或手段而已。（1b）是（1a）的被动语态形式。生成语法理论把有无被动语态形式，作为判断及物与否的根本性标准。而在（2a）中，主语"十五万"是行为发生的工具，它对行为的发生与否没有任何主观意志和决定权可言。宾语"一辆宝马"泛指任何二手宝马车。我们无法确定能买到的是哪一辆宝马车。整个句子只表示一种可能性。（2a）只具有及物构式的一个特征：两个参与者，而缺乏施动性和意志性这两个核心要素。因此，转换成被动语态的（2b）不可接受。这样，（1）和（2）中的动词"买"，虽都做及物动词使用而句法表现差异很大的问题得到了圆满的解释。在（3）中，动词"像"仍然是及物动词，但是主语和宾语不能交换位置，如（3b）；没有被动语态，如（3c）；没有时态和体态的变化，如（3d）。这些句法限制产生于动词"像"。原型意义上的动词应该表示一个行为事件，而"像"只表示某种关系或状态。因此，它不可能表达出行为的施动性和意志性。那么，它就不可能具备原型意义上的动词所具有的句法能力。（4）中的 see 是一个表示心理过程的动词。各种研究表明，表示心理过程和状态的动词在时态和体态上以及其他句法表现上都有相当的限制。因此，see 也和（3）中的"像"一样受到众多的句法限制。从以上分析，我们可以发现，虽然这些句子在形式上都有两个参与者，属于及物构式的范畴，但它们所能体现的形态句法特征却差别很大。

（5）是汉语界著名学者史锡尧（2000）给出的解读，但他没有解释为什么要这样理解。当然大家看过这样的表演的话，都会这样去理解。问题是如果没有看过这样的表演，能做这样的理解吗？这里有一个逻辑问题与语言经验问题。我们用原型理论就很容易解释了。根据百科知识，人和牛可以构成逆对关系，而人和鸡就不在一个数量级上，无法构成逆对关系。其实汉语中"杀鸡用牛刀"就包含了这样的道理。

以上（1）—（4）组例句表面上看都是 SVO 结构，即通常说的及物构式。但仔细深入考察，它们在及物构式这个范畴里，地位是不同的，受到的限制有多有少。这表明，及物构式具有连续体性质。在这个连续体上，典型的 SV 和典型的 SVO 是连续体两端的成员。由此可以看出，原型范畴化理论与当今科学（自然科学和社会科学）的相对主义思想是完全一致的。

2.2.2 边界模糊性与可接受性差异

几年前，网上出现一条新闻说美国总统奥巴马宣布厕所应该分为三类：男厕、女厕，男女双厕。有的网民觉得很搞笑，其实它反映了一个社会现实，现在变性人、同性恋者越来越多，怎样划分他们的性别还真是个难题。这表明，无论是在现实生活中还是语言系统中，范畴的边界并不如我们想象的那样界限分明，如：

（6）a. 凶手杀光了<u>全家五口人</u>。
　　　b. <u>全家五口人</u>被凶手杀光了。

（7）a. 你太不够<u>朋友 / 资格</u>了。
　　　b. *你太不够<u>一个朋友</u>了。
　　　c. *你太不够<u>好朋友</u>了。
　　　d. *朋友太不被够了。

（8）a. 那棵老槐树呢，虽说用处不小，大伯也不多要，四百元不算<u>个价</u>。
　　　b. *那棵老槐树呢，虽说用处不小，大伯也不多要，四百元不算<u>价</u>。
　　　c. *那棵老槐树呢，虽说用处不小，大伯也不多要，四百元不算<u>两个价</u>。
　　　d. *那棵老槐树呢，虽说用处不小，大伯也不多要，四百元不算<u>个好价</u>。

（9）a. 这个地方很<u>情调</u>。
　　　b. *这个地方不很<u>情调</u>。
　　　c. *这个地方很<u>小情调</u>。

（10）a. 这个地方很<u>浪漫</u>。
　　　 b. 这个地方不很<u>浪漫</u>。

　　例（6）至（10）体现出名词逐渐向形容词靠拢的趋势。（6）中的名词"人"与行为动词"杀光"连用，可以被数量词、形容词等修饰，句子可以有否定形式，也可以转换成被动语态。这是原型意义上的名词。（7a）里"朋友"也是名词，但如（7b—d）所示，不能被形容词、数量词修饰，也不能转换成被动语态。这是由于动词"够"虽可后接名词作宾语，但表达的却是一种性质意义，对事物评价定性，语义上相当于一个形容词的意义。（8）与（7）相似，不同点在于"算个价"必须作为一个整体来使用了，名词不能替换了。（9）中的名词"情调"位于程度副词"很"之后，按照语法规则，程度副词后应该跟形容词或副词。也就是说，"情调"在此句中相当于形容词的作用。这里特别的是，如果将"情调"看作名词，它前面却不能用形容词修饰。如果把它看成形容词，句子却不能转换成否定句。这就说明，它处于名词与形容词两种词性之间。（10）中的"浪漫"是个形容词，使用起来就没有限制了，但意义和（9）非常接近，只是没有（9a）那么丰富而已。

如果我们再做进一步的考察，会发现（6）中的"人"是有指称对象的，表指称是名词的原型特征；而（7）至（9）中的下划线名词都找不到指称对象，实际上是描述一种状态或性质。概括地说，（6）中的形式与功能是一致的，而（7）至（9）中的形式与功能是不一致的。由于形式与功能的错位，其范畴的边界就发生了变化，变得模糊起来了。范畴属性特征的变化，一方面使它的句法能力发生改变，受到的限制也随之发生改变；另一方面也使得它范畴属性变得漂浮不定（elusive）。

英语中形容词用进行体也很能说明问题。进行体一般和行为动词连用，不能与心理状态动词和形容词连用。但有些情况下它们却可以和进行体连用，如：

（11）a. *He is being tall.

　　　b. He is being silly（foolish, smart, friendly）.

（12）a. He is *aware (conscious) of* the danger around him.

　　　b. Actually, my *conscious* mind no longer remembers anything about her physical appearance.

　　　c. * Actually, my *aware* mind no longer remembers anything about her physical appearance.

（13）a. I love music.

　　　b. I'm loving this game.（NBA 广告）（我开始喜欢上这项运动了。）

形容词一般可分为性质形容词和状态形容词。但状态又可分为稳定的状态，如（11a）和可变化的状态（silly）。所以，有的人又从意义的角度，分为静态意义的形容词和动态意义的形容词。无论怎样划分，一个共同点是，具有动态意义的（或标量意义：scalar）形容词可以获得动词的某些特征，如（11b）。（11b）表示的意义是，他其实并不傻，只是暂时装出一个傻的样子，大致相当于流行的"卖萌"。形容词是具有静态意义还是动态意义在句法上也有很大差别，如（12a—b）中的

conscious 既可以表示静态意义（清醒的），也可以表达动态意义（意识到），因此，做定语和表语都可以。但以 a- 开始的形容词（如 aware, afraid, asleep, alive 等）都表示动态意义（前缀 a- 表示"正处于某种状态"：going-on state），因此，在句子里只能做表语，或者后置定语（本质上与表语相同），不能做前置定语，如（12c）。

心理状态动词也一样。当它们表达一种稳定的心理状态时，不能用进行体，如（13a）。如果用进行体，表达的是一种动态意义：状态的变化。其实电视里广告片展示的就是一个这样的画面。

2.2.3 辐射模型与多义网络

多义性指一个词汇项能够表示多个不同的意义。多义性是一个古老的话题，语言哲学、语言学、心理学和文学都有悠久的研究传统。

多义性是涉及一个词还是两个或更多的词，这实际就是一个范畴化的问题。经典理论认为所有新的意义都具有概念差异，都必须作为不同的词列在词库中，这样的处理方式有三个问题：

1）有可能导致无限的意义出现（proliferation）的危险。如"吃汤"是用勺子，"吃鸡"（肉、面包等）就得用刀叉来切等，在汉语中还有"吃官司"、"吃亏"等，不一而足。这样，在词典中，我们就得将"吃"从"吃 1"列举到"吃 n"；

2）词典将会无限大，因为在词典中必须复制大量的不必要的重复的语音与语法信息。这是第一个缺陷的必然结果。以 bachelor 为例。假设 bachelor 有四个意义，我们就得在词典中列出 bachelor 1、bachelor 2、bachelor 3、bachelor 4，并且还得说明，每一个都是可数名词，其词干都是 bachelor，复数形式都是规则变化等；

3）在一个词的所有不同意义中，很难找到一个共同的语义标记。经典理论将语言实体的意义看成离散的，相互之间没有重叠，如 will 表示的意志、义务与必要性之间的关系是离散的。这一观点无法解释范畴之间的共时重叠性，一个意义怎样生成了新的意义，或者意义在共存的过程中的相互影响（Traugott 1989）。从认识论上看，它否定了原有知识在新的认知活动中的作用。

认知语言学原型理论中的辐射模型解释起来就可以避免以上问题。根据假设 2，范畴中的不同成员以辐射（radial）的形式束集在一个或几个显性成员周围，形成一个多节点的网络。我们以英语里的介词 over（Tyler & Evans 2001）说明这个问题：

（14）The bee is hovering over the flower.

（15）a. She walked over the bridge.

b. She has a strange power over me.

c. A fear hung over the crowd.

（16）a. The boy stepped over the pile of leaves.

b. The cat jumped over the wall.

c. The tree branch extended over the wall.

d. John lives over the hill.

e. The friendship remained strong over the years.

（17）a. The arrow flew over the target and landed in the woods.

b. Your article is over the page limit.

（18）a. The cat jumped over the wall.

b. The cat's jump is over.

c. He handed the money over to the investigator.

（19）She quickly put the tablecloth over the table.

（14）中的 over 表达的是一个最典型的空间场景关系，没有包含具体的空间位置信息（bee 与 over the flower 之间）。（15a）就包含了空间位置细节信息，主语 she 应该是在桥的表面上行走，接触了桥面。（15b）中，over 的意义由物理空间关系转化为抽象的位置关系，表示"控制"或"影响"。在我们的实际经验中，如果一个对象要在你的控制或影响范围内，最踏实的情形就是在你能所触及的范围内。（15c）是在（15b）的基础上进一步隐喻化，表示"影响或控制"。

（16a）中，over 的意义由静态的空间位置关系转变为动态的空间移动（above and across），即男孩从树叶堆的一边到了另一边，在此过程中，他可能踩在树叶堆上了，也可能没有踩。（16b）与（16a）相同的是都有"物理空间移动"，不同的是没有接触 wall。除表示都没有接触 over 后的对象外，（16c）则又有些不同，表示的是静态的虚拟移动（还含有状态的意味）。（16d）则是（16a—b）动态空间移动后所处的状态，表示"到了另一边"。（16e）则是隐喻思维的结果，通过空间位置的变化表达时间关系的变化。

（17a）里 the target 本来应该是移动后应该达到的目标，但如（16）中 over 表示"到了另一边"所示，（17a）中的"箭"移动出了目标范围（above and beyond），（17b）中超出了边界的限制。

（18a）中，over 可以推出两层含义，一是跳跃的行为已经结束，二是，猫已经转移到了墙的另一边。这就引申出（18b）和（18c）的意思。

（19）中，over 的"覆盖"义来源于这样一种事实，如前面所有的例子表明，over 前的主体都比 over 后的目标或对象都要小，但当主体大于目标时，这个时候就引申出"覆盖"的意义了，如本例中的 tablecloth 与 table。

2.3 相似性与范畴的开放性与灵活性

根据原型范畴化理论的第四个假设，范畴不能通过必要条件和充分条件来确定，确定范畴成员的依据是事物之间的相似性，即与范畴原型的相似性程度。相似性程度与范畴成员资格正相关。我们以"母亲"这个范畴来说明这一点。"母亲"是一个辐射性范畴，由以下模型构成：

生产模型（说明母亲是生某孩子的这个人），

基因模型（说明母亲是孩子的生命基因的提供者），

养育模型（说明母亲只是抚养者），

婚姻模型（说明母亲是与父亲结婚的那个女性），

谱系模型（说明母亲是最近的女性长辈）。

这些不同的范畴模型之间很难共享某个特征。也就是说，无法抽象出必要条件和充分条件。但现实生活中，我们可以称这些不同范畴里的女性为"母亲"。这些不同的母亲模型构成一个复杂的中心范畴，所有的关于母亲的模型都汇集在这个中心范畴周围。然后再是边缘范畴及其扩展的意义，如代孕（surrogate）母亲、养母、继母等。它们在不同的维度上与中心意义相关。

关于"继母"的概念，电视剧《保卫爱情》的第三集中有两个很有意思的例子。一个小男孩的父母离异后，其父亲后来又先后与两个越来越年轻的女子结婚。这个男孩分别称她们为"阿姨妈"和"姐姐妈"。"继母"本来是根据"婚姻模型"划入"母亲"范畴的。该男孩将母亲与父亲的婚姻关系降为次要因素，而将年龄因素上升到重要地位，以区分不同的继母。这两个例证的幽默与讽刺意义恰好产生于此。这是因为，在"母亲"的辐射模型中，"年龄"不能成为判断母亲之间的相似性的因素，而该男孩却偏偏以此为条件作为区分的参照系数，以便建立一个今后能继续使用的参照模型。

句法范畴同样具有开放性，如：

（20）a. 我吃了两碗面。

　　　b. 我瘦了十公斤。

（21）a. 跑指标。

　　　b. 战上海（血战台儿庄）。

　　　c. 打棍子。

（22）a. 他很关心你的事情。

　　　b. 八一男篮连续问鼎全国男篮联赛冠军。

　　　c. 我曾经感兴趣他的许多事。（阿难《献给A——虹影》，
　　　　《小说月报》2002/2：p.60）

（23）a. 希拉克授勋美国老兵（标题）

　　　b. 在此番应邀参加诺曼底登陆60周年纪念活动的100名美
　　　　国二战老兵中，只有查尔斯霍勒斯一人是由法国总统希拉
　　　　克亲自授勋的。

　　　（《北京青年报》2004，6，7）

我们在2.2.1里已对原型及物构式进行了简要的介绍。现在我们
再以此来考察（20）至（22）的情况。表面上看，这些例子使用的都
是（S）VO结构。但它们都各不相同。（20a）中的数量名词短语"两
碗面"是动作的直接对象（受事），随着动作的结束，状态发生改变，
即面已经没有了，吃完了。而（20b）中的宾语"十公斤"并不是动词
"瘦"的直接作用对象，而是补充说明"瘦"的结果。（21）中的动宾
结构都是由动状结构变化而来，请比较（24）：

（24）a. 跑指标。（为了指标而奔忙。）

　　　b. 打棍子。（用棍子打。）

　　　c. 战上海。（血战台儿庄。）（在上海作战；在台儿庄血战。）

很明显，变化而来的动宾结构，或者隐喻性意义很浓，如（21a—b），
或强调意味更强，如（21c）。因此，这样的动宾结构往往在使用上
会受到许多语法限制，如不能转换成被动语态，宾语不能被修饰等。
（22）是现在媒体非常喜用的一种表达方式，尤其是在标题中。在汉语
中，"问鼎"、"感兴趣"、"授勋"在语义和结构上都是已经比较完备的
短语了。根据汉语的一般语法规则，后面是不能再接宾语了。除了少

数高度词汇化了的，如（22a）中的"关心"，以及"担忧"等。一般的使用规则应该是如（23b）所示。（23）是非常能说明问题的，新闻标题与正文的使用方式区别很明显。仔细观察语言使用情况会发现，语言中的很多结构或表达式都是通过与另一构式在某种形式或语义上的相似类比产生的，在不断的使用中，慢慢地被接受，成为一种常用的表达方式。范畴结构中的成员由此越来越多，范畴结构也由此越来越复杂。

3. 非范畴化：语言与认知创新的有效途径

如前所述，范畴化是从个别到一般，追求共性特征的过程。认知要发展，要创新，还必须有一个从一般到个别，追求个性的过程。这样才能构成一个完整的矛盾运动过程，推动人类认识不断深入、不断向前发展。因此，范畴化理论实际上应该是包含范畴化和非范畴化两个相辅相成的组成部分，才能对事物的认识做出完整的解释。简单说来，范畴化理论能够较好地解释日常语言使用中的常规现象，而对一些所谓的"特例"是无能为力的，以至于让人感觉在语言学习中，有很多很多的例外，而逐渐失去对语言学习的信心和动力。其实，语言中的各种非常规现象或者说特例都是可以得到解释的。非范畴化理论就是这样的一种理论。

在深入阐释非范畴化理论之前，有必要明确两点：第一，非范畴化理论不是对范畴化理论的反动，而是对范畴化理论的完善，就像一枚硬币的两个面，构成相互作用的整体；第二，非范畴化理论是从发展的视角解释语言使用与认知的发展过程，更具有动态性和过程性。

事实上，我们在前面解释的各种语言现象中，就已经或多或少地看到了语言使用从一般逐渐向个别发展，然后又逐渐形成常规用法的过程。

3.1　非范畴化的含义与特征

在语言使用层面，非范畴化指在一定的条件下范畴成员逐渐失去范畴特征的过程。范畴成员在非范畴化后重新范畴化之前处于一种不稳定的中间状态，也就是说在原有范畴和即将进入的新范畴之间会存在模糊的中间范畴，这类中间范畴丧失了原有范畴的某些典型特征，同时也获得了新范畴的某些特征。例如：

（25）a. I *have been considering* all the possible consequences of the action.

　　　b. *Carefully considering/Having carefully considered* all the evidence, the panel delivered its verdict.

　　　c. *Considering* (that) you are still so young, your achievement is great.

　　　d. **Having carefully considered* you are still so young, your achievement is great.

在（25a）中，consider 具有时态、体态、人称与数等动词具有的典型特征。在（25b）中，consider 的分词形式可以带自己的宾语和状语，可以有体态的变化，同时要求省略的逻辑主语与句子的主语一致等，但没有时态的变化和人称与数的一致的限制了。也就是说，consider 还具有动词的部分特征，但也丧失了部分特征。Considering 只是部分的非范畴化了，故称之为非谓语动词。而在（25c）中，consider 作为动词的全部特征都丧失了。至此，它由动词转换成了连词（有的人认为是介词）。功能和范畴的转换由此完成了。当功能和范畴转换完成后，（25d）不可接受就容易理解了。

在认识方法论层面，非范畴化是一种思维创新方式和认知过程。以（26）中的"乡村"表示描述性意义为例。在语言使用层次，该名词体现为承担形容词的功能。在方法论层次，它是以现有的语言资源表达说 / 写者想要表达的特定思想内容，这一过程，强调了原有概念在认知发展过程中的作用，以及人类知识的相互作用与联系。在认知操作层次，它是用转喻的方式扩展名词原有的意义，以范畴隐喻实现范畴身份的改变。例如：

（26）这个地方很**乡村**。

就"乡村"的句法功能而言，它相当于形容词。这只是思想内容的外化形式。但说 / 写者为什么不直接用"落后"或"朴素"或"偏僻"或"愚昧"等形容词呢？其实，理据已经很明显了，这里任何一个形容词都无法表达"乡村"在（26）中那么丰富的意义。也就是说，概念内容与语言表达式之间产生了空缺。于是，说 / 写者在特定的语用环境中将"乡村"赋予了更多的含义。这个含义是临时附加的，其内在认知过程是转喻。因为，以上这些意义都属于"乡村"这个概念领域，在转喻的作用下，可以随时被激活而添加到话语中。

范畴化是一个过程，有起点、中间状态和终点，是动态的、不断发展的，如下图：

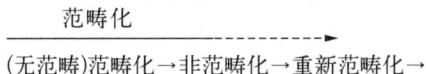

$$范畴化 \dashrightarrow$$

(无范畴)范畴化→非范畴化→重新范畴化→

箭头上的"范畴化"是总称，下面的几个阶段是范畴化的过程，即实体从无范畴状态到有范畴状态（并次范畴化），然后又失去原范畴的某些特征，开始非范畴化的过程，经多次、反复使用之后，实体从一种中间状态逐渐过渡成为一种具有稳定范畴身份的实体，完成重新范畴化过程。箭头的虚线部分表示范畴化是一个由这样的不同阶段组成的循环往复过程，还可能发生第二次、第三次非范畴化。这既是认识过程的一种表现，也是语言发生变化的动因之一。非范畴化的作用在于，打破原有的平衡状态，实现新的突破，建立新的关系与联系。

从（25）和（26），我们可以总结出语言非范畴化具有以下特征：1）作为前提，语义抽象与泛化；2）在句法形态上，范畴的某些典型分布特征（句法／语义特征）消失，范畴之间的对立中性化（Taylor 1995：194）。范畴分布特征的消失为范畴成员跨越自己的边界或者作为一个范畴中的实体进入另一范畴打开了方便之门；3）在语篇和信息组织上，发生功能扩展或转移；4）在范畴属性上，或由高范畴属性成员转变为低范畴属性成员，或发生范畴转移。

3.2　非范畴化的理论与实践意义

语言资源是有限的，人类的记忆能力和知识储存系统由于受其自身条件的限制同样存在天然的局限性。然而，语言所要表达的事物、情景与概念是无限的。语言系统无论怎样庞大，也不可能获得同样无限的系统。因此，怎样利用现有语言资源表达无限的主观与客观的实际需要，既是一个认知问题也是一个实际运用问题。非范畴化通过扩展或转移语言实体的语义与功能，使语言实体在原有的基础上表达新的意义与功能，充分利用了新旧知识的相互作用与联系，强调了原有知识在认知发展过程中的作用。这是经典范畴化理论无法做到的。非范畴化在理论建设方面也同样具有重要的意义。

语言学研究中，大量的"特殊现象、不规范用法、修辞现象"往往没有得到理论上的统一解释，因此理论模型往往难以同时保持理论的内在逻辑性和理论解释的可信度，不利于将理论建设推向更高的层次。运用非范畴化理论能够对上述现象做出有效的解释，增强理论解释的可信度、理论解释的概括力、理论解释的动态性，拓宽理论解释的视野，如：

（27）a. 那会儿，朴寡妇还不是寡妇，还是个屯里扬脸走道的娘儿们，要脸儿有脸儿，要人儿有人儿，男人在县城煤场开大卡车运煤，月月饷钱，日子比谁都过得滋润。（李绵星《庶出》，《当代》2004/1，p.134）

b. 你瞧这孩子，又来脾气了。

c. 姚美芹倒是坦然得很，整个吃饭期间，他也没有什么不礼貌的动作，甚至还相当绅士。（王大进《远方的现实》，《小说月报》2004/1，p.35）

名词表示描写意义时，使用的构式有两种（邹韶华 1986）：能产性强的构式"要……有；有 / 没（有）+N; 是 / 不是 +N（N$_1$+ 是 +N$_1$+N$_2$+ 是 +N$_2$; N+ 叫 +N）；象 / 不象 +N；够 / 不够 +N"，如（27a）；能产性弱的构式"来 / 不来 +N；干（混）出 / 不干（混）出 +N+ 来；算 / 不算 +N; 成 / 不成 +N; V 出 /V 不出 +N；出 +N 等构式"中，如（27b），这两种构式中的名词都是很正常的用法。在"副词 + 名词"结构中，名词同样表示描述性意义，但却被认为是修辞用法（陆俭明 1994），语用策略（桂诗春 1995），甚至特殊用法（邢福义 1997）等，如（27c）。这是由于在这三类不同构式中，名词的非范畴化程度差异所致。

以上三种构式的共同特征是：名词都表示描述性意义，而非指称意义，没有引进独立的话语参与者。它们的差异是：1）在能产性强的构式中，名词仍然承担着名词的句法功能，且名词的可替代性强，名词主要表示类指意义；2）在能产性弱的构式中，虽然名词仍然承担名词的句法功能，但是可替代性弱，名词意义比类指意义更加抽象与泛化；3）在副名结构中，名词承担形容词的句法功能，主要表示特征意义。

概括地说，（27a—b）中的名词**在功能上起名词的作用，在语义上起形容词的作用，这反映出范畴属性的中间状态**，但（27c）中的名词在句法功能和语义上都是起形容词的作用。以上差异解释了下面这个事实：人们认为邹韶华列举的名词的非范畴化现象是规范的用法，而"副词＋名词"是"不规范"的用法。这是因为在"副名"结构中名词的非范畴化程度更高，无论是语义上还是句法地位上都已经形容词化了。非范畴化程度的差异不但能说明不同构式之间的语义、句法、功能等层面的联系与差异，同时还能说明其可接受性程度的差异。这表明，范畴化理论与非范畴化理论构成完整的理论体系能够更细致、精确地描写与解释语言事实，使理论解释更具有动态性。

非范畴化理论从语义、句法与语篇信息组织功能相结合的途径多维度地考察语言事实，视野更宽，解释力更强。下面，我们用两个更典型的例证说明这个问题。

（28）a. 来客人了。

b. 有客人来了。

c. 客人来了。

（29）a. There's a guy works in my office.

b. There's a man works for my father.

c. There's a table stands in the corner.

（Myhill，1988）

汉语中表示存在的动词"有"是发生了非范畴化的动词，Myhill（1988）称这样性质的动词为"准动词"（proverbs）。这类动词已经没有了自己的指称内容。**"有"用在主语前面标示主语的信息是新信息，使主语具有更高的范畴属性特征**。在（28a—b）中，"客人"都是新信息。在（28c）中，"客人"是旧信息，而"来"是新信息。Myhill将（28b）中的"有"称为"客人"的附属成分（satellite）。**英语中的there's 所起的作用与"有"相同，已经成为附着在主语之上的准动词，加强主语的新信息地位，提高主语名词的范畴属性**。这样的解释就能对以下现象做出更简单和更具实践意义的解释了：

（30）a. There's a lot of people watching the game.

b. There's a bed and two small desks in the room, which serves both as his office and bedroom.

根据语义，people 和 a bed and two small desks 分别都是复数意义；就语法规则而言应该使用 there are。有的语法书对使用 there's 解释为，这是口语用法。其实，把 there's 的这种用法看成是"准动词"强调主语的新信息地位，似乎更合理。

沿着以上思路，下面这类"特例"（或者说省略句）就获得了理论上的解释，而不是特例了，或者是非常口语化的句子（Quirk, et al. 1985：1731）：

（31）a. Twas beauty killed the beast. (Myhill 1988)

　　　b. It's Simon did it. (Quirk, 1985：1731)

根据 Myhill（1988）的观点，（31a）中的 Twas 和（31b）中的 It's 只起准动词的作用，标示主语的新信息地位和信息焦点位置。因此，从语篇组织原则上看，（29）和（31）中都没有必要在各句后补充一个省略了的作主语的关系代词。（29）和（31）中的各例表明，**当信息组织原则需要突出主语的新信息地位的时候，最常见的办法就是在主语前使用准动词**（Myhill 1988）。这正好从另一个方面证明了，**语篇对词类范畴地位的影响**。（29）和（31）的考察说明一个重要的问题，**所谓的"特例"只能说明我们解释的理论、途径和方法还不到位。**

本讲小结：本讲重点阐释原型范畴化理论的四个假设和非范畴化的含义与特征及其理论意义和实践价值。

非范畴化的基本含义是在一定的条件下范畴逐渐失去范畴中典型特征的过程。范畴在非范畴化后重新范畴化之前处于一种不稳定的中间状态，也就是说在原有范畴和即将产生的新范畴之间会存在模糊的中间范畴，这类中间范畴丧失了原有范畴的某些典型特征，同时也获得了新范畴的某些特征。

语言非范畴化具有以下特征：1）在语义上，语义泛化是非范畴化的前提；2）在句法形态上，范畴的某些典型分布特征（句法／语义特征）消失，范畴之间的对立中性化（Taylor 1989/95：194）。范畴分布特征的消失为范畴成员跨越自己的边界或者说为一个范畴中的实体进入另一范畴打开了方便之门；3）语篇与信息组织能力发生改变；4）范畴身份出现游移。

非范畴化不但是语言变化与发展的重要途径，更是人类认识的一种重要方式。范畴化和非范畴化构成范畴化理论的完整体系，就像一枚硬币的两个面，相互作用，相辅相成。它将认识作为一个完整的过程进行研究，避免了二分法的弱点，清楚地解释了二分法留下来的大量的无法解释的特殊现象，它是对范畴化理论的完善和补充。

思考题

1. 原型范畴化理论与经典范畴化理论各自的优势和不足可能有哪些?

2. 请实例说明原型范畴化理论的实践意义。

3. 非范畴化理论与范畴化理论的内在联系是什么?

拓展阅读参考书目

Lakoff, G. 1987. *Women, Fire and Dangerous Things*. Chicago: University of Chicago Press.

Taylor, J. R.1989/95. *Linguistic Categorization: Prototypes in Linguistic Theory*. Oxford: Oxford University Press.

刘正光，2006，语言非范畴化——语言范畴化理论重要组成部分，上海：上海外语教育出版社。

理想认知模型、框架、认知域：知识的基本组织方式与推理基础

人类能够快速有效地理解话语并进行交际，是因为我们具备相关的知识，以及将这些知识有效地组织起来的结构方式。这样的百科知识包括语言知识，以及语境和社会知识等等。这样的组织结构与方式，不同的理论体系有不同的名称，如理想认知模型（Idealized Cognitive Model，简称 ICM）（Lakoff 1987：68）、框架（Fillmore 1976）、认知域（cognitive domain）（Langacker 1987）。这些概念大同小异，本讲在重点介绍理想认知模型的基础上，简要介绍其他几个概念。

1. 理想认知模型

ICM 包含以下四个结构原则或认知模型：命题结构模型、意象图式模型、隐喻映射模型和转喻映射模型。简单而言，命题结构模型和意象图式模型说明认知的内容和基础；隐喻映射模型和转喻映射模型说明认知的操作方式。

1.1 命题结构

命题结构说明成分的内容、特征及其之间的相互关系，这是许多知识结构的存在形式。以"火"为例，在命题结构中，必然包括"火"表示危险的知识。再如"周末"这个概念的理解在中国随着时代的不同而有变化。中国 1995 年 5 月 1 日以前，实行的每周六天工作制，周末指星期天。那么，在 1995 年 5 月 1 日后，中国实行每周 5 天 40 小时工作制，周末则指星期六和星期天两天。这些知识构成"周末"的命题结构知识。莱科夫（1987：68）说，他的命题结构模型就相当于 Fillmore 的认知框架（frame）。

Langacker（1987，1990）和 Ruiz de Mendoza（1997）用"中心属性特征"阐述命题结构的特征。构成命题结构内容的是概念图式

（conceptual schema）。概念图式的内涵充当判断百科知识进入理解过程的必要条件。Mendoza（1997）仔细分析了 party（聚会）后，概括出了三个中心特征：1）聚会是一个社会性事件；2）人们参加聚会是为了开心；3）参加人一般都是受邀而来。其他特征都是次要的。中心特征对语言使用具有重要的引导作用：

第一，能够判断什么样的表达方式是更可接受的方式：

（1）a. I met a lot of friends at the party.

    b. ? I went to the party because I wanted to be alone.

    c. I will ask John to come to my party.

    d. ? I will not invite anybody to the party because I hope people will come.

    e. If Tom tells some of his jokes at the party everybody will have a good time.

    f. ? I went to the party to translate *Crime and Punishment* into English.

在（1）中的所有例句中，每一个都有一个成分充当限定语来说明 party 的中心属性特征。（1a）中的 a lot of friends 表明，这是一个社会性事件；（1b）中的 alone 与中心特征相冲突，因而接受度可疑；（1c）中的 ask 表明是邀请而来；（1d）中的 will not invite 则违反了第三个中心特征；（1e）中 have a good time 表明是为了开心；但（1f）中的 translate *Crime and Punishment* into English 一方面表明是来干苦力活的，另一方面 *Crime and Punishment* 还是一部主题非常沉重的小说，与氛围不协调。

社会常规具有类似的特征与作用（Lakoff 1987：81）：

（2）a. She is a mother, but she has a job.

    b. ? She is a mother, but she doesn't have a job.

（3）a. She is a mother, but she isn't a housewife.

    b. ? She is a mother, but she is a housewife.

根据欧美社会常规，mother 或 housewife 的中心特征是"照顾孩子或家"，一般是不工作的。这就能解释（2b）和（3b）可接受度可疑的原因了。

第二，语言的组合性或扩展用法中，多用中心特征意义：

（4）a. school party

    b. birthday party

（5）a. Necessity is the mother of invention.

    b. He wants his girlfriend to mother him.

    c. If node A is immediately before node B in a tree, A is called the mother, B is called the daughter.

（4a）表达的是"社会性"，（4b）表达的是"开心、享受"。母亲有一系列模型，（5a）是"生产"（birth）模型，（5b）是"养育"（nurturance）模型，（5c）是代级关系（genealogical）模型。关于"母亲"，还有继母、代孕母亲、生物母亲这样的认知模型。但这些都不是中心模型，因而在扩展性用法中用得很少。

最近几年，网上有一个关于母亲的流行词"央妈"（指中国人民银行）。据查，该词的生成理据有这么三个：1）因为央行有很多孩子：中国所有的银行。另外，它还是所有金融机构的母体，包括金融监管机构（银监会、证监会、保监会），都是从它派生出来的；2）因为央行是四大银行的领导者，拿出钱来救市都是央行拿的，央行经常对这个那个进行无偿救济，就像母亲给孩子钱一样不要还；3）因为央行能印钞票，有钱，只要央行愿意它可以不断向四大行注资，然后向社会发行。很多人都想有个有钱的妈，或者有钱的爹，所以就这么叫"央妈"了。仔细琢磨这个理据，该词的生成是运用了"生产"、"养育"两个模型。

1.2 意象图式结构

意象图式作为对空间关系和运动经验的概括，一方面组织和结构我们的经验，另一方面具有高度的想象性，在人类认知中具有重要的作用。

儿童语言习得研究表明，儿童最初的认知发展与语言发展都是依赖于身体经验的积累而发展的，比如说"站立"（stand）图式与"跌倒"（fall）图式（Gibbs 1994：415-416）。小孩开始站立时，就开始有成功与失败的体验。能够站立起来时，就有控制自己的行为、模仿与掌握成人行为的可能了。儿童都是从初级的图式逐渐发展出复杂一些的、高一级的图式，从而发展其认知能力和语言能力。

在理解意象图式之前，有必要对图式、意象，以及意象图式之间的异同做一个简要的交代。

1.2.1　图式、意象、意象图式

图式，简单说来，就是一种将（空间）感知经验浓缩描写的方式，将空间的结构映射到概念结构。这样的型式产生于身体在空间的运动，对物体的把控和感知互动（Johnson 1987：26）。意象，是各种具体事物或活动的模拟（analog）表征，是概念化行为中的感知内容。图式是组织具体信息的固定模板（template），意象是具体型式的表征，可以转变成图式。

意象图式是认知过程中一种反复出现的结构，建立起理解与推理中的型式（patterns）。它既不是固定的，也不是具体的，而是具有它自身的拓扑结构，可以把抽象空间切分成区域，且无须说明区域的大小、形状、构成物质等，因而具有灵活性。意象图式具有以下特征（Evans 2006：179–188）：

第一，意象图式是直接有意义的前概念结构，如"容器"图式。人们在生活经历当中会感觉到，容器可以装东西，当容器关闭时，里面是黑的，有何物体也是未知的，物体放在里面是安全的。相反，容器打开以后，里面就会有光照射进去，就可以知道里面的物质。物体放在容器外容易被人发现而可能不安全。当这样的经验无数次反复以后，就会形成概念。因此，从这个角度来说，意象图式是先于概念而存在的。

第二，意象图式是高度图式化的整体构型（gestalt），如图1所示：

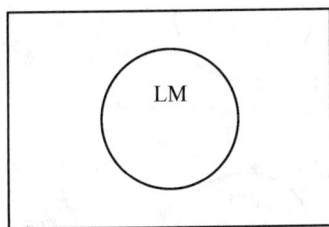

图1　容器的图式关系

图1体现的是一个"容器"的意象图式。在该图式里，圆圈表示陆标（landmark，简称LM）（背景或目标），包含两个要素：容器的内部和边界，陆标的外部是容器的外部，即除了圆圈以外四方形以内的空间。陆标的边界（圆弧线）和外部空间构成了一个"容器"的格式塔（gestalt）。

第三，意象图式既是整体构型，体现出感知运动的结构关系，同时又可以产生更具体的图式，如：

（6）a. John went out of the room.

b. Mary got out of the car.

c. Spot jumped out of the pen.

（7）a. She poured out the beans.

b. Roll out the carpet.

c. Send out the troops.

（8）The train started out for Chicago.

Johnson（1987）认为，意象图式作为动态的体验型式，发生在时间的进程中，它们不一定只是视觉上的，可以是多模态的。(6) 各句中表达空间意义的 out 反映了容器图式的动态性特征。本组例句中，运动的射体（trajectory，简称 TR）（句中的主语）是具体明确的，out 的运动陆标（LM）（离开的地点）都是其边界确定的（the room, the car, the pen），但（7）中的运动射体（TR）是 out 后的宾语，陆标没有出现了，扩展得模糊、不确定了。事实上，这里的射体和陆标位置重叠了。（8）描述的是线性路径运动，路径根本没有表达出来，三者的差别如图 2 所示（Johnson 1987：32）：

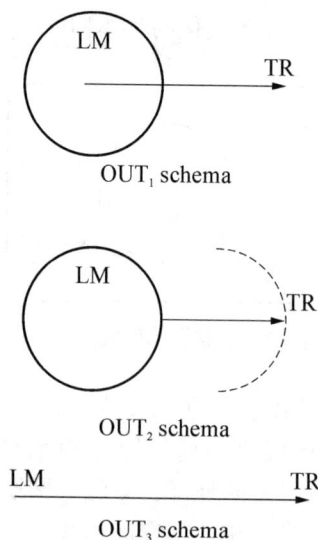

OUT$_1$ schema

OUT$_2$ schema

OUT$_3$ schema

图 2　out 的三种图式关系

第四，意象图式体现感知运动经验与结构，表达事物之间的空间关系。如 over 表达的空间关系是纵向的，如箭头所示。横向箭头上面的初黑线圆是射体（凸显物，注意力的焦点），下面的是陆标。横向箭头表示，相对于陆标，射体的空间运动方向是横向的，如 The plane flew over the mountain。除此之外，该图中的射体和陆标再也没有其他信息了。这也体现出其整体构型特征。

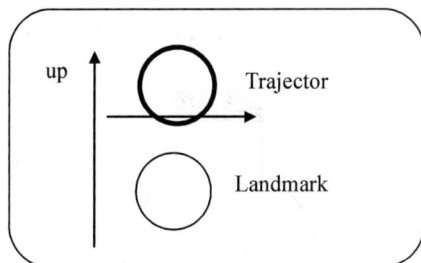

图 3　over 的图式关系

如果我们将 under 的意象图式放在这里比较的话，就更容易清楚其差异了：表面上看，这两个意象图式没有两样。事实上，一个重要的差别在于，图 4 中，射体是横向箭头下的物体了，而图 3 中射体是横向箭头上的物体。这组图说明两点：1）over 和 under 形成一对语义关系；2）其差异在于强调的角度不一样，即注意的焦点不同。

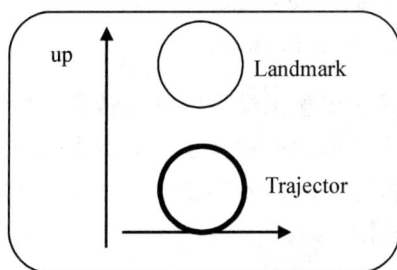

图 4　under 的图式关系

第五，意象图式产生于人类与世界的互动与观察。如介词 against 表示"力（FORCE）"图式。在人类最原始的经验中，一个物体要稳稳地靠住另一个物体，一定需要一个力。靠的物体会施加一个力，被靠的物体需要一个承受力，并产生一个力的相互作用。在不断的经验积累过程中，物理力抽象为非物理力或者虚拟的力了，如（9b—c）表达的就是一个反作用力：

（9）a. Please don't stand against the wall.（靠墙站着）

　　b. All the cabinet members are against the Prime Minister.（反对首相）

　　c. Jane married Jack against her own will.（违背意愿）

第五，图式具有自身的意义，尤其是低层次的图式。Vandeloise（1994）指出，下图，我们难以确定是瓶子还是灯泡：

图 5　in 的图式关系

然而，（10）中的两句虽然都是 IN 图式，但（10b）却是听起来很难接受的句子。这是因为，就灯泡和灯卡口而言，发挥施力作用的是灯卡口。而就瓶子与瓶盖而言，发挥施力作用的是瓶子而不是瓶盖。

（10）a. The bulb is in the socket.

　　b. ?? The bottle is in the cap.

第六，意象图式在概念化过程中可以转化。抽象推理需要把感知范畴经验映射到高一级概念范畴。这样的概念化过程中，就必然涉及对意象图式的加工和转化。Lakoff（1987：26，442）谈到了四种转化，当然它们不会同时进行，如：

（11）a. He walked across the street.（行走的路径）

　　b. He lives across the street.（路径的终点）

其实，这里也许可以总结出一个小规律，运动意义的介词，与运动动词连用表示路径，与状态动词连用表示路径的终点，再如：

（12）a. She ran from the house.

　　b. She stood three feet from the house.

第七，意象图式具有模拟性（analogous representation）。意象图式是抽象了的知识结构，它不是直接的感知经验。现实生活中这种情况很普遍。比如说做红烧肉，看过厨艺书的人能把做红烧肉的过程和要求讲得头头是道，好像他做出来的一定很好吃，但他实际做出来的红烧肉却味道一般。再如学开车，在学开车时，我们可能非常熟悉各种驾驶要领和交通规则，但实际驾驶的时候，就显得手忙脚乱。这种现象反映的就是从感知经验到意象图式的模拟性特征。

第八，意象图式内部结构复杂。Evans（2006：206）详解了"路径"（PATH）图式的构成情况：

（13）a. SOURCE John left［England］.

b. GOAL John travelled［to France］.

c. SOURCE-GOAL John travelled［from England］［to France］.

d. PATH-GOAL John travelled［through the Chunnel］［to France］.

e. SOURCE-PATH-GOAL John travelled［from England］［through the Chunnel］［to France］.

（13）表明，人们在思维和表达的过程中，图式作为一个完型整体存储在大脑中，但在使用过程中，可以只涉及其中的一个方面。如完整的"路径"图式至少包括：起点、路径、终点。然而，在思维和交际过程中，由于注意力的投射可以有侧重点（focus），图式里没有得到关注的就作为背景被隐含起来了。这也从另一个角度说明了人类推理之所以快速有效的原因。

第九，意象图式，经过隐喻映射，可以表达非空间经验的内容。在语言与认知中，那些基本经验的空间意象图式，像容器图式等等，往往会转化成表达非空间意义，但其内在逻辑结构仍然保持不变，如（14a）中表示空间意义，而（14b—d）表示非空间意义：

（14）a. Leave out that big log when you stack the firewood.（out 空间图式直义）

b. I don't want to leave any relevant data out of my argument.（投射到辩论）

c. Tell me your story again, and don't leave out any details.（投射到讲故事）

d. She finally came out of her depression.（投射到情感生活）

1.2.2 意象图式的两个主要来源

根据维基百科的概括，意象图式可来源于三种经验：运动经验、语言经验和历时语境。本讲主要介绍运动经验和语言经验。

1.2.2.1 运动经验

Lakoff（1987）和 Johnson（1987）认为大多数意象图式表示运动感觉（kinaesthetic）经验，因而具有一种空间结构。

1.2.1 节在阐释意象图式的特征时所举的例证都反复说明了，意象图式最主要、也是最重要的来源是人类自身在世界中的各种空间运动经验，这里就不再赘述了。人类在与世界的互动与观察中，不断地抽象出作为知识结构的基本意象图式，Johnson (1987：126) 罗列了以下意象图式：CONTAINER; BALANCE; COMPULSION; BLOCKAGE; COUNTERFORCE; RESTRAINT REMOVAL; ENABLEMENT; ATTRACTION; MASS-COUNT; PATH; LINK; CENTER-PERIPHERY; CYCLE; NEAR-FAR; SCALE; PART-WHOLE; MERGING; SPLITTING; FULL-EMPTY; MATCHING; SUPERIMPOSITION; ITERATION; CONTACT; PROCESS; SURFACE; OBJECT; COLLECTION。

就本质而言，这样的基本意象图式都具有原型的效应，充当了我们认识世界的基本出发点或参照点。

1.2.2.2 语言经验

Lin 和 Chen（2012）运用意象图式理论分析了中国书法表达情感的方式，认为笔触和线条的力度传达着"平衡"（BALANCE）图式的视觉力量，如图中圈起来的字。

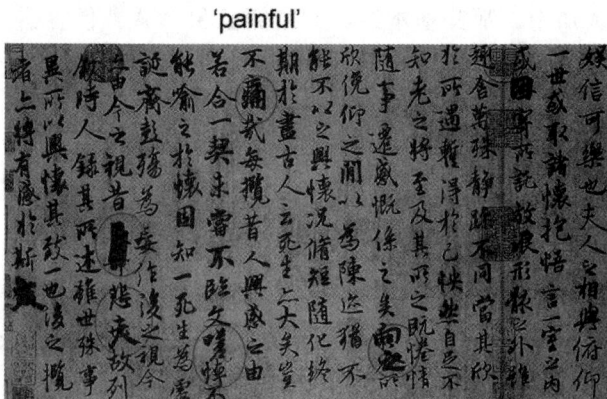

'painful'

'sad'　'sigh with grief'　'feelings'

　　语言系统中的谐音也是一种重要的传达意义的方式。语音是语言的物质外壳，语言由音响形象和概念内容组成。汉语中的倒贴的"福"字，是视觉图式与音响图式的完美结合：

　　著名的美国诗人 E.E.Cummings 一首脍炙人口的落叶诗充分展示了语言形式的表意能力：

l(a

le

af

fa

ll

s)

one

l

iness

　　如果这首诗横着写出来，有两种解读，一种是 l(a leaf falls)oneliness，或者说 a leaf falls 插入 loneliness 这个词之中；另一种是 l(a le af fa ll s) one l iness，其中 a le af fa ll s 插在 l 和 one 之间。诗人独具匠心地描述了一片叶子孤零零地飘落的画面，"孤独与寂寞"跃然纸上。在语言的运用上更是达到了极致，全诗累积出"形单影只"的意象。其中，第一行中"a"表示"单一"（singularity），第二行中的"le"在法语里也是表示"单一"，第三行中的"one"同样表达"单一"。第一行和倒数第二行的 l 也暗示"单一"的意思。

　　著名诗人 George Herbert 的"复活节的翅膀"（Easter Wings）巧

妙地运用词语的安排，呈现出鸟的一双翅膀的形象，全诗两节诗行从最长行逐渐递减然后再逐渐递增，塑造出复活的神鸟一对气势磅礴的翅膀凌空高飞的形象，折射出生命的力量，凸显出耶稣救赎自己，肉体与精神"复活"的主题。另外，诗的每一节的形状还像表达胜利（victory）的英文字母 V。这也暗合了诗歌的主题。

Easter Wings

Lord, who createdst man in wealth and store,
Though foolishly he lost the same,
Decaying more and more
Till he became
Most poor:
With thee
O let me rise
As larks, harmoniously.
And sing this day thy victories:
Then shall the fall further the flight in me.

My tender age in sorrow did begin:
And still with sicknesses and shame
Thou didst so punish sin,
That I became
Most thin.
With thee
Let me combine.
And feel this day thy victory.
For, if I imp my wing on thine.
Affliction shall advance the flight in me.

1.3　隐喻映射模型

Lakoff 和 Johnson（1980）出版的《我们赖以生存的隐喻》标志着认知语言学意义上的认知隐喻理论的正式诞生。他们提出的隐喻理论与以往关于隐喻的理论有三个根本不同的观点，具有划时代意义：1）隐喻普遍存在于语言之中；2）日常语言中的隐喻具有内在关联性

（coherence）和系统性；3）隐喻是一种思维方式。隐喻是人类重要的思维方式和语言的工作机制，这一论断具有革命性的贡献，颠覆了几千年来人们对隐喻的传统认识。在该书问世之前，关于隐喻的主流观点是，隐喻是一种修辞方式，一种语言的偏离用法，从而纳入修辞学的研究范畴。

1.3.1　概念隐喻的三种基本类型

Lakoff 和 Johnson（1980）将隐喻大体上分为三类：结构隐喻、方位隐喻和本体隐喻。

结构隐喻：一个概念通过隐喻的方式用另一个概念表达出来。两个概念之间具有某种结构上的相似性，如：

（15）a. We are at a crossroads in our life.

　　　b. You're off the track.

　　　c. There is no way back.

　　　d. Our relationship is a dead-end street.

　　　e. We may have to go our separate ways.

　　　f. She gave her life a new direction.（转引自 Feyaerts 2000）

本组六个句子构成一个 LIFE IS A JOURNEY 的概念隐喻，旅行的各种知识映射到生活的不同方面，将 LIFE 结构为 PATH 的意象图式（从起点到终点）。此类映射为结构映射。其映射的本体为：旅行者——某人；目的地——生活目标；关键时刻——十字路口；已行距离——人生的过去。由于本体映射是静态的，意义的生成与理解需要逻辑知识映射来完成。类似的还有很多，如：时间是金钱；人生是旅程；人生是舞台；争论是战争等。这样的隐喻之间的相似性具有系统性。

方位隐喻：一个概念系统彼此根据某个概念组织自来，这样的概念隐喻往往与空间方位相关，如"上—下"，"前—后"，"里—外等"，方位隐喻可能会随物理的、文化的经验的差异而体现出一定的差异，如：

（16）HAPPY IS UP; SAD IS DOWN

　　　HEALTH AND LIFE ARE UP; SICKNESS AND ILLNESS ARE DOWN

　　　HAVING CONTROL OR FORCE IS UP; BEING SUBJECT TO

CONTROL OR FORCE IS DOWN
MORE IS UP; LESS IS DOWN
HIGH STATUS IS UP; LOW STATUS IS DOWN
GOOD IS UP; BAD IS DOWN
VIRTUE IS UP; DEPRAVITY IS DOWN
RATIONAL IS UP; EMOTIONAL IS DOWN

本体隐喻：人类对客观物质或实体的经验既丰富又有直接的感性知识。这些经验又成为人类理解其他经验的途径或方式。这样的物质实体构成的隐喻叫本体隐喻，如：

（17）THE MIND IS A MACHINE
THE MIND IS A BRITTLE OBJECT
INFLATION IS AN ENTITY
TIME IS MONEY

有一点值得注意的是，本体隐喻与结构隐喻可能有重叠的地方。结构隐喻反映的是事物的内在特征，而本体隐喻是就构成隐喻的对象而言的。

1.3.2　隐喻映射的基本特征

隐喻映射有许多特征，本讲主要介绍其两个最重要的特征：单向性和选择性。

1.3.2.1　源域到靶域的映射：隐喻映射的单向性

一个概念隐喻由源域和靶域两个概念域组成，它们之间构成映射关系。映射的方向是从源域到靶域。源域往往是熟悉的、已知的或者具体的，靶域往往是不熟悉的、有待理解的或者是抽象的。这一映射方式反映了人类认识的基本途径：从具体到抽象。

（18）"爱情是旅程"的映射如下：
恋爱者—旅行者
恋爱关系—车辆
恋爱目标—旅行目的地
恋爱波折—旅行中的困难

隐喻映射的工作假设是"不变原则"。Lakoff（1993）提出了"不变原则"作为隐喻的工作假设："隐喻映射以与靶域的内在结构一致的方式保留源域的认知结构（typology）（即意象图式结构）。"比如在"容器图式"映射过程中，内部的东西映射到内部的东西；外部的东西映射到外部的东西；边界映射到边界。

隐喻映射还有一个原则：层级继承原则（inheritance hierarchies）。隐喻映射不是孤立发生的，它们往往以层级结构组织起来，低一级的映射总是继承高一级的映射，如下面三个不同层次的隐喻：

第一层次：THE EVENT STRUCTURE METAPHOR

第二层次：A PURPOSEFUL LIFE IS A JOURNEY

第三层次：LOVE IS A JOURNEY; A CAREER IS A JOURNEY

LOVE IS A JOURNEY 继承 LIFE IS A JOURNEY 的映射。层级继承原则能够说明许多概括与抽象。

第一，词汇的语义抽象，如 crossroads 的中心意义是表示空间领域，但它可以通过隐喻的方式表达任何扩展的活动：

（19）a. I'm at a crossroads on this project (in life, in my career).

　　　b. We're at a crossroads in our relationship.

这里抽象出来的原则是：crossroads 在词汇意义上扩展了，但扩展的方式是事件结构隐喻的次隐喻：LONG-TERM PURPOSEFUL ACTIVITIES ARE JOURNEYS。其他的用法都是通过层级继承原则产生的。

第二，推理的抽象。由于层级继承关系，旅行中的困难与障碍不但可以出现在一般的事件当中，还可以出现在有目的的生存、恋爱关系、事业等当中。这种层级继承原则确保将生存、恋爱、事业之中的困难与障碍理解为一般性事件中的困难。

1.3.2.2　映射的选择性——隐喻映射的本质特征

虽然靶域的理解依赖于源域特征的映射，但是这种映射不是随意的，全部的，而是部分的，选择性的。如：

（20）他是个本·拉登。

（21）这位外科医生是（像）个屠夫。

在例（20）中，源域本·拉登有许多特征：男性、高高的个子、阿拉伯人、沙特富翁、"9·11"恐怖袭击事件的策划者、恐怖分子首领等。显而易见，（20）表达的是"他是个十恶不赦的恐怖分子"。在以上特征中，只有最后两个特征被映射到靶域"他"之上，其余的特征都被抑制了。在例（21）中，外科医生与屠夫具有许多共同特征：穿白色的工作服、干的都是服务性的工作、都要呼吸空气等。可是，这些特征都不与该隐喻的意义相关，它们同样被抑制了。

一个概念（无论是靶域的还是源域的）都可以从许多不同的角度进行概括或描述。但在映射时，靶域有一个隐喻聚焦（highlighting）的过程，而源域则有隐喻运用的过程（metaphorical utilization）（Kovecses 2002：79-83）。隐喻聚焦指当源域映射到靶域时，靶域中只有一部分特征进入焦点而成为映射的对象。以"爱情"为例：

（22）a. 爱情，小心轻放。

　　　b. 爱情需要精心呵护。

　　　c. 爱情会在误解中消失。

　　　d. 他们的爱情在谣言的打击下结束了。

　　　e. 真正的爱情应该经得起风雨。

　　　f. 第三者是他们俩的爱情结束的根本原因。

　　　g. 他们俩有钱就有爱情。

　　　h. 她是看上了他老爸的地位。

这些隐喻的源域只聚焦于爱情的一个特征：爱情的基础或者说爱情的脆弱性，其他特征被隐藏起来了。这说明特征聚焦与特征隐藏互为前提，或者说二者共同运行。以"争论"的概念隐喻为例，每一个概念隐喻都只强调其某一方面的特征，而其他方面的特征被隐藏或抑制了：

AN ARGUMENT IS A CONTAINER（强调争论的内容和基本范围）

AN ARGUMENT IS A JOURNEY（强调争论的进展和内容）

AN ARGUMENT IS A WAR（争论的胜负或控制权）

AN ARGUMENT IS A BUILDING（强调论据以及论据的力量）

源域运用指靶域理解只依靠源域的某一（些）特征。以 AN ARGUMENT IS A BUILDING 为例：

（23）a. 文章的框架还行，但论证不充分。

　　　b. 论点应由可靠的论据来支撑（持），结构应具有内在逻辑性。

　　　c. 文章理论基础扎实，论据可靠。

　　　d. 文章只有在坚实的理论基础上，才能构成连贯的理论体系。

这些隐喻表达式表明，概念隐喻 AN ARGUMENT IS A BUILDING

主要是关于建筑物的结构、框架和建筑物的承载力。以上的论证同时表明源域运用和靶域聚焦只是一个问题的两个不同方面。源域到靶域的映射特征使它们共存于同一概念隐喻中。

一个源域往往可以用来说明许多不同的靶域，其中的选择原则是什么？如源域 war 不但可以说明靶域 argument 也可以说明靶域 love。再如：

（24）a. 第一部分很重要，它构成全文的理论基础（理论是建筑物）。

b. 他们俩的感情基础很牢固（关系是建筑物）。

c. 他们几年前辛辛苦苦创建的一个很有前途的公司顷刻之间就这样垮了（公司是建筑物）。

d. 国家要打仗的话，经济基础必须很牢固（经济系统是建筑物）。

c. 他这么一闹，整个球队的基础动摇了（社会组织是建筑物）。

d. 我们每个人每天都应该为自己的美好生活添砖加瓦（生活是建筑物）。

仔细考察源域（building）用来说明多个靶域的情况后会发现，这些靶域（理论、关系、公司、经济系统、生活等）都有一个共同的语义中心：多元（COMPLEX）系统的结构及构造或结构稳定性。这说明，虽然靶域各不相同，但隐喻的范围不是漫无目标，毫无选择的。如上所示，该源域主要应用于三个不同的但又彼此相关的靶域。靶域的隐喻范围指源域可以映射到靶域的数量和种类。这个隐喻范围要求有一个语义中心和中心映射。它们共同构成确定源域可以映射到靶域的数量和种类的原则，同时参与确定映射的内容。

1.3.2.3　概念特征的多样性决定靶域表达的多样性

根据莱柯夫的隐喻理论，靶域的理解依赖源域的映射。一个普遍的现象是，一个靶域往往会由许多不同的源域来表达。关于 argument 的映射，我们列举了四种。而关于靶域 happiness 的源域映射多达 13 种（Kovecses 2002：84—90）。汉语里表示"幸福"虽然不如英语里那么好归纳，但也可以归纳为以下几个大类的源域映射，如（21）—（23）：

（25）"方向朝上"

    a. 拿到礼物后孩子们都跳起来了。

    b. 登到黄山顶后有一种如入仙境的感觉。

    c. 看他那样子，都有点趾高气扬了。

（26）"积极的角度"

    a. 老头的脸上洋溢着喜悦的光芒。

    b. 他讲的那个笑话给死气沉沉的讨论带来了一点生气。

例（26）强调从积极的角度评价 happiness，因为"光"与"黑暗"相比是积极的、肯定的。同时光来源于物体内部的热能而充满能量和活力。人在高兴时往往会表现出活力，并洋溢着幸福的光芒，由此又可以衍生出（27）：

（27）"难以控制的力量等"

    a. 听到自己被选上了，她眼中流出了激动的泪水。

    b. 观众们都陶醉在她那优美的歌声中。

    c. 观众都看得如醉如痴。

    d. 他高兴得难以自制。

例（27）表达以下中心意义：因为幸福而产生活力，会产生更大的力量而难以控制。由于幸福是一种强烈的情感体验，因而难以自控成为幸福体验的一种象征，虽然这种失控的表现方式和体现程度各不相同。

（28）"与环境和谐共存的快感"

    a. 瞧他那得意的劲儿，就像狗得到了一块好骨头。

    b. 她嫁了一个好老公，正生活在幸福的海洋里。

以上四个领域中的源域映射表达靶域 happiness 所体现的不同特征。可以说，这是靶域的特点。然而，为什么靶域会体现出这样的特征？这是因为任何概念，无论是靶域中还是源域中的概念，都不是单一的，而是具有许多复杂内容和许多不同特征的概念。由于隐喻映射中，源域和靶域分别有一个隐喻运用和隐喻聚焦的过程，并且由于在聚焦同时的抑制作用，每次都只能映射源域中的某一（些）特征去理解靶域的某一（些）特征。这是人类认识事物的客观本质所决定的。因为人类的认识在一定的时候和一定的阶段都只能达及事物的某些方面，一次认识不可能达到全面和彻底的程度。

1.4 转喻映射模型

一般认为，隐喻与转喻是两种不同的认知机制。隐喻是相似关系，而转喻是邻近关系（contiguity）。隐喻是两个不同经验领域里两个概念的映射，源域的整个图式结构映射到靶域的整个图式结构之上，源域结构的逻辑关系映射到靶域的逻辑关系之上（Lakoff & Turner 1989：103）。

转喻由相同经验领域或概念结构内的映射构成（Lakoff & Turner 1989：103-104）。这样的概念联系成为快速、有效推理的基础。转喻的基本功能是表示指称或者说指代关系：在同一图式里，可以用 A 指代 B，或者用 A 指代整个图式。如：

（29）a. 我的车坏了。

　　　b. 中国坚决反对南海仲裁。

　　　c. 湖南大学学风好。

（30）a. The ham sandwich just spilled beer all over himself.

　　　c. Washington is insensitive to the needs of ordinary people.

　　　d. The grey should be respected.

　　　e. The pen is mightier than the sword.

　　　f. 68 床量体温。

　　　g. 9 号台买单。

（31）A: How did you come here?

　　　B: I have a car. (Center stands for the whole ICM)

　　　　— I drove. (Precondition stands for the whole ICM)

　　　　— I borrowed my brother's car. (This entails precondition, which in turn stands for the whole ICM)

　　　　— I hopped on a bus. (Embarcation stand for the whole ICM)

　　　　— I just stuck out my thumb. (Embarcation stand for the whole ICM)

　　　　(Lakoff 1987：79)

（29）是用整体指代部分。（29a）其实坏掉的只有车子的某些部件，如发动机、或刹车等；（29b）中国主要是指中国政府；（29c）湖

南大学主要指湖南大学的学生。粗略地说,(30)是部分指代整体,即
在一个概念域里或事件图式里,用其中相关的某个要素或部分指代
整个概念域或图式。(30a)ham sandwich 指的是点了这种食物的食
客。在餐厅里,服务员最容易记住食客的方式、所坐的位置或所点的
食物。在吃饭这个概念域或事件图式中,食物是其中的一个构成要
素,对于服务员等人来说,这是最显著的特征,更容易被记住。(30b)
是政府所在地指代政府。(30c)grey 是人的头发的特征指代人(老年
人)。(30d)"68 床"是医生称呼病人最常见的方式。在病室里,医生
最习惯、最熟悉的是床位与疾病的特征,因为病人是流动的难以记住。
(30e)类似(30d)。(31)更加能够体现出转喻映射模型作为知识的组
织结构与方式的重要作用。对于 A 的问题"你怎么来的?",B 无论采
用五种回答中的哪一种,听话人 A 都会马上明白 B 是怎么来的。括号
中的文字解释了这样的事件转喻中,认知的发生方式。

还有一种转喻映射集中体现了"追星"或"理想化"(paragon)思
维方式:

(32)a. 汤显祖就是中国的莎士比亚。
b. 朱婷是新铁榔头(新郎平)。
c. 这个小足球天才将成为未来的马拉多纳。
d. 海尔是家用电器界的凯迪拉克。

(32)中的"莎士比亚"、"新铁榔头、新郎平"、"马拉多纳"、"凯
迪拉克"都是代表各自领域里的"神级"人物,或顶尖高手或完美人
和事。这种转喻能够将语言系统中专有名词概念转发成普通概念,进
入普通词汇。如此转喻而成的概念集中了该概念域所有的突出特征,
因此这样的转喻还具有文化意义。

下面一种转喻同样具有文化意义,代表着一种社会共识:

(33)a. 他商人气息太重。
b. 他典型的上海男人。
c. 他好打交道,不像官员。

(33)中的"商人"、"上海人"和"官员"在中国文化语境里,都
有一种确定的文化意义,即社会常规(social stereotype)。"商人"是奸
诈、唯利是图的代名词,"上海男人"会做家务,疼老婆,"官员"摆
谱、架子多。广告设计里的各种形象或代言人选择都会依据一定的社

会常规。

转喻在认知上，用 A 指代 B，实现的方式是"视角化"（perspectivization）。这在 Langacker 的认知语法体系里，叫激活"积极区"（active zone）。二者实际上说的是一回事：即注意力聚焦。因此，转喻映射的最大作用就是增强信息性和关联性。转喻视角化主要有"成分视角化"和"含义视角化"，如：

（34）就这样，那一天成子的热闹，成子媳妇的风光，在潘桃心中不可抗拒地拼起这样一幅图景：成子媳妇，外表很现代，外表很城市，性格却很乡村，一个彻头彻尾的两面派。（孙惠芬《山庄的两个女人》，《小说月报》2002/1，p.33）

（35）a. 今秋流行很上海。（《人民日报》海外版 2003，1，8）
　　　 b. 他办事很上海，他肯定能按时写出报告。

（36）小林的电脑房里新添了一张陌生面孔，是一个二十出头的年轻女孩，披肩发留得十分传统，眉眼很干净，笑起来微微露一点粉红色的牙床，红得像玛瑙，光亮可爱，让人觉得这女孩子本人也如玛瑙一般圆润腻手。（黄蓓蕾《玫瑰灰的毛衣》，《钟山》1999/3）

在认知结构中，"城市"与"乡村"各自都有许多细节特征，例如，地理位置、人口、气候、生活习惯、工作作风、历史传统、文化等。或者从主观判断的角度看，"城市"有"现代"、"教养"、"文明"、"繁华"等特征，"乡村"有"朴素"、"落后"、"守旧"、"愚昧"等。然而，在具体的语用环境下，不是所有特征都能成为意义的焦点。因此，这里就有一个突显与提取的过程。在例（34）中，作者指向的是"现代"和"朴素"的意义特征。在（35a）中，被提取的是"时尚"，指代上海所代表的特有的流行时尚，而在（35b）句中被提取的是上海人办事效率高的特征。（35）还充分体现了语境在突显所表达的语义过程中不可或缺的作用。例（34）和（35）可称之为转喻的成分视角化，充分体现出转喻在建立话语关联过程中的重要作用。（36）体现了语用强化在意义提取过程中的重要作用。如前所述，转喻的功能在于强化信息性，融入说话人的立场、情感和态度等主观意义。"传统"作为一个中性词，通过转喻的作用，其"保守"的意义加入其中了。由于有了这种添加，词语的信息性增强了。再比如"这条裙子很款式"。"款式"也是一个中性词，由于转喻的作用附加了"新潮"或"新颖"的意义。这反过来说明，语用强化实际就是转喻的含义视角化。当然，成分视角化和含义视角化并不是截然不同的，而是相互联系的，只是侧重点不同而已。

2. 框架与认知域

在认知语言学的文献当中，除了用理想认知模型（ICM）表达知识的组织方式与结构以外，还有一些术语意义大同小异，如框架（frame）、认知域（cognitive domain）、图式（schema）、场景（scenario）和脚本（script）等。比较而言，理想认知模型使用得更多一些，一是因为它是认知语言学家 Lakoff 提出的，其理论内涵和作用，大家了解得更多、容易被接受并使用；二是该理论模型能够更动态的反映人类知识的组织结构与运行方式。所以本讲内容主要阐述理想认知模型。下面再继续阐述"框架"与"认知域"的基本内容。

2.1 框架

框架是经验的图式化（知识结构），表征在概念层次，存储在长时记忆里。其功能是将人类经验中的文化场景中的元素或实体关联起来，词或语法结构由此可以被理解和正确使用。也就是说，词或句子的理解离不开背景知识或者说百科知识。Fillmore 还借用了心理学中的 figure 指要理解的词或语法结构，用 ground 指作为背景的框架。事实上，语义理论中"框架"的概念是 Fillmore 从认知心理学中引来的，也基本接受了其思想内涵。

2.1.1 认知心理学关于框架的认识

认知心理学使用框架这个概念的主要目的是为了研究人脑中概念是怎样表征的。

2.1.1.1 框架的特征与语义值

著名心理学家 Barsalou（1992）指出，框架的特征指能够说明范畴成员至少某一个方面的概念。如在下图中的"发动机（ENGINE）"至少能说明"汽车"这个框架的一个方面，类似的如"驾驶员（DRIVER）"、"车轮"、"燃料"、"排放系统"等。Barsalou 用椭圆形表示"汽车"框架里的一个特征。语义值是特征里的下位范畴成员，如在"驾驶员"这个特征里，Mike 和 Sue 就是语义值；在"燃料"这个特征里，汽油或柴油就是语义值。下图能够清楚地说明两个相关的概念（转引自 Barsalou 1992：30）：

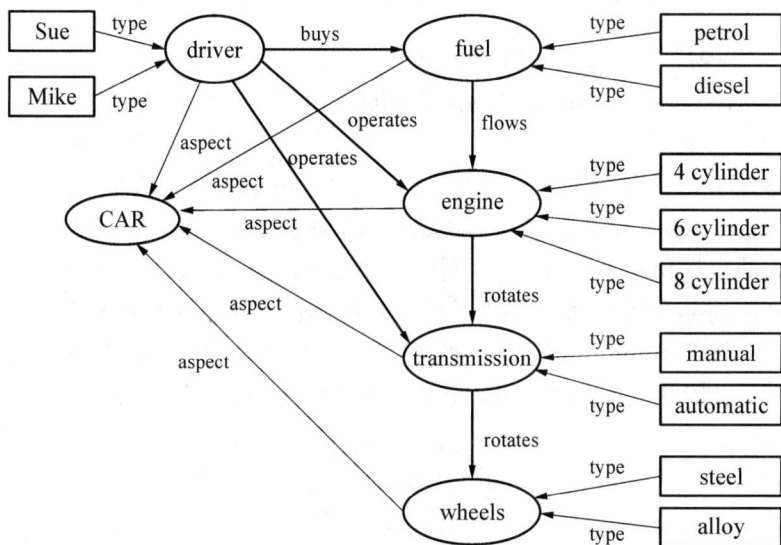

图 6　"汽车"框架

2.1.1.2　结构不变性与动态模拟性

Barsalou 认为，在一个框架里，各特征并不是独立的，而是在概念上和关系上高度关联的。框架里核心特征之间的关联性总是保持不变的，如在"汽车"框架里，驾驶员和发动机之间的关系永远是驾驶员控制着发动机（的转速）。

动态模拟性指人类具有基于某个框架想象和模拟概念实体的能力。如去医院看病，你可能在脑子里就会想起排队挂号、候诊、检查、取药等。

2.1.2　语义学中的框架

如前所述，Fillmore 引进框架的概念，主要是为了解决词语的理解，以及使用的限制问题。他详细解释了"商业事件框架"，以此说明下面的说法的可接受性差异（转引自 Evans 2006：226）：

（37）a. John bought the car from the salesperson.

　　　b. *John bought the salesperson.

　　　　c. 包工头收买了监工。

（38）a. John paid the salesperson (for the car).

　　　 b. *John paid the car.

（39）a. John paid $2000 for the car.

　　　 b. John paid the salesperson $2000 (for the car).

　　"购物"框架属于"商业事件"框架。在"购物"框架里，buy，sell，pay，cost，money，change 等构成一个组。要理解这组词，必须依据"商业框架"提供背景知识。"购物"框架里包含了这组词所应涉及的参与者角色和数量，比如说"购物者"（buyer）、"售货员"（seller）、"付账"（pay）以及"钱"（money）。动词还涉及"价"（valence），即论元的数量和性质问题。像"付账"最多可涉及四个论元（购物者、售物者、商品和钱），最少两个论元。这样的信息都包含在框架中。英语中，购物者不能购买售货者，如（37b）。但在汉语中，当"购买"隐喻化以后，隐喻化的购物者可以购买隐喻化的售货者，如（37c）。

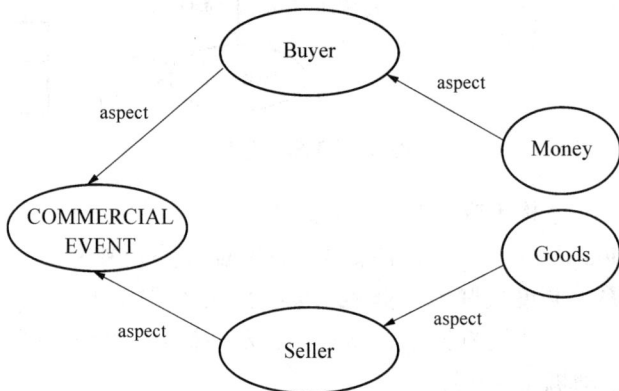

图 7 "商业事件"框架

　　在语言使用中，框架还可以更抽象，如语体实际上也是一种框架。法律语体的用词和表达方式与新闻语体的用词与表达方式就不一样。实际上，这样的语体就是言语事件框架。

2.1.3　框架的意义

Evans（2006：229-230）总结了框架的认知意义，主要有以下三点：

　　第一，提供观察理解事物的视角。以 coast 与 shore 这对词为例，虽然这对词都表示与海相接的陆地，但 coast 的视角是站在陆地上的视角，而 shore 则是在海中看陆地的视角。因此，a trip from coast to coast 是在陆地上旅行；而 a trip from shore to shore 则是跨海旅行。

第二，结构情景。一个情景内容从不同的视角观察可以有不同的结构。一个事件，如果用主动语态的框架，其结构则是"施事"者结构；用被动语态则是"受事"者结构。

第三，不同视角看同一问题。英语里曾经有一个这样的笑话：一个吝啬鬼落水了，喊救命。去救他的人说：give me your hand。这个吝啬鬼就是不肯把手伸出来。而当救他的人改说 take my hand 时，这个吝啬鬼马上伸出手来了。这里实际上就是观察事物时的框架转换：从"给予"框架转换到"获取"框架。

2.2　认知域

认知域是 Langacker 的认知语法体系里的重要术语。根据 Langacker（1987：147）本人的定义，认知域本身就是认知实体（entities），可以是心理经验、表征空间、概念，或概念综合体。换句话说，认知域是不同水平、不同组织结构层次的心理实体。若要成为认知域，一个知识结构必须能够充当词汇在语言理解与使用当中的背景信息。如红色、黄色、黑色、白色、粉红等颜色词的意义的理解就必须以"颜色"（COLOUR）这个认知域（或色谱）为参照，才能进行定义和理解。从这个角度来看，认知域与框架几乎差别不大。

2.2.1　认知域的两个层次：基本认知域和抽象认知域

Langacker 为了更好地阐释概念的结构方式，将认知域区分为基本认知域和抽象认知域。基本认知域主要与感知、经验相关。抽象认知域以基本认知域为基础，但比基本认知域更复杂。如时间和空间就属于基本认知域，而像爱情、婚姻等属于抽象认知域。基本认知域和抽象认知域既有联系又有区分，比如"爱情"里有生理的部分，有情感的部分。生理部分就属于经验感知的范畴，属于基本认知域。而"爱情"里有关社会方面的经验就要复杂一些，属于抽象认知域。

Langacker（1987）指出，理论建设的一个重要原则是要避免循环论证。既然概念需以复杂的认知域为背景才能理解，在认知域这个复杂的层级系统中，应该有不依赖其他认知域就能理解的认知域。这样的认知域就是基本认知域。认知域的复杂层级性，如图 8 所示：

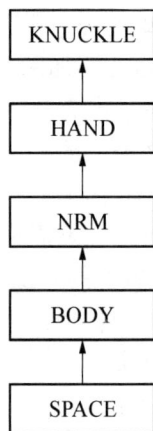

图 8　Knuckle 的层级位置

在这个层级结构里，knuckle 处于最上端，表明要理解它需要大量不同层级的认知域的知识。相反，space 处于最底层，表明它上面的层级成分都可以预设它的存在。hand 既是 knuckel 的下一层级，又是 arm 的上一层级。这个层级关系蕴含着部分与整体的关系。

Langacker 认为，基本认知域的理解不依赖于其他认知域，是因为基本认知域来源于具有前概念结构性质的身体经验。这样的经验既可以是主观的或内在的身体经验，如情感、意识、时间意识等，也可以是对外部世界的感觉与感知经验。这样的经验一旦经历后，就会在概念层次表征为概念。Evans（2006：234）罗列了一些这样的基本认知域：

Basic domain	Pre-conceptual basis
SPACE	Visual system; motion and position (proprioceptive) sensors in skin, muscles and joints; vestibular system (located in the auditory canal – detects motion and balance)
COLOUR	Visual system
PITCH	Auditory system
TEMPERATURE	Tactile (touch) system
PRESSURE	Pressure sensors in the skin, muscles and joints
PAIN	Detection of tissue damage by nerves under the skin
ODOUR	Olfactory (smell) system
TIME	Temporal awareness
EMOTION	Affective (emotion) system

图 9　部分基本认知域列表

2.2.2 认知域的基本特征

Langacker 为了进一步阐述清楚人类的百科知识以各种认知域的型式为组织方式，还进一步分析了认知域的基本特征。

第一，多维性。一些认知域往往以一个或多个认知域相对应而组织起来。如时间认知域是一维的，但"空间"则是多维的，可以是二维也可以是三维的。"颜色"与三个维度相关：亮度、色调与饱和度。

第二，整体结构性（configurational）与（局部性）（locational）。一个三角形无论放在空间的哪个位置，它在"空间域"里永远都是三角形而不是正方形，这就是整体结构性。但"颜色域"中，亮度、色调和饱和度都是以它在色谱上的某个点来计算比较的，因此它总是位于色谱上的某个局部位置上。

2.2.3 认知域的工作方式

认知域本质上是强调百科（背景）知识在概念理解过程中的作用。这里自然就有一个注意力焦点与背景知识的运行方式问题，主要有两个机制：凸体与基底（profile and base），积极区。

2.2.3.1 凸体与基底

凸体，类似于图形（figure）；基底，类似于背景（ground）。这对概念主要用来解释词汇概念的理解与认知域矩阵的关系。也就是说，词汇概念的理解往往需要参照一系列的认知域组成的网络才能被理解。这样的认知域网络，Langacker 称之为辖域（scope）。这样的运行机制能够提供两个方面的认知效果：

第一，一个词只是理解一个知识网络的心理通道（access），如下面这个直角三角形里（图10），黑体的斜边是凸体，其他两条直角边是基底。当我们说斜边时，在大脑中激活的是一个直角三角形的知识网络：

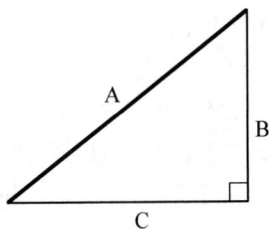

图 10　直角三角形的认知域

第二，一个基底可以有不同的凸体。下面的组图（Langacker 1987：184；Evans 2006：238）表明，一个圆，当关注不同的侧面时（如黑线条所示），就会有不同的凸体概念，但认知域仍都是圆。图 a 凸显圆的弧线，图 b 凸显圆的半径，图 c 凸显圆的直径，图 d 凸显整个圆。

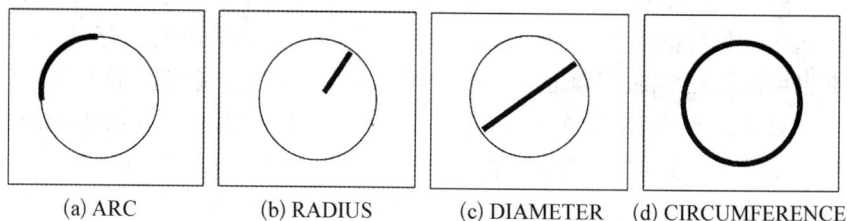

| (a) ARC | (b) RADIUS | (c) DIAMETER | (d) CIRCUMFERENCE |

图 11　一个基底的不同凸体

2.2.3.2　积极区

积极区指在语言使用中，由于语境的作用，某个实体在认知上激活的部分。如在下面的句子中：

（40）a. 你骂了我。

　　　b. 你踢了我。

　　　c. 你打了我。

　　　d. 你靠着我。

　　　e. 你看着我。

在（40）中，由于动词的作用，事实上"你"只是某些部位实施了其行为：（40a）中是"嘴"，（40b）中是"脚"，（40c）中是"手"，（40d）中是"或背或肩或头"，（40e）中是"眼睛"。既然只有这些部位参与这些行为，为什么又不说"你用嘴骂了我"呢？其实，这里就是一个认知的经济性和语言使用的经济性问题。由于认知上，我们都是以百科知识（认知域）为基础组织知识，认知域能够确保交际的成功，就没有必要重复认知域里已经包含的内容了，除非为了达到某种特别的效果。也就是说，认知域充当了推理的出发点或基础。前面，我们在讨论转喻的时候就已经涉及了这个问题。

认知域具有非常重要的理论意义和实践意义，它能够深刻揭示概念组织的作用方式。Langacker（1987：273）举了一个很经典的例子：

（41）The red pencil isn't red.

这个句子表面看起来很矛盾，但用积极区来解释就一点也不矛盾了，并且可以做两种理解。第一种理解：第一个 red 激活的积极区是笔的外形颜色，第二个 red 激活的是笔写出来的字的颜色；第二种理解：第一个 red 指笔的墨水或写出来的字是红色的，但笔的外形颜色不是红色（第二个 red）。这样一种认知机制能够引导交际者寻找和正确选择一定语境下话语的可能意义。

2.2.4 认知域与意象图式、框架的异同

认知域与意象图式有以下三个方面的差异（Evans 2006：234-235）：

第一，意象图式与基本认知域都是对具有前概念性质的身体经验的知识结构。比如"容器"意象图式与"容器"认知域就几乎没有差别。

第二，意象图式是反复出现的经验型式，可能更接近由大量概念组成的认知域矩阵（认知域网络）。而认知域并不一定要涉及认知域矩阵。

第三，由于意象图式产生于感觉感知经验，因此都有"意象"（imagistic）的属性。而认知域可能有（基本认知域），可能没有（抽象认知域）。

认知域与框架最大的相似之处在于，二者都认为语义的理解离不开百科知识的作用。但认知域在四个方面发展了框架理论。

第一，Langacker 认为，概念形成结构的典型途径应该是依赖于多个认知域；而 Fillmore 只是承认有这种可能。Langacker 指出，结构一个词汇概念的一系列认知域组成认知域矩阵（domain matrix）。比如说，你要养一个宠物，需要这些方面的知识：宠物的外形、饮食习惯、排泄与运动习惯、生命周期等等。这些知识就属于不同的认知域。

第二，Fillmore 对框架的界定是宽泛的，而 Langacker 则将认知域细分为基本认知域和抽象认知域。

第三，认知域内部构成层级结构。这样就能动态地解释认知域内各成分之间的动态关系。某个层次的成分既可以预设某个成分为它的下一层次成分或上一层次的成分，如图 8 所示（见 p.70）。

第四，关注的问题不一样。Fillmore 发展和建立框架语义理论主要是为了解决语言的理解与使用问题，而 Langacker 主要是为了阐释清楚思维的本体问题：知识的结构与组织方式，概念的联系与理解方式。

　　本讲小结：本讲对认知语言学中关于知识的组织方式和结构的三个重要概念进行了讲解与比较，旨在让读者们对认知语言学所关注的认知问题有一个简单的了解，同时也希望读者了解认知语言学揭示人类认知过程的基本观点和方法。

思考题

1. 百科知识在语言理解和推理中怎样起作用？

2. 意象图式怎样体现认知的体验基础？

3. 请分析新媒体上的三则广告，分析理想认知模型的运行方式。

拓展阅读参考书目

Evans, V. & M. Green. 2006. *Cognitive Linguistics: An Introduction*. Mahwah, NJ and Edinburgh: Lawrence Erlbaum Associates/Edinburgh University Press.

Lakoff, G. 1987. *Women, Fire and Dangerous Things*. Chicago: University of Chicago Press.

Oakley, T. Image Schemas. 2007. In Geeraerts, D. & H. Cuyckens (eds.), *Handbook of Cognitive Linguistics*. Oxford: Oxford University Press.

第四讲　识解：认知的主观能动性

语言一旦进入使用，就离不开人的参与。人们使用语言以表达对世界的认识，无论是客观世界还是主观世界，同时也就带上了观察者个人的理解、情感和态度。不同的人对世界的认识往往根据自身的知识和经验从不同的角度或维度形成个人看法，这种"近看成岭侧成峰，不识庐山真面目"的方式，在认知上叫"识解"。"识解"是认知语言学中的一个重要概念，能够揭示人类认识的多样性和可变性。

1. 识解：横看成岭侧成峰

长久以来，语言学的传统观点认为语言的作用就是把外部世界的成分一一映射到语言形式上，一个客观情景可以分解为许多小成分，每个成分都可以对应语言中的一个成分，因此从外部世界向语言的映射是直接的。而认知语言学家认为，一个语言表达式的意义包含两方面内容：一是其概念内容，二是建构这一概念内容的认知方式。例如有人拿着半杯水，他可能说"只有半杯"，也可能会说"还有半杯"，或是"喝了半杯"、"剩了半杯"。这就反映出人们对于"半杯水"这个概念内容的识解方式存在差异。

认知语法的基本观念是把意义看成人与外在现实世界互动的概念化过程，一个语言表达式的语义是在人的大脑里激活的概念，存在于人类对世界的识解中，它在本质上具有主体性，体现了人类在认知世界过程中的主体作用和能动性。因此，语义是一种心理现象、认知结构，它不但涉及了概念的"内容"，而且还涉及了理解或审视这一内容的"方式"。语言使用中的这种主观能动性，在 Langacker 的认知语法理论体系里先是被称为"意象"（imagery），后来他用"识解"（construal）替代了"意象"，因为"识解"强调意象形成概念化的过程，而后者主要表示的是具体的形象或成像的结果。

Langacker（1987）将"识解"定义为人们用不同方式来认知同一

情景的能力，它是认知语言学的一个重要概念和原则，也是当前语言学界研究的热门之一。在诸多讨论"视角"、"主观性"、或是"视点"的研究中都体现了这一基本原则，这些术语所表达的共同点在于它们都反映了语言总是暗含着对不同的情景安排与选择。Langacker（1990）曾以描述天空的星星为例进行解释说，当人看到星星后，可以使用下面不同的表达方式，如（1—3）：

（1）a cluster of stars
（2）specks of light in the sky
（3）constellation

这三种不同的表达式呈现了说话人对同一个情景选择了不同的观察方式和理解方式，因此它们在意义上暗示出不同的侧重点（Langacker 1990：61）。例（1）和例（2）中，a cluster of stars 和 specks of light in the sky 都激发了由部分组成一个整体的概念化过程，而例（3）中的 constellation 则没有这一过程，它就是对"星群"的整体反映；除此之外，例（2）specks of light in the sky 中的 specks 以复数形式将人的注意力聚焦于（群体的）不同构成部分；而例（1）和例（3）中的 a cluster of stars 和 constellation 体现的是对星星群体各部分进行连续性、整体性的识解过程。按照 Langacker（1998：4）的观点，语义是概念化过程（conceptualization），决定语义的变量包括概念内容（conceptual content），和概念内容被人所识解的方式。同一个词语所激活的概念内容大致是一样的，这是语言理解的基础；但是识解方式的差异却体现了说话人对世界的不同看法，例如 Lakoff & Johnson（1980）发现了"爱情"有很多种隐喻识解方式：

（4）Each letter was a *seed* falling on a *fertile* heart. A romance was *budding*.
（5）I was *nauseous* and *tingly* all over. I was either in love or I had smallpox.

人们对"爱情"的理解有着不同的视角，在例（4）中，爱情是一颗种子，一样会经历萌芽、生根、开花和结果这些过程，种子发芽需要耐心的培育，爱情也是如此需要精心的呵护才能孕育出美满的花朵，因此在这里作者用了 seed、fertile、budding 这三个词隐喻地把爱情的过程浓缩成一个鲜活的植物生长的动态过程，从这个新的视角去看待爱情，语言的美感大大提升了。在例（5）中，爱情是一场疾病，来势汹汹，不可阻挡，作者通过 nauseous、tingly 生动地将陷入爱河后难以自拔的痛苦淋漓尽致地跃然纸上。一旦患上相思病，就像患了天花一样无药可治，留下无可抹去的印记。把坠入爱河比喻为患上天花，这只有爱之深，思之苦，恨之切的人才能有这么奇特的感受与隐喻表达。同样是关于爱情，（4）展现的是如诗如画的春天般的美丽和灿烂，而（5）诉说的是充满着幽怨的欲罢不能。

以前我们谈人生，常说人生就像个大舞台，人生就是一场旅行。但由于时代的变迁，世态炎凉的变化，"人生"更具有丰富性和多样性：

（6）a. 人的一生，好像乘坐地铁一号线：途经国贸，羡慕繁华；途经天安门，幻想权力；途经金融街，梦想发财；经过公主坟，遥想华丽家族；经过玉泉路，依然雄心勃勃……这时，有个声音飘然入耳：乘客你好，八宝山快到了！顿时醒悟：哎，人生苦短啊！淡然处之吧……

b. 人生就像饺子，岁月是皮，经历是馅。人生就像饺子，无论是被拖下水，扔下水，还是自己跳下水，一生中不蹚一次浑水就不算成熟。岁月是皮，经历是馅，酸甜苦辣皆为滋味，毅力和信心正是饺子皮上的褶皱。人生中难免会被狠狠捏一下，被开水烫一下，被开水煮一下，被人咬一下。倘若没有经历，硬装成熟，总会有露馅的时候，经历都是财富！

c. 人生就像一盒巧克力，你永远不知道下一块会是什么味道。

d. 人生就像是一场旅行，不必在乎目的地，在乎的是沿途的风景以及看风景的心情。

（6a）北京作为中国的首都，政治、经济、文化的中心，改革开放以来，见证了中国飞速发展的骄傲，浓缩了人们在这里的追求、奋斗、成功、喜悦，也累积了人们在这里迷茫、无奈、失落和反思。这其中的酸甜苦辣都可以在北京的人文、地理、建筑等方面找到情感的表达和宣泄，就如北京地铁一号线经过的繁华、显赫、变迁与归宿一样。（6b）透露着成熟与练达的人生态度，各种经意和不经意的历练使人真正的成长与成熟，都是人生必然要走的路。（6c）似乎出自电影《阿甘正传》中的一句台词 "Life is like a box of chocolates. You never know what you are going to get"。以前巧克力从包装上看是分不出什么口味的，外面没有写，所以你要打开尝了才会知道。也就是很多事你必须要亲自经历才会懂。也许还可以做更多的理解，如在接下来的学习和生活中，和同学们、同事们一起品尝人生的巧克力，并且享受这个过程。（6d）虽然也是把人生比作旅行，但态度不一样了。人生终点都是死亡，那活着的意义在哪里，汲汲而生，汲汲而死，生命对于这样的生活又有什么价值；每个人的选择都不同，是执着于目标，将生命燃烧，来发出一瞬的光芒，不在乎其他的一切，还是带着看庭前花开花落的闲适，品味每一刻的时光；有人愿生如彗星般耀亮，死如流星之迅乎；也有人愿生如夏花之绚烂，死若秋叶之静美。这就是看风景的心情，也就是人生的选择；人生重要的不是结果，而是过程，重要的是曾经奋斗过，在追求中得到享受，从过程中得到满足。

可见，无论何时，人们发出一个话语，总是下意识地构建想要传递的经验的某一个方面，这种概念化过程就是识解操作（construal operation）（Croft & Cruse, 2004：40）。识解作为一种认知能力，制约了概念结构的方方面面，包括范畴结构、知识的组织、句法的组织等。学界对识解与识解方式并不作严格区分，识解即是认知操作的方式。由于人对世界的看法存在很大差异，因此识解的方式上也存在很大差异。

2. 识解的不同方式

识解与概念内容密切相关：在概念层面，人们可以用相对中性的方式来思考概念内容；但是一旦要使用语言表达式对该内容进行编码，人们就必然会施加某种识解方式于语言中。比如，至少有四种表达方式可以对下图进行语言编码，如例句（7—9）所示。

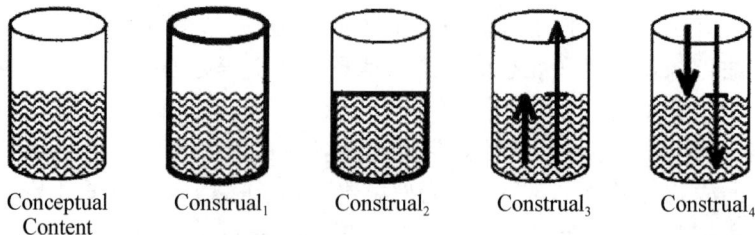

Conceptual Content　　Construal₁　　Construal₂　　Construal₃　　Construal₄

图 1　识解的几种方式（Langacker 2008：44）

（7）a. the glass with water in it

　　　b. the water in the glass

（8）a. The glass is half-full.

　　　b. 杯子已经灌满了半杯水。

　　　c. 杯子里还有半杯水。

（9）a. The glass is half-empty.

　　　b. 杯子里的水倒得只有半杯了。

　　　c. 杯子里只有半杯水了。

　　四个例句都是对第一张图的语言描述，但它们的不同意义在于识解方式的不同：（7a）观察的出发点是容器，如 Construal₁；（7b）关注的是杯子里的内容为何物，如 Construal₂；（8a—b）是从往杯子里注水的角度来观察的，（8c）是从积极的角度来看问题的；（9a—b）则刚好相反，是从杯子里把水舀出来的角度来观察的，（9c）则是从消极的角度来看待事物的。（7）至（9）分别对应图中的 Construal₁、Construal₂、Construal₃ 和 Construal₄。

　　学者们从不同的维度对识解进行讨论，虽大同小异，但各有侧重。Fillmore（1985）提出的框架实际上具有识解的特征、Lakoff & Johnson（1980）所提到的意象图式也是一种识解方式。目前，广为学界所采纳的是 Langacker 和 Talmy 提出的维度和分类。

　　最早将识解作为一种认知机制纳入语言研究系统的是 Talmy（1978），他从视觉意象中借鉴了图形／背景组织这一对概念，例如表达式 X is above Y 和 Y is below X 体现了人们在对同一个空间结构进行概念建构时，会选择不同的物体作为图形或背景。

　　Langacker 在构建认知语法理论的初期阶段（1982，1984，1985，1987），认为识解的参数包括：选择（selection）、详略度（specificity）、图形—背景（figure-ground）、视角（perspective）、凸显（prominence）、指示（deixis）、主观性与客观性（subjectivity/ objectivity）、心理扫描（mental scanning）、勾勒（profiling）等；到了后期他将识解维度确定为四个：详略度（specificity）、调焦（focusing）、凸显（prominence）和视角（perspective）。Talmy 也提出了识解中的四个维度：构型结构（configuraitional structure）、视角（perspective）、注意力分布（distribution of attention）和力动态（force dynamics）（2000：40-84）。这些参数虽然有不同的表述形式，但大部分互有重叠，除了力动态

是 Langacker 未涉及的维度以外，Talmy 所提到的参数均在 Langacker 的语法体系下有表述，"注意力"即 Langacker 提到的"凸显"。不过 Langacker 没有将构型结构纳入到识解的维度里，主要指概念在不同认知域中呈现的方式是离散的还是连续的。

Croft & Cruse（2004）在对比考察了 Langacker 和 Talmy 二人的分类差异之后，也提出了四个维度：注意 / 凸显（attention/salience）、判断 / 比较（judgment/comparison）、视角 / 情境性（perspective/situatedness）和成分组构 / 格式塔（constitution/gestalt），这样分类的综合性更强："注意力"与前二人相比，讨论的范围更大，包括了"抽象"与"图式"；"判断"包括了"范畴化"、"隐喻"和"图形 / 背景"；"视角"的内容基本保持不变；"结成分组构"包括了"构型"与"力动态"。由此可以看出，Croft 和 Cruse 的分类包罗万象，过于庞杂，就理论的简明性和操作性而言，逊色不少。因此，目前认知语言学界一般接受 Langacker 关于识解维度的划分。下面的讨论将基于 Langacker 的维度而展开，主要包括详略度、辖域、凸显和视角。

3.　识解的主要维度

3.1　详略度（Specificity）

情景描写的详略度（具体程度）是指说话人用不同的细节对同一情景进行描写。在描述情景时，说话人可以选择集中某一部分进行详细论述而忽略其他部分的描写，例如 dog 这个词比 animal 这个词更详细，woman 这个词比 person 这个词更具体。详略度越高，识解的空间就越小，识解的结果也就越单一；反之，详细度越低，识解方式就越具多样性。从认知的角度来看，语言的这种差别就像是从不同的距离观看事物一样，距离越小事物就看得越精细和清楚；距离越大事物就看得越模糊和不具体。

（10）I've seen *young men* suffering from mental illness; unable to
　　　ask for help for fear it would make them less of a *man*. In fact,
　　　in the UK, suicide is the biggest killer of *men between 20 to 49*,
　　　eclipsing road accidents, cancer and coronary heart disease.

例（10）出自 Emma Watson 在联合国所倡导的消除性别歧视运动 He For She 上的演讲内容。演讲者通过选择不同的词来称呼男性，不但体现了她对"男性"概念在不同情景下的详略度差别，还从不同程度激活了听众们对"男性"辖域中的相关特征的理解。从选词来看，*man → young men → men between 20 to 49* 一组词中，后一个词均为前一个词的下义词，详略度也优于前者。演讲者首先谈到了 young men（年轻男性）所面临的问题，即害怕因为示弱和释放情感而被人瞧不起，缺乏男人的气概（*make them less of a man*），这里的 *man* 只是人们概念中的男性，详细度很低，因此听众对"男人"的理解往往会集中在男性的共性特征之上，无法落实到具体什么样的男性。然后她以英国为例，谈到在 20 岁到 49 岁之间的男性中，自杀成为死亡率最高的原因，这时的详略度很高，听众们立刻能联想到自己身边位于这个年龄段的男性家人 / 友人，可以立即达到共情的演讲效果。

语言中最能体现详略度的非形容词莫属，例如人们对色彩的要求随着时尚产业的急速发展，变得越来越具体和详细。过去人们描述一件衣服是"粉色"、现在人们会用"烟粉"、"藕粉"、"裸粉"、甚至"橡皮粉"、"早春粉"等词，来对不同程度的粉色进行细致的描写。这种通过细化事物来表述情景的方式在诗词中颇为常见，如：

（11）几处早莺争暖树，谁家新燕啄春泥。（白居易《钱塘湖春行》）
（12）千山鸟飞绝，万径人踪灭。
　　　孤舟蓑笠翁，独钓寒江雪。（柳宗元《江雪》）

例句（11）中"早莺"、"暖树"、"新燕"和"春泥"四个词都细化了所指事物的类别，描述大地回暖、草木复苏、鸟儿纷飞的场景，烘托出"早春时节"这个特定的时间背景的清新与气息。例句（12）描述的则是完全与之相反的一个景象：寒冬落寞与萧瑟。"千山"和"万径"显然是夸张的手法，却十分细腻地描述了雪地里一片空旷寂静、四下无人的场景，大雪覆盖了一切的生机，山林间找不到小鸟的踪迹，更没有一个人影；而在如此寂静的背景之下，越发衬托出船上老翁的孤独冷清，"蓑笠"这个细节描写出老翁的神态与形象，"孤舟"与"独钓"将孤独冷清渲染到了极致。全诗通过具象化的描写与刻画把一种抽象的感受转换成了一种历历在目的亲身经历。

3.2 调焦（Focusing）

调焦涉及的是注意力的选择和分配方式。语言表达式往往以某一认知域集合作为基础，凸显其中的某个部分作为表达的内容。这个集合常常是由多个认知域组成的复合体。然而，在任何给定的言语场合下，这个集合中都只有少数几个认知域是被激活的，这就是选择。对于语言表达来说，调焦首先就是对概念内容的选择，被高度激活的认知域就成为前景。在这一节中将重点介绍前景（Foreground）vs. 背景（Background）、辖域这两个概念。

3.2.1 前景 VS. 背景（Foreground vs. Background）

前景与背景，与 figure and ground（图形与背景）意思大致相同，是认知活动中非常普遍的特征，如在安静的环境中突然传来一声巨响，此时的声音就成为关注的焦点；再如在电脑屏幕上移动着的光标，光标是前景，屏幕是背景。同样在语言中，任何被激活的、帮助人们在线理解的背景知识都是背景。在一篇叙述文中，对人物性格以及场景的静态描述构成了语篇的背景，烘托了故事情节作为前景化的部分。再比如在例句（13）a—b 中，"我觉得"传递了话语交际的背景知识，在读音上也会稍微弱化一些：

（13）a. 你现在这个状态，我觉得，太不适合做决定了。

　　　 b. 你现在这个状态太不适合做决定了，我觉得。

　　　 c. 我觉得你现在这个状态太不适合做决定了。

　　　 d. 我就觉得她现在这个状态太不适合做决定了。

　　　 e. 她父母表示她现在这个状态太不适合做决定了。

在（13c）句中，主句部分"我觉得"也同样是背景化的部分。而 d 句的主句部分强调了说话人的观点，e 句部分的主句是转述他人的观点，因此这两句中的主句部分都是被前景化的。

但对于一个正常的句子而言，主语是说话的起点，是说话人最关注的对象或话题，因而它是前景，宾语和谓语动词组成的述谓部分是对主语（话题）的说明，因而是背景：

（14）a. The dog chased after the cat.

　　　 b. 他买了一双 Clarks 鞋。

一般而言，主语占据句首位置，句首位置总是前景位置，因而更加凸显。在说话中，人们为了表示强调，总是把想要强调的信息放在句首，英语中特殊疑问句和表示强调的倒装就是这类最常见的表达：

（15）a. What did you buy yesterday at the Mall?

b. How did you manage to fool him into buying the house?

（16）a. Out rushed a boy and a girl.

b. Under no condition can you violate the law.

特殊疑问句里，疑问词表达的信息是说话人最关心的信息，自然是最重要的信息，放在句首能够最快地被注意和被检索，这就是疑问词要置于句首的根本原因。当非句首位置状语移到句首时就获得了被首先注意和检索的机会，因而获得了凸显，在英语中就引起相应的后面的主谓倒装，这实际上与特殊疑问句需要倒装的原理是一致的，其本质是图形/背景逆反。

3.2.2 辖域（Scope）

辖域是指被激活的概念内容的配置。每个语言表达式都有一个包含该认知域覆盖范围的辖域，基本的认知域包括：时间、空间、颜色等。理解不同对象时被激活的认知域不尽相同。例如"游泳"一词涉及空间域、运动域，"烧烤"涉及的是味觉域、嗅觉域等。辖域是有界的，最大辖域是表达式概念内容的整个覆盖范围，而直接辖域是与特定目的直接关联的那部分内容。直接辖域通常是以最大辖域为背景而被前景化的部分。

人们在理解一个概念时所涉及的辖域有大有小，这是辖域的级阶性。例如在身体各部分的表述中，最大辖域都是人体躯干 whole，而各部分 part 所激活的直接辖域是不一样的：elbow 的直接辖域是 arm，hand 的直接辖域是 forearm，finger 的直接辖域是 hand，knuckle 的直接辖域是 finger，以此类推（见图 2a），其中 MS 表示最大辖域，IS 表示各部分的直接辖域，虚线表示在这个级阶中，每一个概念都构成了下一级概念的直接辖域（见图 2b）。因此，处于直接辖域关系的两个概念具有所属关系，可用 have 表示，如：A hand has five fingers；在汉语中，具有直接辖域关系的两个概念常可以构成一个合成名词，如"手掌、手指、手心、手背"。

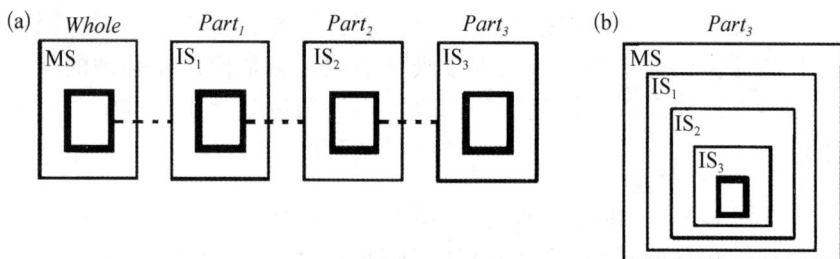

图2　整体—部分之间的辖域级阶（Langacker 2008：64）

辖域在典籍翻译中，是一个比较容易造成不同理解甚至误解的问题，如韦利翻译的《论语》出现的这种理解上的不同就比较多，如《雍也篇第六》：

（17）子曰："雍也可使南面。"（6.1）

　　仲弓问子桑伯子。子曰："可也简。"仲弓曰……（6.2）

　　译：The Master said, "Now Rong, for example. I should not mind setting him with his face to the south." Ran Yong then asked about ZisangBozi. The Master said, "He too would do. He is lax." ...

该篇主题主要是通过对特定人物的评价来传达不同的行为礼仪和治学处事原则。此二则话语一则是孔子对冉雍（字仲弓）的评价，一则是仲弓询问孔子对子桑伯子的看法，是对两个不同人物行事能力和风格的评价，二者是相互独立的事件，其中并无比较意义。而韦利将此处合译，将两个独立的事件并置在了同一背景辖域之中，因而在对"可也简"的翻译中较原文增加了比较语义"He too would do"，如此便将两个原本平行的事件交叉统一起来了。

无论是前景/背景，还是辖域反映的是人在认识世界的过程中，注意力投射的方式和范围。体现了大脑在处理和认识世界的过程中，心智活动的组织与结构化的过程与方式，这样的例子在语言中不胜枚举，转喻和隐喻是最为常见的手段之一，如：

（18）我是一个好的写字的人，但我不会做导演……本来我是一个小学生，我应该从1+1=2学起，结果因为你的老师是国际电影大师，他直接教你的是微积分。（张嘉佳）当然不可能一下子听懂微积分。

"写字的人"作为转喻，在这里指说话人的"作家"身份。对说话人的职业认识为整句话的理解提供了背景，在语言中"写字"作为职业的工作方式被前景化了。这也就凸显了说话人的意图，因为他"写而优则导"引起了很多负面评论，因此他想强调自己第一次做导演的经验不足，而尽量模糊自己作为职业作家的身份标签。随后，他又用了两个隐喻"小学生"、"微积分"激活了人们对教育域、知识域的背景知识，这两个概念激发了不同的直接辖域，"小学生"激活的是简单的学习、快乐的童年；而"微积分"激活的是大学生、枯燥的研究等。这样一来就构成了鲜明的等级落差，让听者瞬间就能理解和接受，也有助于减少人们对这位"新手导演"的负面评价。

3.3 凸显（Prominence）

语言结构中的诸多不对称性都与凸显相关。凸显是指同一场景中某一成分得到更多关注而更为突出，这一认知基础是人们具有确定注意力方向和焦点的认知能力。在这一节将主要介绍两种凸显的方式：勾勒（profiling）和射体/界标（trajector/landmark alignment）。

3.3.1 勾勒（Profiling）

勾勒是一种凸显方式，凸显一个情景中的某个成分。在言语事件中，说话人在说话之前，首先在心中要在整个表达的内容中确定一个相对确定的具体的概念对象，然后再用一个表达式表达出来。这样的表达式往往将其概念内容的某一特定部分选择出来作为其意义基础，它是所激活的认知域中的直接辖域，直接辖域中作为注意中心突出出来的部分就是一个表达式的凸体（profile）。名词性语言表达式勾勒事物，动词性表达式勾勒关系或过程。可以通过图（3）来说明对事物的勾勒：

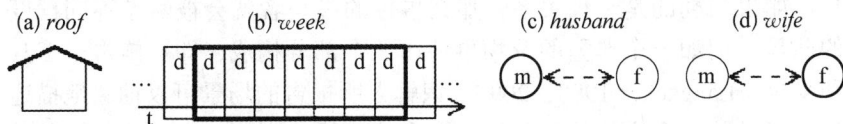

图 3　凸体示例（Langacker 2015：129）

图（3）中加粗的黑线部分表示勾勒部分。一个语言表达式要么勾勒一个事物，要么勾勒一种关系。例如：在理解 *roof* 这个词时，激活的整体背景是一个建筑物，而此时勾勒的部分是建筑物的顶部。*week*勾勒的是任意一个连续七天所形成的整体序列。*husband-wife*勾勒在婚姻关系中男性扮演的角色和女性扮演的角色。

动词勾勒的是过程，也可以理解为是在时间进行轴上所形成的关系；形容词、副词和介词则是勾勒非时间性过程性质的关系。例如come和arrive两个动词都是勾勒了一个运动实体在时间轴的一段中所进行的位移过程，但是不同在于come勾勒的是整个过程，而arrive勾勒的是这个过程的一部分，如图4所示，黑体部分代表了勾勒。

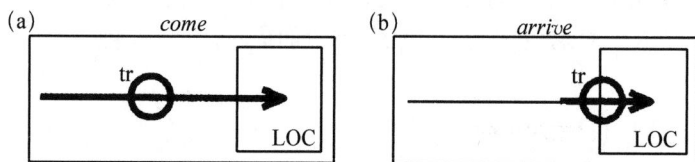

图4　勾勒 *come* vs. *arrive*（Langacker 2008：69）

在转喻中，人们注意到对事物的不同勾勒，如例句（19）：

（19）a. 练习钢琴指法用谁的书比较好：哈农的还是拜厄的？

　　　b. 记得唯一弹过专业的琴谱好像就是刚买琴的时候别人送我的一本拜厄。

　　　c. 钢琴新手在拜厄和哈农练习完后，也可练习同级车尔尼。

"拜厄"作为一个人名，构成一个整体性概念域，其内容包括他是钢琴家、其演奏钢琴的技法、其创造的曲谱、其生活习惯等等。在具体的交际事件中，交际双方会根据具体的上下文只强调其中某一个身份特征，但语言表达式却仍然使用整体性的名称"拜厄"，这就是转喻里的典型的"整体指代部分"，如（19a）指演奏技法，（19b）指曲谱，（19c）指钢琴教程。

如果勾勒的是一种关系，那么事件的参与者就会被赋予不同程度的凸显，例如一个典型的及物事件由三个部分构成，即：施事、工具和受事（Langacker 1990：209），识解人所报告的场景可以抽象地描述为：能量从一个实体传递到第二个实体，然后到第三个实体。这种关系是不对称的，其中能量是施事发出的，并通过中间实体"工具"，传递给并被受事所消耗。在这个行为链中，说话人可以选择勾勒任何一个部分，这就形成了至少三种可能性：

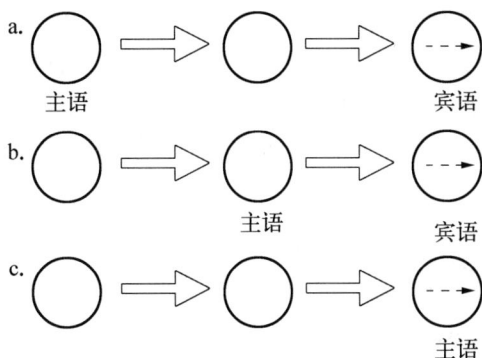

图 5　行为链中的勾勒（Langacker 1990：333）

　　因此，在语言使用中就会出现不同的句子来说明以上 a、b、c 三种可能性，如例（20—21）：

（20）a. Floyd broke the glass with a hammer.

　　　b. The hammer broke the glass.

　　　c. The glass broke.

（21）a. 他用一把螺丝刀修好了闹钟。

　　　b. 一把螺丝刀修好了闹钟。

　　　c. 闹钟修好了。

　　句子主语通常与行为链中被勾勒部分是一致的。显而易见，在例（20）和（21）中虽然是对同一个概念场景进行表述，但 a、b、c 句中被勾勒的分别是施事、工具、受事。

3.3.2　射体／界标（Trajector/Landmark alignment）

　　认知语言学里，有三对术语都可以表示凸显，内涵大同小异。表示概念内容的 profile 和 base（凸体和基底）；表示感知凸显度的 figure 和 ground（图形与背景）；表示述谓关系的 trajector 和 landmark（射体与界标）。

　　射体与界标主要用于描述述谓关系或过程。关系的双方或过程的起点与终点（或范围），其凸显度有差别。一般来讲，处于关系或过程中主体地位的（句子的主语），凸显程度更高，叫"射体"（trajector），处于次要地位的（句子的宾语）作为背景部分凸显度低一些，叫"界标"（landmark）。这实际上也反映了概念在外化为具体的语言表达式的过程中，具体的操作方式。

本节中讲的关系区分为"时间关系"和"非时间关系"。"时间关系"由动词勾勒出来；"非时间"关系由介词、形容词或非谓语动词勾勒。由动词勾勒的时间关系，也称之为"过程"：

（22）a. The car ran out of the road.

　　　b. He crossed the street.

（23）a. The car broke down.

　　　b. The crowd dispersed.

（24）a. He teaches handicapped children.

　　　b. He teaches English.

　　　c. He teaches the third grade.

　　　d. He teaches Sunday school.

（22）体现的是常规射体与界标的关系，射体和界标分别是不同的参与者。主语充当射体，宾语充当界标。（23）中并没有出现宾语，但这并不意味着，这样的句子中不存在射体与界标的关系。事实上，这样的句子中的射体和界标是同态的，因为述谓部分的意义本身具有反身性，即界标与射体是同一个实体，或者界标与射体相同。（23a）中的"车"作为句子的主语，既是 broke down 的经历者，又是"broke down"这个结果所涉及的对象。（23b）中的"人群"既是 dispersed（散开）动作的发出者，又是"散开者"。（24）更加不同，其中的射体是不变的，都是 he。但界标的侧重点在（24a—d）中却各不相同，也就是说，界标所凸显的背景略有不同。（24a）中是"受教者"，（24b）中是"课目"，（24c）中是"层次或水平"，（24d）中是"受教者或机构的性质"。（24）说明，多义性动词的射体和界标体现更复杂的关系。

英语中的介词大多可以转换为副词使用。作介词使用时，界标会清楚地表达出来，转换成副词使用时，界标往往就隐形了，如（25）中的 *the classroom*：

（25）a. The boy ran out of the classroom.

　　　b. The boy ran out.

表示静态关系的词语，尤其是成对词语，射体和界标往往可以转换，如 above 与 below，before 与 after，over 与 under，in front of 与 in back of 等。

下面图（6）图示的是介词 *above* 和 *below* 界标（lm）和射体（tr）之间的转换关系：当人们说 X above Y 时是把 X 的位置作为焦点的，而当说 Y below X 时焦点在 Y 的位置。

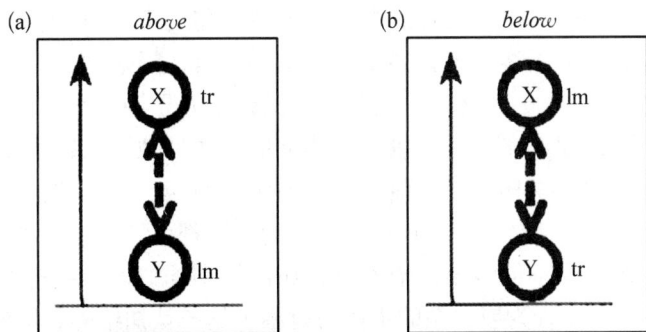

图 6　勾勒关系示例（Langacker 2015：129）

射体不一定非是运动的实体不可。射体和界标本质上就是凸显的不同顺序，射体是主要凸显，界标是次要凸显。

3.4　视角（Perspective）

Langacker（1987）认为视角包括视点和焦点。视点可以通过有利位置（vantage point）和取向（orientation）来进行理解。所谓视点即是指观察一个情景时所处的位置。例如（26）中，同一个空间场景，由于观察位置的不同可以有不同的表述：

（26）a. The hill rises gently from the bank of the river.

　　　b. The hill falls gently to the bank of the river.

这里的 a，b 句所描写的是一个场景，但是说话人的观察位置有所不同：在（26a）句中，说话人是站在与河堤平行的地面，从下而上来观察山的；而在（26b）句中，说话人站到了离地面有所距离的高处，此时的河堤在说话人所处位置的下方，他是从上而下观察山的。

　　视角这一概念体现了认知语言学家在语言研究中强调观察者的重要作用，因为观察者的视点通常涉及概念化过程中对焦点成分的选择。例如，当我们用不同的称呼来描述同一个人的时候，每一个情景都是通过这个人与具有显著关系的另一人的关系来指陈的：

（27）他是一个老父卧床的儿子，也是一个女儿刚刚住进重症室的父亲，同时肩负着一个正在上大学的儿子。人到中年，四面碰壁，罗尔对家里每一个人都抱着沉痛的亏欠心情。

例（27）是站在第三者的视角来描述罗尔的多重身份。第三者的视角更有利于清晰客观地描述复杂的关系过程。通过建立"父亲—儿子"（他父亲与他）、"女儿—父亲"、"父亲—儿子"（他与儿子）这样的关系范畴，读者立刻将这段话所描述的主语"他"放在了复杂的家庭关系网络中，烘托出了"他"肩上的沉重负担。至于"他"本人的名字、年龄以及社会身份，在这样的压力之下都已经微不足道了。

焦点的选择不但涉及词语本身，还涉及动词的论元结构所呈现的"射体—界标"（行为或关系的主体与范围）这一认知结构。例如：

（28）You see, the part of China I grew up in was a rural village, and at that time pre-industrial. When I was born, my village *had* no cars, no telephones, no electricity, not even running water. And we certainly didn't have access to modern medical resources. *There* was no doctor my mother could bring me to see about my spider bite.

例（28）这一段话是哈佛大学第一位向全校毕业生致辞的中国学生何江在描述他小时候被蜘蛛咬了，却因当时农村条件差无法及时就医的情景。这段话出现了两个存现结构：have 构式和 there be 构式。在 have 构式所勾勒的关系中，*my village* 充当射体，是站在第一人称的视角说话，体现出说话人对家乡的一份感情，*cars*，*telephones*，*electricity*，*running water* 作为界标述说着"存在"或"拥有"关系的另一方，即关系所涉及的范围，也就是说 have 构式表达的是射体与界标之间的所属关系。而后者 there be 构式描述的是一种静态的客观存在关系，是用第三人称视角说话。这段话一开始，说话人是描述家乡的贫困状态，因此使用 have 构式就能通过建立"拥有者—拥有物"的所属关系，以强调一无所有、贫穷落后的艰难状态，激发人们对他家乡的同情，而在后面描述"被蜘蛛咬了却无法及时就医"这个事件时，说话人使用了 there be 构式，在他的概念化过程中"家乡"只是作为事件发生的地点而存在，焦点放在了"没有医生能够治病"这一客观事件上。

　　视角的差异还常常体现了说话人在话语中的介入程度，试比较：

（29）a. 清晨，两眼通红的小凤枝见到的是一样双眼红肿的妈妈的
　　　　　眼睛。（《用脚趾扳倒厄运的少女》）
　　　　b. 老尼姑两眼通红的说。（《阿Q正传》）

例（29）的a句，说话人是在一个相对静止的时间点上观察句中主语
（小凤枝）的状态；b句，"两眼通红"虽然句法上修饰的是动词"说"，
却或隐或显地体现了主语（老尼姑）的一种情状，即句中主语"老尼
姑"在说话过程中所伴随的表情状态。说话人的观察视角从观察结果
状态变为观察过程中的运动状态。再比较：

（30）a. 城中间有一条亮闪闪的河流过，房屋、街道、树木错落有
　　　　　致。（《玩儿的就是心跳》）
　　　　b. 河水亮闪闪地流。（何立伟）
（31）a. 我们俩都低头看了看草地——在我的乱蓬蓬的草地和他那
　　　　　一大片剪得整整齐齐的深绿色草坪之间有一条很清楚的分
　　　　　界线。（《了不起的盖茨比》）
　　　　b. 跑马路上，毋忘我草乱蓬蓬地繁生着。楼斗菜乍开着它们
　　　　　的紫蓝色的花苞。（《查泰莱夫人的情人》）

例（30）中a、b两句中的"亮闪闪"都是形容"河流"的特征。二者
的差异在于：a句中"亮闪闪"是对河流整体状态进行描述，而（b）
句中"亮闪闪"描绘的是说话人看到的河水当时流动的情景，这时说
话人的视角转变为对动态过程的观察。同样，例（31）中a、b两句都
有一个形容词"乱蓬蓬"形容"草"，但是中a句中，说话人描述的是
整片草地呈现的状态，视角落在发展变化后的结果点位置上；而b句
中说话人的视角变为观察毋忘我草的生长过程。

　　由说话人的介入程度而导致的主观性与客观性，也是视角安排
（viewing arrangement）中的特征，也就是说，视角具有主观性。其原
因是人们的视觉能力有局限性，表现为对事物的观察只能在某个时间
点、从某一个角度进行，即观察具有单向性（unidirectionality）特征：
只有观察者在观察客体，观察者本人不可能像观察客体那样自如地观
察自己。也就是说，观察主体（S）和观察客体（O）之间的布局总
是不对等的，当主体集中所有注意力观察客体时，主体和客体完全分
离，主体的注意力集中在客体上而忽略了自我——在这种情况下，如图

7（a）所示，主体是完全主观的，客体是完全客观的，呈现出单向性模型，Langacker 称之为最佳观察排列（optimal viewing arrangement）；另一种观察模式，如图 7（b）所示，是自我中心观察排列（egocentric viewing arrangement），此时主体的注意力有一部分转移到自身，导致观察客体的范围被扩大，因此观察者具有了双重性：既是观察的主体又是被观察的客体，在这种情况下，主体的主观性降低了，而客体的主观性则因为主体的部分参与而增加了。

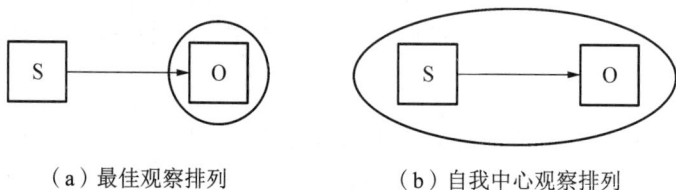

（a）最佳观察排列　　　　　（b）自我中心观察排列

图 7

　　根据这个观点，一个语言表达式在识解情境中的位置其实是不固定的。当该表达式所代表的概念被放在注意力的中心时，它占据了焦点位置（explicit, onstage）并且是显现的，此时的观察者在隐性的观察区域（implicit, offstage），没有意识到自己在观察它。所以，对该语项的识解具有最大的客观性，而观察者具有最大的主观性。反之，如果对这个语项的理解必须参照隐现在台下的观察者，那么该语项的位置就接近了台下观察区（或者说观察者进入了台上焦点区），对它的识解就具有了主观性。再例如：

（32）……甚至立即宣布结婚，用行动来表示反世俗、反封建，这一反可就把<u>柳梅</u>暴露了，贾家会纠结一帮人来把她抢回去，把个<u>宁静的许家大院</u>闹得翻天覆地。

在例（32）中有两个处置句，分别由介词"把"与"把个"所引导，都是表示处置事件。在"把柳梅暴露了"结构中，焦点是处置事件本身，处置行为链中被勾勒的部分是行为"暴露"与受事"柳梅"，此时处置事件在注意力的中心，识解具有最大客观性，观察者在台下观察；而在后一个"把个宁静的……闹得翻天覆地"结构中，行为链中被勾勒的部分是情状补语"翻天覆地"，表达的是说话人的心理感受，此时处置事件已经不是注意力的中心了，对语项的理解必须参照台下太说话，因此识解的主观性增加。"把"字句与"把个"句因对处置行为链的勾勒有所不同，从指称客观事件转为指称主观评价。

识解的主、客观性特征在运动事件中能得到很好的体现，试比较例（33）三个句子：

（33）a. 有一天他<u>走</u>得精疲力竭，便四脚朝天地躺在树荫下沉睡过去。

b. 当他发生了一系列"不光彩"事后，一度痛苦消沉想<u>走</u>绝路。

c. 这篇 800 余字的作文……"朴实无华却句句<u>走</u>心，把一名孩子对母亲长久的思念在笔尖喷涌而出"，深深打动各位评委。

在例（33）的三个句子中，a 句描述了客观的事实运动，在时间轴上，射体（他）的运动相继占据并覆盖了越来越远的位置点，识解人此时跟随射体的空间移动位置来理解运动事件。在 b 句中，"走"指心情的变化，是隐喻的用法，射体（句中主语的心情）在它的运动过程中依然是被客观地识解的，识解人仍然在前行着的事件轴上对这个运动事件进行扫描，唯一的不同在于这个运动是在一个合成了的空间中进行，平行坐标轴与心情的走势变化被整合于一体了。而 c 句中，"走"体现的是一种主观、虚拟的运动，因为在进行事件轴上看不到任何运动——台上被关注的区域中没有任何东西在运动。这里的射体（"句子"）成为一个在空间上延伸了的物体，识解人在心理搭建了一条虚拟的运动路线，射体沿着这条路线到达界标"心"。这里描述了阅读文章的时候内心受到冲击的感受。因此 c 句中的识解具有主观性："走"所表示的位置移动是发生在台下的，主观性成分得到了凸显。

3.5　心理扫描（Mental scanning）

心理扫描也是一种认知过程，是说话人为了描述事件而采用的一种构建情景的方式。Langacker（1987）区分了两种心理扫描方式：整体扫描（summary scanning）和次第扫描（sequential scanning）。整体扫描作为一种认知处理方式，其中各成分状态以累加性方式激活，各个侧面呈现共存同现状态；而在次第扫描的认知处理中，一系列状态的表征方式呈顺序转换，具有时间性。比如"白衣服"中的形容词

"白"是整体投射的结果，这种恒定持久的属性与变化无缘、与不同程度的"白"无缘，它的形成源自对衣服各部分的整体扫描。如图（8a）所示，A 代表了各部分 a1—a6 的整体共性，是被凸显强调的，其所代表的不同状态下的属性特征是不被强调的；然而"雪白、煞白、灰白"则描写的是不同程度的状态，它的形成是次第扫描的结果，如图（8b）所示，A 代表的各部分共同属性此时被弱化了，突出强调的是 a1—a6 中任意一个状态下的临时属性。

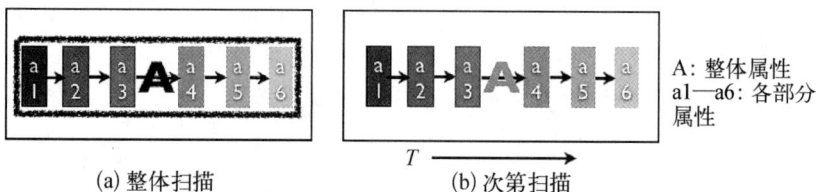

(a) 整体扫描   (b) 次第扫描

A: 整体属性
a1—a6: 各部分
属性

图 8

试比较例句（34）：

（34）一道残阳铺水中，半江瑟瑟半江红。

这句诗描述了斜阳照水时，半江碧绿、半江红的景色，反映出诗人对秋景的喜爱之情和轻松愉快的心境。形容词"瑟瑟"与"红"分别反映了诗人在构建情景时所采用的不同方式，前者通过叠音凸显了河水在一个状态下的波光粼粼的临时属性，后者则是对平静水面的整体属性描写，整句诗构建了一幅动静交错的秋景。

在英语中，性质形容词一般用来描述名词的稳定性特征，反映了对事物的整体扫描，但也有例外，如例句（35）与（36）：

（35）a. She is a good person.

b. She is a good dancer.

（36）a. The president is very smart in making decisions.

b. This is a smart decision.

例（35a）中 good 是最常见的用法，对句中的宾语 person 的性格特征概括性总结，这时宾语的性质是相对稳定不变的；但是在（35b）句中 good 并不是对名词的属性进行静态描述，而是指向了 dancing 这个行为事件，描述跳舞时的姿态和动作的优美，说明事物在不同状态下的动态变化，即对事物性质的变化程度进行说明。同样，例（36a）

中的 smart 描述的是句中主语"总统"所具备的特征，对该特征的识解基于对总统的整体认识，是一种概括性的描述，即整体扫描；而（36b）中 smart 在句法上描述的是无生命特征的名词，其语义指向的是做出 making a decision 这一行为的事件主语，从静态地形容人的属性转变为动态地描述人在某个临时状态下的特征，属于次第扫描。

扫描方式的不同、意义由静态变为动态，导致词类的活用，如名词可以活用为形容词，以（37）、（38）为例：

（37）What have you done in 2016?

（38）How 2016 are you?

在这两个例子中，对时间概念"2016"扫描的方式发生了变化：例（37）中"2016"表示的是时间运行轴上一个固定的节点，虽然一年中也包含了 12 个月份，但是说话人对 2016 年这个时间节点的扫描是整体性的，是站在岁末这个角度来问对方到目前为止完成了哪些工作。而例（38）中的"2016"虽然也是表示时间，但是它所表达的意义显然不仅仅只是时间，而是拓展到在这个时间范围内所发生的活动事件。这个句子出现在 BBC 的一则新闻标题中，意指询问读者是否非常了解 2016 一年之间所有发生过的重大新闻事件，对时间的扫描是次第性的，具有强烈的时间动态。

由此可见，次第扫描就像是在观看一个运动的序列图像，而整体扫描则相反，像是在观看一幅静止不动的图片。这种差别不仅体现在形容词的用法上，还体现在语法的许多方面，如时态。试比较例句（39）与（40）：

（39）You are what you eat.

（40）Is it ok if I am being myself?

这两个句子都是对自我现状的一种描述（be oneself），二者的差异在于说话心理上对自我状态的理解使用了不同扫描方式。例（39）中强调的"状态"是通过长期饮食而体现在身心双方面的一种面貌，是对"自我"在不同时间点上所呈现的特征进行整体扫描的结果；例（40）中强调的是这种"自我状态"在某一个特定时刻的呈现，意指在当下可能出于某种交际规范和约束，需要收敛平时的性格，这是将自我状态的扫描定格在了特定时间点上，属于次第扫描。不同的心理扫描，在两个句子的时态上也有所体现，前一句中的一般现在时表达的是对稳定的、静态特征的描述，后一句中现在进行时体现了是对瞬间状态的描述。

　　本讲小结：语言的结构和功能离不开"人"这个中介。语言所描述的不仅仅是客观存在的事物或事件，而是与识解相互依存。识解是概念语义的重要组成部分，是一种多维现象，包括了详略度、视角、勾勒、心理扫描等多个维度。同时，由于人类认知活动的复杂性，识解的维度还将不断地扩充和调整，甚至包括认知主体的身体体验、社会文化经验甚至价值观念。面对同样秋风秋雨的场景，说话人也许会细致地描写道"梧桐更兼细雨，到黄昏、点点滴滴"，也许会感叹"这次第，怎一个愁字了得！"对客观世界的识解，已经渗透到了语言的方方面面，在本质上具有主体性，反映出人的基本认知能力，凸显了语言使用者在组织和构建世界过程中的积极作用，解释了认知语言学中语义研究的重要性和复杂性。

思考题

1. 识解与意象的内在联系是什么？
2. 请用识解的有关理论解释汉语的被动句。
3. 以 2—3 个隐喻用法为例，解释识解的操作。

拓展阅读参考书目

Taylor, J. R. & R. E. MacLaury. 1995. Language and the Cognitive Construal of the World. In W. Winter (ed.), *Trends in Linguistics Studies and Monographs 82*. De Gruyter Mouton.

Langakcer, R. W. 2008. Cognitive Grammar: A Basic Introduction. Oxford University Press.

Langacker, R. W. 2015. Construal. In E. Dabrowska and D. Divjak (eds.), *Handbook of Cognitive Linguistics*, 120 – 142. De Gruyter Mouton.

Verhagen, A. 2007. Construal and perspectivization. In D. Geeraerts and H. Cuyckens (eds.), *The Oxford Handbook of Cognitive Linguistics*, 48 – 81. Oxford University Press.

注意力：认知的选择性

注意力在人类认知和语言表达中具有十分重要的地位。人类知识在理想认知模型、图式、认知域或框架的组织下，能够快速、经济、有效地发挥作用，是因为人类在认知活动中，借助这样的知识组织方式（背景知识），用有限的语言手段最大限度地将最关注的部分表达出来，实现有效交际。这样的过程在认知上叫做注意力分配（distribution of attention）。这实际上就是认知的选择性，选择的目的是为了凸显要关注或表达的内容。

1. 注意力分配型式

注意力分配型式是图式化能力系统中的重要组成部分。其核心是，在众多的表达对象中，根据一定的视角将注意力引到要表达的对象或结构上去。影响注意力分配的因素主要有注意力强度、注意力型式和注意力映射（Talmy 2000：76—77）：

1）注意力强度（strength）。主要体现为凸显度（salience or prominence），凸显度可以从低到高按绝对值计算，也可以根据一定的常模用相对值计算，前景化和背景化是实现的手段之一，如：

（1）a. They slowly passed the goblet of wine around the banquet table.

　　b. The goblet of wine passed around the banquet table.

　　c. Around the banquet table the goblet of wine passed.

（1a）中，pass 作及物动词使用，将行为主体（agent）they 推向前景（foreground）的位置，对比性地暗示出 they 有意地慢慢传递着酒杯。（1b）中，pass 作不及物动词使用，则将传递物推向前景的位置，暗示出这杯酒在桌子上慢慢地传递，客观描述的意味浓一些。（1c）强调酒杯不是在别的地方传递，而是在宴会的桌上传递。

每种语言的句子里都会有一些位置是比较重要的，称之为前景位置，凸显要表达的构成要素或内容，如英语中，句首位置和动词前的位置就是最重要的。这种附加的凸显性在概念化过程中，往往能增加特别的表达效果，如强调概念上进行对比的对象（Talmy 2007），上面（1）的分析已经说明了这一点，再如：

（2）a. I can't stand this kind of music right now.

　　b. Right now I can't stand this kind of music.

　　c. This kind of music I can't stand right now.

（2a）是常规表达，句首成分 I 是主语，凸显的是我而不是别人忍受不了这种音乐；（2b）凸显的是现在忍受不了，也许其他时候没有问题；（2c）凸显的是这种音乐忍受不了，其他类型的也许没有问题。

关于前景化和背景化，Langacker（1987，2007）以"调焦"（focusing）为主题，在阐释"识解"这个认知能力部分时，比较深入、详细的讨论了注意力的选择性问题。我们在第四讲已经有深入的讨论，本讲不再重复。

2）注意力型式。不同强度的注意力组合后以不同的型式分配：如中心与边缘的型式，焦点注意力分配到中心信息，边沿情形分配少一些注意力。实现的方式有图形与背景；定点投射的型式，即在一个或多个情景下，某一点分配更多的注意力，其他点分配少一些或不分配，这叫注意力窗口，往往通过语言标记提示出来；注意力水平分配型式，即高层次的组织结构分配更多注意力，低层次的结构分配少一些注意力，如：

（3）a. The crate that was in the aircraft's cargo bay fell out of the plane through the air into the ocean.

　　b. The crate that was in the aircraft's cargo bay fell out of the plane.

　　c. The crate that was in the aircraft's cargo bay fell out of the plane into the ocean.

　　d. The crate that was in the aircraft's cargo bay fell through the air into the ocean.

　　e. The crate that was in the aircraft's cargo bay fell out of the plane through the air.

　　f. The crate that was in the aircraft's cargo bay fell through the air.

　　g. The crate that was in the aircraft's cargo bay fell into the ocean.

（4）a. The bricks in the pyramid came crashing together(* in upon themselves).

b. The pyramid of bricks came crashing in upon itself(*together).

（5）a. The iceberg broke in two.

b. The two halves of the iceberg broke apart.

（3）典型地说明了注意力窗口在语言中的体现途径。（3a）是对整个路径的完整呈现。但（3b—d）则截掉了路径中的某一段，被截掉的退居到背景的位置，而通过介词短语表达出来的部分则属于前景位置，分配了更多注意力。封闭词类（常说的语法成分、虚词等）的主要作用就是标记某种功能或位置。（3e—g）只将路径中的某部分推至前景位置，其余部分退隐到背景位置，但退隐的部分可以推导出来。

（4）和（5）体现了注意力水平对句法结构的影响。（4a）中 bricks in pyramid 是从个体层次来观察的，所以只能用说明个体的 together 来补充说明；而（4b）the pyramid of bricks 则是从整体层次来观察的，所以只能用回指整体的 -self 构成的词来补充说明。（5a）中的 the iceberg 是整体，所以可一分为二；而（5b）中，the two halves 表示的是部分，所以可以分崩离析。

3）注意力映射。注意力型式的特定部分，主要是焦点注意力，映射到表达对象的特定部分。如在下面的购物事件中：

（6）a. The clerk sold the vase to the customer.

b. The customer bought the vase from the customer.

（6a）里焦点注意力映射到 the clerk 之上，而在（6b）中，焦点注意力映射到 the customer 之上。

Talmy 为了讨论的方便，将注意力分配型式细分为了以上各种不同的小类。就其本质而言，它们是相互交织在一起，相互作用的。比如注意力映射就和图形与背景重叠性很高。上面例（6）中，clerk 和 customer 分别在主语位置上，充当各自的图形，映射了焦点注意力。也正因为如此，同时也就被前景化了。句子的差异也由此而产生。当 clerk 被前景化，充当图形后，句子的意义重点在于 the clerk 怎样售出花瓶，如介绍花瓶的质地、价值、来历等，让顾客欣然接受。当 customer 被前景化，充当图形后，重点在于 the customer 怎样发现了这个商店有一个他喜欢的花瓶，怎样和 the clerk 沟通，最终买到了这个花瓶。

这样的认知特征或过程在不同的理论体系里，有不同的名称。在 Talmy 的认知语义学体系里，有两对术语：图形与背景、前景化和背景化；在 Langacker 的认知语法体系里叫调焦（focusing），表现为凸体与基底（profile and based）；在 Zubin & Hewitt 的指示语理论体系里，叫指称中心（deictic center）；在 Tomlin 的认知心理学理论体系里，叫焦点注意力（focal attention）；在 Lambrecht 的信息结构理论体系里叫话题与焦点（topic and focus）；在 Givòn 的功能理论体系里叫激活（activation）。既然本书是在认知语言学的框架下讨论注意力与语言的表达问题，且前景化和背景化、凸体与基底在其他章节里已有讨论，本讲将聚焦"图形与背景"。

2. 图形与背景（Figure and ground）

图形与背景来源于格式塔心理学。在视觉感知中，人们倾向于将一个视觉场景简化，将注意力集中到一个主要的物体（图形）作为中心点，将其他的作为背景。根据格式塔原理，人们在认识世界时，往往是分别讨论或感知个体，然后将个体整合为整体。如在视觉分类过程中，往往将相同的、或近似的归并到一起。视觉感知里，最经典的例子就是"鲁宾花瓶"（Rubin Vase）：

图 1　鲁宾花瓶

在上图中，当我们的注意力聚焦在白色上面时，则黑色部分为背景，看到的是一个花瓶。常态下，一个画面中，中心位置为图形位置。但如果我们将注意力转移到黑色部分，将白色部分为背景时，我们看到的是两张对视的脸。

2.1　图形·背景的内涵与特征

在正常情况下，以下特征可以作为图形·背景的确定原则（Stockwell 2002：15）：

1）独立完整性，与背景部分的界限分明；

2）图形是移动的，背景是静止的；

3）时间和空间上，图形在前，背景在后；

4）从背景中分离出来，显现为图形；

5）在整个画面中，更具体、更聚焦、更亮眼、更吸引人；

6）图形位于背景之上或之前。

Talmy（2000：315-316）就图形与背景的特征列出了如下对照表，虽然与 Stockwell 的表述不同，并略有区别，但根本性的特征概括却是一致的：

表 1　图形与背景特征对照表

特　征	图　形	背　景
关键性特征	在时间和空间上有未知的特征需要确定	作为参照实体，其已知特征可以用来描述图形的未知特征。
相对性特征	更具移动性	更恒定的固定下来了
	小一些	大一些
	几何结构上，更简单些	几何结构上更复杂些
	在场景上或认知更临近一些	更熟悉（预料之内）些
	关注度或相关性高一些	关注度或相关性小一些
	难以即刻感知到	可以即刻感知到
	一旦被感知，凸显度更高	一旦图形被感知，更处于背景地位
	依存度高一些	独立性高一些

图形·背景有两个显著特征。一是，图形比背景具有更高的心理显性度（salience）。二是，图形·背景具有灵活性和逆反性（reversal）。

图 1 的解释表明，注意力具有选择性。因此，图形·背景的认知原则具有灵活性或者说逆反性。图形与背景交替作用，背景转化为图形则获得更高的心理显性度被而优先识别。同样的道理，图形转化为背景则从认知上的突出地位退隐到次要地位。图 2 和图 3 进一步说明了图形·背景的这一基本特征：

图 2　树与老虎

　　如果说图 3 与图 1 和图 2 有不同的话，图 1 和图 2 的图形与背景分别表示不同的视觉意象；而图 3 的图形和背景表达的意象都是"鸟"，且白色和黑色的鸟在画面上的比例大致相当，那么，哪一种颜色的鸟作为图形，完全取决于观察者的视角。

图 3　M. C. Escher：鸟

2.2　图形·背景在语言表达中的体现

如前所述，认知语言学研究语言问题的基本途径是用人类的一般认知能力和特征来解释语言的内在规律，以避免循环论证，同时也证明语言能力是认知能力的一部分，语言使用受制于一般认知原则。图形·背景本来是认知心理学中的一对原则，解释人类视觉感知的基本特征。认知语言学引进来，解释人类概念化过程中的基本认知方式。先看一组例句：

（7）a. 杯子放桌子上了。

　　 b. 钢笔掉地上了。

本例中，"杯子"和"钢笔"都是图形，"桌子"和"地上"都是背景。由此可以看出，在一个句子里，句子的主语关注度最高，因为它表达的是要讨论或说明的话题；而后面的述语成分是对主语的说明，框定所讨论的范围，或起锚定的作用，成为认知上的参照点。

2.2.1　单事件句里的图形与背景

如表1所示，图形在物理上或概念上是一个运动的或可移动的实体，其路径、地点和方向可以是一个变动的量，其价值在于成为相关的话题；背景是一个参照点，是某个参照框架内一个稳定的场景，据此，图形的路径、地点和方向可以被描述（Talmy 2000：312）。以上特征可以很好地解释以下两组句子的差别：

（8）a. 单车停在大楼旁边。

　　 b. ? 大楼在单车旁边。

（9）a. John is near Harry.

　　 b. Harry is near John.

一个句子里的名词性成分的凸显度从大到小依次是：主语→直接宾语→旁语（oblique）（Talmy 2007），主语对应于图形，直接宾语和旁语对应于背景。在（8a）中，单车是图形，大楼是背景。大楼是一个固定的地点，用来说明单车当时停靠的位置。大楼的位置不会轻易移动，但单车可以随时骑走，并停靠在不同的地方。当（8b）中的"大楼"移动到主语位置时，它就成为图形，而移动的物体"单车"却变成了背景。而根据前面对图形与背景特征与确定原则的描述，静止的、大的物体是无法从背景中分离出来成为图形的，所以，（8b）可接受性存在疑问。相反，（9）中的 John 和 Harry 都是独立完整的个体，都是运动的、生命体，因此他们都可以成为图形，（9a）是以 Harry 作为相对静止的位置来说明 John 的位置，而（9b）是以 John 作为相对静止的位置来说明 Harry 的位置。其意义的差别可以参照（6）来理解。可能有的人会用下面这组句子来作为（8）的反例：

（10）a. 主席团坐在台上。

　　　b. 台上坐着主席团。

（10）与（8）有两点不同。一是，"主席团"和"台上"互为整体，可以彼此分离出来，成为独立的个体；二是助词"着"具有双重作用，一方面表示状态，另一方面将两个物体联系起来，即（10）是一种存现句，表示两个物体之间的关系。（8a）无论是看作事件句还是存现句，都符合图形与背景的一般原则；但（8b）只能看作是存现句。可（8b）中存在的两个物体的关系是不对称的。其实（8b）改成（8'）就是很好的句子了：

（8'）大楼旁边放（停）着（了）单车。

（10a）中，"主席团"是图形，是说话者关注的对象，"在台上"是描述"主席团"所在的位置。而在（10b）中，说话人关注的是"台上"的情况，即"台上"有什么情况存在或发生。"主席团"说明"台上"的情况。汉语里类似的例子还有分配句，如：

（11）a. 一锅饭吃十个人。

　　　b. 十个人吃一锅饭。

（12）a. 一张床睡三个人。

　　　b. 三个人睡一张床。

分配句的语义特征是表明二者之间的数量关系。二者都是相对独立的个体，不存在主次的问题。因此，都有可能充当图形或背景。哪一个充当图形，完全取决于说话人希望强调或凸显的对象是哪一个。（12a）强调的意思是，床只有这么多，每张床需要睡三个人才行，重点在床少。（12b）强调的重点在人多。

英语里有一种构式，涉及三个参与者，其图形·背景的确定值得注意：

（13）a. He loaded hay(F) unto the truck(G).（他把草装到车上去了。）

　　　b. He loaded the truck(G) with hay(F).（他在车上装满了草。）

在（13a—b）中，图形（F）是 hay，背景是 truck（G）。这样理解的道理很简单，truck 可以充当 hay 的去向，不能成为 He 的去向。He仍然是施事（agent）。如括号中的译文所示，汉语在翻译英语这种构式时，一般采用"把字构式"。事实上，"把字构式"的重要语用功能就是强调处置的对象，也就是说，把字后的宾语是关注的焦点或讨论的对象。

2.2.2　复杂事件句里的图形与背景

复杂事件句指一个句子中至少含有两个相关的事件。其中一个为主事件，充当图形，由主句表达；另一个为背景事件，常由介词短语或连词引导，如：

（14）a. 他出轨了，他们离婚了。

　　　b. 他们离婚了，因为他出轨了。

（15）a. He exploded after he touched the button.

　　　b. He touched the button before he exploded.

（16）a. His explosion occurred after his touching the button.

　　　b. His touching the button occurred before his explosion.

（14a）表面上看是一个并列句，但实际语义上，"他们离婚了"是"他出轨了"造成的后果，强调的是原因（他出轨了）。而（14b）侧重点不同，强调的是结果"离婚"，而"他出轨了"只是补充说明。（15）和（16）表达的事件是相同的，只是使用的句法手段不一样。（15a）用连词连接两个事件，（15b）用介词连接两个事件。（15a）强调结果性事件"爆炸"，（15b）强调原因性事件"接触按钮"。（15）还反映出英语中一个很有趣的现象，两种表达手法构成图形·背景逆反。

一个句子如果表达复杂事件，则必然涉及两个事件在时间上的先后问题、连续问题、同现问题，如：

（17）a. He dreamed while he slept.

　　　b. *He slept while he dreamed.

（18）a. He came while she was reading.

　　　b. *She was reading while he came in.

（17）和（18）中的 b 句不可接受，是因为两个事件延续的时长不一样。"睡觉"与"做梦"、"看书"与"进来"。前者比后者延续的时间都长，在量这个维度上事件的涵盖量就自然大一些。根据图形与背景的含义，大一些的充当背景。

3. 图形·背景逆反

图形·背景逆反，指将常规情况下，背景的成分前景化，移到图形位置上，让其具有图形的凸显性。图形·背景逆反最大的认知价值在于它反映出思维的创新过程。文学作品创作，各种艺术与广告设计等常常运用图形·背景逆反以获得震撼的创作效果。

图形·背景逆反，由于违背了正常的心理期待，往往表达出一种惊讶、或疑问、或不一样的感觉，如下面的图 4。以前我们常见到的鲁宾花瓶中，黑色的两张对视的脸作为背景颜色，白色为位于中心的花瓶的颜色，如图 1。现在的图 4 以黑色作为花瓶颜色，白色作为两张对视的脸的颜色，感觉是应该有些不一样，尤其是对两张脸的感觉是不同的：

图 4　逆反的鲁宾花瓶

下面图 5 如果黑色的腿作为图形，则腿似乎粗一些，注意力更多在脚的部分，尤其是脚上的鞋。而当以白色为图形，看到的是更纤细的腿，另外，白色部分与黑色的脚尖部分之间，似乎是臀部的画面。前面说过，颜色亮丽或深一些的更倾向于充当图形。那么，当以白色的腿为图形时，我们看到了更丰富的画面内容。

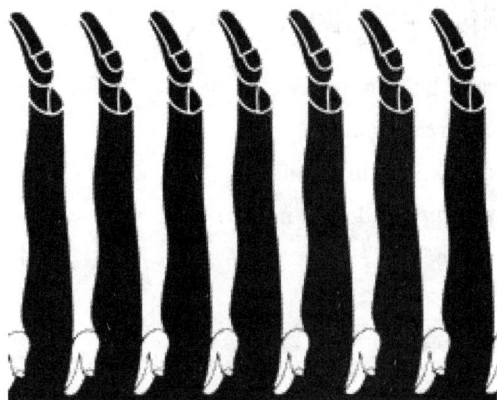

图 5 腿

3.1 倒装句中的图形·背景逆反

语言使用中最常见的图形·背景逆反是倒装句，其他情形如话题构式、左移位构式、省略构式等，如：

（19）a. A dog came out of the room.

b. Out of the room came a dog.

（20）a. She talked about you.

b. Who(m) did she talk about?

（19a）的图形是 a dog，the room 是背景，说明 dog 运动的源点；而（19b）的图形是 the room，"从房间出来"是关注的焦点，强调从房间冒出来的突然性，给人以惊吓的感觉，至于冒出来的是何物不是最重要的。（20a）中 she 是图形，强调的是"她"在关注你，在谈论你；"你"作为背景说明"她"谈论的内容。（20b）强调的是"谁"被关注，至于关注者则是次要的。特殊疑问句中的疑问词表达的内容总是最被关注的焦点信息，因此必须放在句首。这是因为，在一个主谓宾的结构中，句首位置一般是主语的位置，即"图形"的位置。这也从认知心理的角度解释了特殊疑问句中，疑问词要移位到句首的原因。

3.2 话题句中的图形·背景逆反

此处讨论的话题句的图形·背景逆反，主要指正常句子中的背景成分宾语左移到句首主语的位置，充当图形的情形：

（21）a. I really hate John.

b. *John* I really hate.

（22）a. I don't know this man.

b. *This man*(,) I don't know.

（23）a. 我不抽烟了。

b. 烟，我不抽了。

（24）a. 我把这本书看了 5 遍。

b. 这本书，我看了至少 5 遍。

（25）a. 她对这里的一草一木都感到非常亲切和依依不舍。

b. 这里的一草一木，她都感到非常的亲切和依依不舍。

（21）至（25）是同类型的移位，其中的 a 句是常规表达，主语是图形、宾语是背景。b 句将作为背景的宾语移动到句首作为图形的主语位置，使其获得凸显或强调。

3.3　左移位构式中的图形·背景逆反

左移位构式与话题句略有不同，最明显的差别在于，左移位构式中，一般移位的是主语和宾语。它们移出后，后面都会使用回指性成分来复指移出的成分。

（26）a. Spring blossoms smell wonderful.

b. *Spring blossoms, they* smell wonderful.

（27）And then I think about Michelle's mom, and the fact that *Michelle's mom and dad, they* didn't come from a wealthy family. *Michelle's dad, he* worked a blue-collar job at the sanitary plant in Chicago. And *my mother-in-law, she* stayed at home until the kids got older. And she ended up becoming a secretary, and that's where she worked at most of her life, was a secretary at a bank. （Liberman 2012）

（28）a. 老王爱唠叨。

b. 老王啊，他就是爱唠叨。

（29）a. 那个姑娘好喜欢你。

　　　　b. 那个姑娘，她好喜欢你。

　　（26）和（27）是将主语移出，然后再用代词复指该主语。（26a）是正常的表达方式，spring blossoms 作为句子主语，自然就是图形。但（26b）中，如斜体所示，将 spring blossoms 从正常的句子结构中向左移出，然后再使用代词回指它，以进一步凸显原来充当图形的成分。这实际上是图形重叠了。这样的说话方式，是为了唤起读者或听众对图形成分予以最多的关注和重视。所以，（27）里，奥巴马在演讲中，为了让听众感受到他对岳父母的敬意，特地运用左移位构式，以强调 mom and daddy。（28）和（29）类同于（26）和（27）。

　　应该指出的是，（24）至（29）b 句里都有一个指示性成分，汉语中"这、那，这些，哪些"，以及语气词"啊、呀"等，英语里 *this (these)*，*that (those)*，*here*，*there*，*yonder*，*now*，*thus*，*yea*，以及重读的 *he*，*she*，*they* 这类指示词语，用来指称外置成分，其作用是增强人们对外置成分的注意力，达到凸显的目的。

　　但（30）不同于（26）至（29）在于，它是将宾语左移，然后用代词或数量关系成分复指移出的成分。其语用目的一方面是强调它们是句子最重要的信息，另一方面可以建立起谈话双方共同的话题。

（30）a. This man, I don't know him.

　　　　b. Jack, I never saw him come here before.

　　　　c. Politicians, you will never find one you can trust.

　　　　d. Money, I need some.

（31）a. 你就不要再提以前那些糗事了。

　　　　b. 以前的那些糗事，你就不要再提（它）了。

（32）a. 我不想见老王这个人了。

　　　　b. 老王这个人，我（都）不想见他了。

3.4　多维度的图形·背景逆反案例分析：诗歌中的名词短语并置

　　文学作品中的语言，或者其他创造性使用中的语言，图形·背景逆反往往是多维的、复杂的。文学作品的语言充分体现着语言的复杂性和表达的多样性，如汉语诗歌和其他文学作品中经常出现的名词短语并置现象。我们以此案例做深入的分析，其根本目的在于引导读者能够在更广阔的层面上理解图形与背景的关系，同时感悟图形与背景作为一种重要的认知方式的普遍意义。

（33）枯藤老树昏鸦，小桥流水人家，古道西风瘦马。夕阳西下，断肠人在天涯。（马致远《天净沙·秋思》）

（34）红酥手，黄藤酒，满城春色宫墙柳。东风恶，欢情薄，一杯愁绪，几年离索。错！错！错！春如旧，人空瘦，泪痕红悒鲛绡透。桃花落，闲池阁，山盟虽在，锦书难托。莫，莫，莫！（陆游《钗头凤》）

（35）朱雀桥边野草花，乌衣巷口夕阳斜。旧时王谢堂前燕，飞入寻常百姓家。（刘禹锡《乌衣巷》）

（36）晨起动征铎，客行悲故乡。
　　　鸡声茅店月，人迹板桥霜。
　　　槲叶落山路，枳花明驿墙。
　　　因思杜陵梦，凫雁满回塘。（温庭筠《商山早行》）

（37）慈母手中线，游子身上衣；
　　　临行密密缝，意恐迟迟归。
　　　谁言寸草心，报得三春晖？（孟郊《游子吟》）

（38）春山暖日和风，阑干楼阁帘栊，杨柳秋千院中。啼莺舞燕，小桥流水飞红。（白朴［越调］天秋沙·春）

（39）孤村落日残霞，轻烟老树寒鸦，一点飞鸿影下。青山绿水，白草红叶黄花。（白朴［越调］天秋沙·秋）

在（33）中的前三句里，名词短语"枯藤、老树、昏鸦、小桥、流水、人家、古道、西风、瘦马"都是没有指称意义的名词短语，它们主要是一个一个意象的呈现，这些意象与后面的"夕阳"和"断肠人"共同构成一幅深秋景色的画面，即描述一个秋天的场景。这里，九个景象分为三组：第一组"枯藤、老树、昏鸦"呈现萧瑟、黯淡的画面。第二组"小桥、流水、人家"呈现恬静、温馨、宁静的画面。第三组"古道、西风、瘦马"呈现凄凉、低沉的画面。名词短语所描写的事物构成一幅幅画面或场景时，不管其本身是否具有描述性，都会带上描写性（李宇明 2005：433）。

（34）中的"红酥手"表现女性的优美仪态，陆游用转喻的手法通过对手的描写来衬托唐氏仪容的婉丽，"黄藤酒"转指敬酒的行为事件以及该事件所包含的言外之意。两句合起来暗示依然美貌的唐氏曾经捧酒相劝的殷勤之意。这一情境陡地唤起词人无限的感慨与回忆：当年的沈园和禹迹寺，曾是这一对恩爱夫妻携手游赏之地。曾几何时鸳侣分散，爱妻易嫁他人。满城春色依旧，而人事全非。"宫墙柳"虽然是写眼前的实景，但同时也隐喻性地表达可望而难近这一层意思。

（35）中的"朱雀桥边、野草花、乌衣巷口、夕阳、旧时、王谢堂前、燕"这些名词都是转喻性地描绘历时变迁中的物是人非、沧海桑田的感慨。朱雀桥旁、乌衣巷里曾一度是高门望族的聚集之处，如今时过境迁，昔日繁华已如落花流水不复存在了。诗人选用了意蕴深刻的意象：野草、斜阳，其中最具匠心的是"飞燕"的形象，燕子彼时飞入侯门，如今那侯门深宅已成了百姓家，飞燕成为历史的见证人。

（33）中"枯藤老树昏鸦，小桥流水人家，古道西风瘦马。"这三句全由名词短语组成。这样的诗歌语言表达方式有两个基本特征：1）句法上突破了组合关系和聚合关系的常规限制，主要体现为本来属于聚合关系的成分置入到了组合关系之中；2）并置的名词主要表示描述性意义。前人的一些零散研究主要是考察其话语修辞效果或者语篇连贯的方式，认为这种名词出新的用法产生了非常独特的修辞效果。但为什么会产生独特的修辞效果，则语焉不详。下面的分析将表明，名词并置的特殊的美学效果来自聚合关系和组合关系的重叠。两种关系的重叠则来自认知上的图形·背景逆反。

3.4.1　聚合关系和组合关系的重叠与名词的并置

语言系统的一个基本特征是，词（语言单位）总是处于组合关系和聚合关系的二维关系系统之中。从纵向的角度看，词（语言单位）具有聚合关系，即具有相同语法功能或地位的词聚合成一类，在语言运用中可以相互替代。从横向的角度看，词具有组合关系。（不同类的）词和词组按一定的句法规则构成句法结构，或者说进行各种不同的排列组合。能够替代的必须是同类成分，能够组合的必须是不同类的语言单位。名词这个类中的所有成员之间的关系本应该是聚合关系。当诗人强行将名词短语并置时，虽然从表面上看，名词短语的并置凸显了其聚合关系，实际上是将名词的聚合关系特征退于次要地位，或者干脆置聚合关系特征于不顾，而将它们强行置入组合关系之中。然而由于认知习惯的影响，人们将名词短语的并置识解为聚合关系。这样一来，聚合关系和组合关系实际上通过不同层次的认知运作，实现了暂时的重叠。名词在并置的过程中，在保留其聚合关系的同时，又获得了进入组合关系的能力。

温庭筠在"鸡声茅店月，人迹板桥霜"中，把几个名词短语连缀排列，将形式上的所有组合性语法关系隐含起来。这个隐含的过程其实也就是同时赋予并置的名词短语组合关系的过程。两行十字写六件事物，全用名词，罗列出听觉及视觉等意象，创造了一幅清冷、辛劳的踏霜早行图。名词所呈现的静态画面更加强化了"早行"的悄然以及心情的沉重与落魄。诗人虽然隐去了语法上的组合关系，却从另外的途径进行了一定的补偿：意象的呈现根据由远及近的时空关系铺排，这种铺排，从感知的角度看，也是由远及近，先听觉后视觉。诗中尽管略去了动词等组合成分，无动词而有动妙、无中见有、静中觅动，这是一种艺术辩证法。（33）中的"枯藤老树昏鸦，小桥流水人家，古道西风瘦马……"连续九个名词并置，组合关系的缺位由诗中的意象流动来弥补，活画拼图出荒凉摇瑟人心的景象，成为脍炙人口的佳句。（37）中的"慈母手中线，游子身上衣"，组合关系由两行诗所构成的语义上的因果关系来补位。这样的佳句再如，宋代词人柳永"三秋桂子，十里荷花"，虽名词直陈，却是色与景共舞，香与光齐飞；以及"杨柳岸，晓风残月"也是名词白描，其动人之处是以"无动"生发"上乘动妙"。（38—39）是元代白朴的两首小令，采用了绘画的技巧，将一组组画面有机地组合起来呈现给读者。两首诗基本上都是名词短语。（38）中的"春山、暖日、和风"，简简单单六个字，三个名词短语就勾画出春天的大环境。而庭院里的春景，则有袅娜柳枝，秋千轻悬，小桥流水，落英缤纷。"啼莺、舞燕、小桥、流水、飞红"是一幅春意盎然、充满生机的画面。从认知机理来看，这样的名词短语大多表示与此相关的活动或事件，可以说具有转喻的性质。尤其是"阑干、楼阁、帘栊"更是古代少女赏春的典型场景，这里实际也是一种转喻。（39）与马致远的［天秋沙］《秋思》有相似之处。"孤村、落日、残霞、轻烟、老树、寒鸦"这些静态的自然景物构成的意象是缺乏生命的冷寂。"青山、绿水、白草、红叶、黄花"与"孤村、落日、残霞、轻烟、老树、寒鸦"构成一幅对比性的画面，呈现的意象是明朗、富有生命力的。

3.4.2 名词短语并置中的四种图形·背景逆反

3.4.2.1 系统关系的图形·背景逆反

如前所述，语言单位总是处于组合关系与聚合关系的二维系统中。

但在这个二维关系中，常态下，组合关系是第一位的，聚合关系是第二位的。从认知凸显上看，组合关系享有更高的凸显度，也就是具有图形地位。聚合关系的凸显度低于组合关系，处于背景地位。名词短语并置以后，在认知上，实际上也有一个图形·背景逆反过程。因为，本来处于首要地位的组合关系退居次要地位，而次要的聚合关系由于名词短语的并置而上升到最显要的地位，也就是获得了图形的地位。这样的语言结构关系从本质上来讲就是颠覆原有结构关系，代之以一种新的结构关系。这个颠覆的过程实际就是认知上图形·背景逆反的过程。就层次而言，这是最高层次的图形·背景逆反。

3.4.2.2　风格上的"图形·背景"逆反

图形与背景和文体学研究中的"前景化"具有异曲同工之处。文学语篇中，某些方面通常会被当作更重要或更凸显的部分。从表达手法上来看，日常的直义表达是背景，创新与变异的表达是图形，即前景化（Stockwell 2002）。Stockwell 指出，前景化有许多方式，其中之一就是句法排列的创造性。从认知方式上看，这样的句法变异是图形，常规的句法结构和表达方式是背景。这种风格上的图形·背景逆反，主要体现在以下三个方面：一是，句子结构的正常表达方式是 SVO，句子与句子之间的逻辑关联由一定的词汇手段表达出来；而名词短语并置，可能的结构是 OO 的并置、SO 的并置或 SS 的并置等。这样的并置就完全不同于人们对句子结构的常规心理期待，而产生变异感觉。诗人巧妙地安排了这样的变异。在所举诗行的前面或后面的诗行中，句子的结构基本上是常规结构，这样它们相互之间又形成反差或强烈的对比，更加凸显出变异的特征。二是，名词短语并置使名词由指称转而表示描述或描写，那么名词的意义变化必然经历认知上的处理过程。这个过程可能是隐喻，可能是转喻或其他机制。对于具体的名词表达式而言，有的具有了隐喻性质，有的具有了转喻的性质。这在语言风格上，又有别于直义表达。传统修辞学或诗歌美学中把这样使用的语言也称之为变异。所有这些变异的结果就是它们在认知心理上获得了更多的注意力。三是，动态与静态的转换。虽然在正常的情况下，动态的是图形，静态的是背景，但当一个语篇的整体叙说风格是动态的，静态意象的突然出现，使静态的叙说在整体风格中就成为变异，会获得特别的注意力，成为关注的焦点，而转换为图形。关于变异在文学风格中的重要作用，秦秀白（1986：98）有精彩的论述："每一个作家都在创作过程中努力使自己的语言显示出超乎寻常的风格。超乎寻常才能体现风格。"变异的目的是为了突出要表达的内容，实现前景化即使表达的内容处于图形的地位。例如（30）从整首诗的语法关系来看，其他各行都具有正常的聚合和组合关系，唯独"鸡声茅店月，人迹板桥霜"是名词短语并置。这样的句法结构彰显了这两行与其他各行的差异，其效果是在整首诗的流动性意象中，意象的流动由动转变为静，凸显了静的画面，使得静的意象前景化，成为认知心理上的图形而获得了更多的注意力。

3.4.2.3 认知内容上的图形·背景逆反

在一个发生的事件和情景中，动作与事物是整体与部分的关系。虽然一般情况下，整体比部分凸显性更高，但事物可以在概念上独立，完全可以想象一个事物而不联想到动作（沈家煊 1999）。从创作的角度来讲，名词短语是自我满足的经验构件（阿恩海姆 1994：127），因而可以独立于动作和其他连接成分出现。但如前所述，图形与背景是动态的，随着注意力的变化而变化。在特殊情况下，部分反而比整体凸显性高。这表明，图形的确定与变化随认知注意而变化，部分与整体可以逆反，也就是背景与图形可以逆反。

（33）至（39）各例都是通过描述一个事件或情景来抒发诗人的主观感受。从常规来看，事件或情景的内容与动作都是部分与整体的关系，从认知上是背景与图形的关系。但是，由于名词短语的并置，动作被隐形，在认知心理上被忽略（neglect），成为背景。相反，由于动作的隐形，原来属于背景部分的名词短语所表达的事物能够最大限度地吸引注意力，而成为图形。无可否认的是，原来背景部分的内容肯定远远多于由这些名词短语并置表达出来的内容，这些并置的名词短语所表达的只是背景中的一部分而已。它们实际上还经历了一个从背景中分离出来的认知过程，成为凸显的内容，在句法变异的协助下，成为注意的焦点，即图形。

3.4.2.4 句法结构上的图形·背景逆反

从句法结构上看，句子的主语是图形，宾语以及其他表示场景的成分是背景。但是图形与背景随着注意力的聚焦变化而可以逆反。如（33）至（39）描述的景象应该是诗人所见到的景物，即在句法语义关系上应该是"看"的宾语，亦即背景。但由于说话人的不在场，那么主语应该获得的注意被忽略了，而退出了聚焦位置。这样，充当背景的宾语便获得了提升到图形位置的认知心理空间。因此，图形与背景发生了逆反。充当宾语的所有名词短语并置在一起，就同时获得了图形位置的注意力。另外，由于本应该是图形的行为动作的隐形，也就将注意力全部转移到了本应该是背景的宾语上，这里边也发生了图形·背景逆反。经过两次图形·背景逆反，本应该是背景的宾语名词短语获得了一个句子中图形所能得到的所有注意力，因而十分引人注目。

本讲小结： 注意力反映出认知的选择性。注意力分配型式体现着选择的方式。本讲在简要介绍注意力分配型式的基础上，重点阐述了图形与背景的内涵及其在语言表达中的体现方式。特别讨论了图形·背景逆反表现方式和认知与表达效果。这一方面可以深化对图形·背景的认识与理解，更重要的是感悟图形·背景逆反在认知创新和表达创新中的重要意义。图形·背景和图形·背景逆反在设计艺术学、大众传媒等涉及视觉认知领域具有广泛的理论价值和实践价值。

思考题

1. 图形与背景怎样反映出说话人的主观意愿？怎样实现的？

2. 请从文学作品或艺术设计或广告作品中选取案例，运用图形与背景理论做细致分析。

3. 请分析图形与背景和其他相关概念的联系，并用于实例分析。

拓展阅读参考书目

Talmy, L. 2000. *Toward a Cognitive Semantics, Vol I: Concept Structuring System.* Cambridge/ Massachusetts: The MIT Press.

Talmy, L. 2007. The attention phenomena. In Geeraerts, D. & H. Cuyckens(eds.), *The Oxford Handbook of Cognitive Linguistics*. Oxford: Oxford University Press.

Ungerer, F. & H. Schmid. 1996. *An Introduction to Cognitive Linguistics*. London / New York: Longman.

第六讲 虚拟性：语言与认知的主观性和创造性

人们对语言与现实的关系的经典认识是，语言是描写我们周围世界的基本途径，如名词性成分直接描写现实的个体，句子直接描写实际发生的事件和情景。现在，这种认识已发生了改变（Brisard 2010）。

研究表明（Matlock 2004），人们的日常思维会在认知上或心理上模拟各种各样的行为活动或事件。在人们的想象中，一切都有可能发生。事实上，无论是虚假判断中的非现实性还是未来并不会实际发生的事件，都有可能使用虚拟的实体直接描写。即使在描写现实存在或情形的时候，也会要通过虚拟的实体媒介作用才能描写出来。这实际上就是一种虚拟思维。

虚拟思维，作为一种想象能力，是认知和语言最基本的能力，植根于人类的基本经验中，为人类的概念结构提供框架性组织（Langacker 2005）。

1. 虚拟性及其表现形式

Langacker（2007）指出，未来认知语法的研究重点是解释概念的动态性与虚拟性。语言系统中的虚拟性，主要体现为语言表达式、现实个体和现实关系之间的联系的间接性（Langacker 1999），体现了认识过程中的主观性对语言表达与认知的作用方式。虚拟性有三种主要的体现形式：虚拟运动、虚拟变化和虚拟互动。

1.1 虚拟运动

运动是世界存在的基本方式。就人类感知而言，切实能感知到的是物理运动，存在于人类认识当中的是虚拟运动。虚拟运动在Langacker 的认知语法体系和 Talmy 的认知语义学体系里都是关注的焦点问题。虚拟运动，即以动态的眼光观察静态的事件或情景，认知主体的想象能力发挥着关键的作用。Langacker 关于"伤疤"的一组例句成为经典：

（1）a. A scar extends from his elbow to his wrist.

　　　b. A scar extends from his wrist to his elbow.

　　　c. ?A scar extends to his knee from his ankle.

（1）有四点意义：1）"手臂上的一块疤痕"描绘的是一个静止的状态；2）不同的观察视角会有不同的表述方法，（1a）是从上往下看，（1b）是从下往上看；3）（1c）传达着一个非常重要的认知原则，即语言顺序与概念化顺序的协调问题。就纯语言顺序而言，（1c）是没有问题的，但就概念化顺序而言，一般是从起点到终点，因此（1a）和（1b）都可接受，而（1c）则是从终点到起点，与概念化顺序相矛盾，故接受度存疑；4）所有这些运动都是发生在观察者的心理想象中，实际上是一种心理模拟，Langacker 称之为心理扫描（mental scanning）。

虚拟运动在日常语言表达中是一种常见的表达方式：

（2）a. 一条隐约可见的小路从他的眼前蜿蜒爬上山岗。

　　　b. 长城东起辽宁虎山，西至甘肃嘉峪关。

　　　c. 三环线穿过北外，将校园一分为二。

　　　d. 然而，两根纤细、闪亮的铁轨延伸过来了。它勇敢地盘旋在山腰，又悄悄的试探着前进，弯弯曲曲，曲曲弯弯，终于绕到台儿沟脚下，然后钻进幽暗的隧道，冲向又一道山梁，朝着神秘的远方奔去。

（3）a. The Andes Mountains stretches (extends/goes) along the entire west coast of South America from Cape Horn to Panama, a distance of 4,500 miles.

　　　b. The field spreads out from all directions from the granary.

　　　c. The bakery is across the street from the bank.

　　　d. I was walking through the woods and the branch that was sticking out hit me.

　　　e. The arrow on the signpost pointed toward/away from/into the town.

　　　f. The telephone poles are rushing by at 80 miles an hour.

　　　g. There is a house every now and then along the valley.

虚拟运动可从三个角度来理解。以（2a）为例，一是"小路"被识解为沿着一条路径隐喻性的运动；二是有一个设想的运动者沿着小路爬涉；三是该事件概念化的人在心理扫描中主观上沿着这条小路行进（Langakcer 1999）。从虚拟的角度看，（2a）描写的是现实存在的情形，其中"小路"、"山岗"都是现实存在的个体，但是"蜿蜒爬上"表达的是一种虚拟运动。正是由于表达虚拟运动，语言系统中，表达运动的动词可以用来表达静止的情形。（2b）是观察者将现实中的长城所经路线转换成了一幅心理地图。在这幅心理地图中，观察者可以一览无余，视线一下子可以延绵数千里。观察者再将心理地图中的意象投射到现实的长城之上。（2c）中，三环线本来是一条道路，一种存在而已，所以"穿过"、"分为"是没有实际发生的行为事件，而是在观察者认识中发生的。（2d）中的"铁轨"是静止的存在，一路的行进应该是发生在观察者的视觉与想象中。（3a）强调运动路径的起点和终点；（3b）表示运动的路径与存在的路径是同态的；（3c）表面上看是描述一个物体所在位置，但其方式是虚拟了一条行进的路线，即走到银行那个地方，然后横穿大街，就达到了要去的位置。这条路径可以实际地去走一遍，也可以只是在脑海中过一遍；（3d）展现了观察者与观察对象的相对转换关系，即从整体框架视角到局部框架视角，从实际运动到虚拟运动；（3e）强调运动路径是线性的，指示一定的方向；（3f）反映出人们观察世界时候的视角变化。正常情况下，说话人作为观察者，其观察视角是从自身出发观察事物（真实世界）。但很多情况下，观察者会选用一个最佳视角，或者说虚拟的视角。本来，电话杆是静止的，说话人及其所乘坐的车是运动的，但采用虚拟视角后，运动的车和人是静止的，电话杆是运动的。本句实际上有两个虚拟的过程，一是，视角的虚拟，二是运动的虚拟。但描写的却是说话人的实际经验，即虚拟的表达方式描叙着实际的经验。这体现着语言与思维之间的动态关系。（3g）是以序列的视角展示动态的属性，从而暗示出运动的意义。

1.2 虚拟变化

虚拟变化有两种情况，一种是经历虚拟运动后最后所处的状态，或者说运动的结果。严格来讲这种虚拟变化与虚拟运动没有本质的差异。如果说有的话，则是由过程转指结果，体现出转喻思维的作用。

第二种虚拟变化主要是实体的内涵泛化或不确定化，即通常说的由定指转化为泛指。

1.2.1　过程变化

（4）a. 祝你越活越年轻，今年十八，明年十七。

    b. 你的文章越来越长。

    c. 白发三千尺，缘愁似个长（李白）。

    d. 连路也是，在山坡上延伸，一会儿钻入雾中，一会儿又从别处钻出来，继续延伸……

（5）a. The palm trees clustered around the oasis.

    b. The soil reddens toward the east.

    c. The situation went from bad to worse.

    d. His newspaper column grew longer every week.

（4a）是生日晚会上哄人开心的良好祝愿。本句中，有两个虚拟结果。"越年轻"指的是年龄的变化结果；"今年十八，明年十七"是通过具有量级意义的数词来体现年龄的变化结果。（4b）中的"文章"并不指称某篇具体的文章，而是一段时间以来写出来的不同多篇文章，随着时间的推移，每一篇文章比上一篇文章的字数都多。这些文章组成一个线性的序列，就出现了虚拟的"逐渐变长"的过程，最后给人的感觉是"越来越长"。事实上，写成的单篇文章是不可能变长的。（4c）现在看到的好像是结果"三千尺长"，其实李白诗句的意思是，头发都长成三千尺长了，愁也变得这么长了。这里的长度都只在李白的豪放的想象力中才会发生。（4d）中，"延伸"表达的是观察者心理的想象，"路"本身不可能随时"钻入雾中"又"钻出来"。这里表现的是作者在一个最佳视角观察时的一种主观感受。路的这种状态的变化，体现出作者在不同的时点对事物进行序列性扫描（观察）。（5a）中树是不能运动的物体，oasis 的位置是静态的实际地点，但动词短语 clustered around 却将 palm trees 想象成运动的物体了，即在心理想象中，palm trees 在束聚到绿洲周围来。（5b）的基本意义是，土壤颜色分布情况，这是一个静态的情形。但 toward the east 指示了一种运动方向，因而虚拟了两个过程：一个是土壤逐渐变红；另一个是一个观察者逐渐往东看过去。因为这两个虚拟过程，最后人们就看到了现在土壤的颜色。（5c）中的 situation 本是一种抽象的状态，from bad to worse

使得不同性质的状态组成一个具有序列意义的连续体，因而具有了时间轴上的意义，似乎经历一个过程。（5d）的解释类同于（4b）。

1.2.2　实体变化

（6）a. 公司的董事长越来越年轻。

　　b. 她的车天天不一样。

　　c. 又一个乔丹出现了。

　　d. Sally is a cat-lover.

　　e. The chocolate ladder is very appealing to children.

（6a）中的"董事长"并不指现实中的具体某位董事长，而是指在董事长职位上，不同的担任过董事长的人。只有这样，才能与后面的"越来越年轻"在逻辑上不会发生冲突。同样，（6b）中的"车"也不是具体某部车，而是她每天可能开的不同的车。（6c）中"乔丹"前面的"又一个"起的作用就是将现实的实体虚拟化。即"乔丹"不是指名为乔丹的人，而是指具有乔丹的特征的另外的人。（6c）中，专有名词前面加不定冠词 a 或定冠词 the，在新闻报道中用得很多，用来表示与专有名词相关的事物或特征，而不是指专有名词特定的对象。这实际上就是一种虚拟。（6d）中的 cat 表达的是猫作为一个类的概念，而不是具体哪只猫。（6e）中的 chocolate ladder 可以有两种解读。一种是 ladder made of chocolate，这在现实生活中不常见，因为这样的 ladder 会遇热而融化，就不是 ladder 了。另一种解读是，chocolate in the form of a ladder。那么，在这种解读里，ladder 就完全被虚拟化了，指的是形状像 ladder 的巧克力。

1.3　虚拟互动

虚拟互动往往以一定的认知框架为基础，即一个认知框架作为背景，另一个认知框架作为要表述的内容，其方法是将要表述的内容（言语行为）图示化成一个抽象的互动框架，嵌入一个更大的框架中去。如反语和修辞问句，这个图示化出来的互动框架本质上是虚拟性言语行为（Langacker 1999）。其虚拟性体现在言语的效力，即言语行为意义，如：

（7）a. That was a brilliant move. (In response to something stupid)

b. Who needs that car? (= Nobody needs that car.)

c. 千里黄云白日曛，北风吹雁雪纷纷。

　　莫愁前路无知己，<u>天下谁人不识君</u>。（高适，《别董大》）

d. <u>大胖子</u>，你又被女孩子欺负啦。

e. 你确实<u>很大度</u>，只要人家比你强，你就要整他。

（7a）是对一个很糟糕的事情或决定发表的评论，这个评论表面上是表扬，但与实际情况不符，这样听话人就会更加注意到表扬的意义根本不存在，也不应该得到表扬。一个框架为糟糕的事情，另一个是间接的批评。二者合并成反语框架，得出虚拟的"表扬"意义。（7b）可以作类似的解释：车况其实已经很差了，没有人会买了。但说话人故意以提问的形式说出来，其实答案自明，根本不用回答。因此，这样的提问根本就不是疑问，本质上是一个虚拟性的问题。（7c）这首送别诗作于公元 747 年（天宝六年），当时高适在睢阳，送别的对象是著名的琴师董庭兰。盛唐时盛行胡乐，能欣赏七弦琴这类古乐的人不多，这是一个框架。关于董大，崔珏有诗道："七条弦上五音寒，此艺知音自古难。惟有河南房次律，始终怜得董庭兰。"这样的时代背景构成了一个认知框架"董大是当时全国很有名的人"，这是第二个框架。二者合成出修辞问句框架的意义："天下谁人不识君"其实强调的是非常肯定的意义，体现了诗人的豪迈与健美。（7d）和（7e）都是反语。（7d）是生活中常见的反语式绰号，如将"瘦子"称呼为"胖子"、"小个子"称为"大个子"等等。（7e）的整个语境是讲述"你"的"心胸狭窄"，"很大度"也许是"你"的自我认识，现在说话人将他沿用过来，嵌入到大语境中，反衬出其"大度"的虚拟性。

Pascula（2006）专文讨论了语法系统里的其他虚拟互动的问题，如：

（8）a. You need to go in with the altitude that *yes I can do this* [...].

b. You'll learn the winning altitude that *YES I CAN DO IT*

c. 你最好不要用那种*我永远正确*的口吻和我说话。

d. 他做事总是有（那种）<u>舍我其谁</u>的气势！

（8a—b）是将一个直接引语当成一个成分运用到一个句子的某个档位上（slot）。无论是 *yes I can do this* 还是 *YES I CAN DO IT* 在各种句法行为（时态、人称等）上都不受前面主句的制约与管辖，即使结构本身不协调都没有关系，它们就是一种"句法混合块"（Lakoff 1974：

321）。一个更重要的特征是，它们既不是直接引用原话又不是对实际交际当中的原话的解说（paraphrase），而是说话人一种概括，表明作者的态度或观点。（8c—d）里的划线部分是对说话人的"态度"和"气势"的内容的形象化表述，它们是说话人总结性的结论或观点。

（8）的分析表明以下内涵：1）虚拟互动的根本目的是突出语言所建立的交际"管道"，如通过发表说话人自己的观点，能够让话语可以沿此继续进行下去；2）这个观点或立场是非互动的，是一个交际管道；3）互动者是虚拟的，可以是任何两个人，并不一定就是说话人和听话人，也不一定是当前话语空间中的所指对象；4）虚拟性言语互动中虚拟互动框架也不局限于虚拟言语行为；5）虚拟互动强调的是语言所建立起来的交际管道的虚拟性，而不是言语效果的虚拟性。虚拟互动在媒体语言和口头交际中，非常普遍。

从语言的构成来看，这样的虚拟互动可以在话语的各层次，短语、小句、句子等，如（7）和（8）所示，再如（转引自 Pascual 2006）：

（9）a. The Christian fundamentalist movement is one that *believes in, we're right, you're wrong, no matter what.*

　　b. ...then we're gonna have people who *believe, Look! Life is simply utility, it's commercial fare.*

（9a）从句法上来讲，斜体部分的是三个小句结构，但在功能上来讲只相当于一个名词性短语，甚至可以由代词来回指。这三个小句构成一个虚拟的互动，讲述着信教群体的信仰内容。信教的和非信教的构成两个虚拟的互动者，可以从第一人称和第二人称的复数代词暗示出来。（9b）中，一个祈使句 *Look!*，后面两个也是小句 *Life is simply utility, it's commercial fare.* 祈使句 Look 将人们的信仰介绍出来，暗示出说话人使用"集体对话"（choral dialogue）方式，传达一个虚拟人群的共同的虚拟的声音，这个声音在一个虚拟的论争中甚至代表着其余听众的一致的信息。

2.　虚拟性的产生机制

如前所述，虚拟性是一种想象性思维，这种思维的本质就是将事物从一种状态想象成另一种状态，这实际上就是一种隐喻性投射。

Langacker（1999，2005）认为，虚拟思维实际上经历了一个心理扫描（mental scanning）的过程。

2.1 隐喻与转喻

上面的例证都已经表明，语言中的虚拟性是由于隐喻和转喻的作用而产生与存在的。特别要说明的是，（8）和（9）是一种言语行为转喻。下面我们再从隐喻和转喻的角度分析几个例子：

（10）a. 李章洙的脸很韩国。

b. 她伶牙俐齿。

c. 那个外科医生简直就是个屠夫。

d. 他就是主人的一条狗。

（11）a. The weather turned cold.

b. His health went from bad to worse.

c. The hotel is prefaced by a big fountain.

d. She devoured the new Hillerman in a single evening.

（10a）中的"韩国"根本不是指韩国这个国家或政体，而是表达韩国作为一个民族的一些基本特征。（10b）中"伶牙俐齿"表示"能说会道"的意思，并不是指牙齿。英语中也有一个同样的表达 *She has a nimble tongue*。"韩国"和"牙齿"都是转喻，后者转指说话能力。（10c）中的"屠夫"是隐喻，表示"无能、草菅人命的医生"。（10d）中"狗"表示"忠诚"的特征。以上分析表明，这些表达方式都没有指称实际的对象，而是表达虚拟的变化，即某种特征。

（11a）中的 turned 由空间的运动转而表达一种抽象的过程。（11b）的 went 也是由空间运动表达状态的改变。它们的运动都是虚拟的运动，而非物理的运动。语言使用和思维过程中，隐喻的基本作用就是用具体的表达抽象的，空间的运动表达时间的运动等。（11c）中，preface 一般是名词，这里用作动词，其虚拟性由词性的转换就已经显示出来了。preface 作为一个隐喻，是将"前言"位于书的开始，介绍书的目的与主要内容这样一个特征映射到"喷泉"上，即酒店的正前面有一个喷泉，显示着酒店的品位与景色。（11d）中的 devoured 是隐喻，用吃饭的方式和速度表达读书的方式和速度；"狼吞虎咽"是一个物理动作，而"读书"是一种心智活动，其动作的实在性消失了。the new Hillerman 是转喻，指 Hillerman 新出的作品，实际指人的意义消失了。

2.2 心理扫描

心理扫描是认知语法里提出的一个重要认知方式，指对事件或情景等感知并形成概念表征的方式。心理扫描可细分为整体扫描和序列扫描。整体扫描主要反映对非时间关系情景的扫描与表征，体现的是整体视角；而序列扫描主要反映时间关系情景的扫描与表征，体现的是局部视角，如：

（12）a. He is a good eater.

b. He has eaten a lot.

（13）a. The road winds through five mountains.

b. The road is winding through the fifth mountain.

（12a）中的实际意思是"他很能吃"，a good eater 是静态的观察结果，是整体上来评价的；说话时，他并不一定在吃东西。从这个角度来看，a good eater 描绘的是一种特征或能力，是人们认识中的一个"吃货"而已。而（12b）动词短语 has eaten 则强调吃的过程，是动态的观察结果，强调了吃的发生时间和结果，是序列扫描。这一特征在（13）中更明显。（13a）是整体视角，陈述一种情形：虽然"路"本身是不会"拐弯"的，但在观察者心理，穿山路的各弯道连成了一条线，呈现在脑海里。现在时表示稳定的状态，表明要穿过的山一共是五座山。（13b）用进行时态，表明动作正在发生，展示的是一个转弯的过程，那么，第五座山一方面表明了穿过山的数量或事件进行到哪一步了，但并不意味着只有五座山，可能是五座，也可能是六座或更多，这就是序列扫描。

虚拟扫描也是虚拟思维的重要特征。我们在前面的讨论中，举的例子大多是通过动词来体现的。事实上，除了动词以外，还有许多其他动态的表达方式描绘静态的情况，如（转引自 Langacker 2005）：

（14）a. From one restaurant to the next, prices vary greatly.

b. Through the centuries, we have had many great leaders.

c. As body size increases, the average gestation period gets longer.

d. Reliability improves with more expensive models.

> e. When you think of our options, each one seems worse than the last.
>
> f. From the brightest student in the class to the dumbest, they all work very hard.

在（14）中，介词短语：from... 表示起点，through 表示路径或过程；表示虚拟变化的动词短语 increases, gets longer, improves；比较级：worse than the last, from the brightest to the dumbest。但（14）中的心理扫描都含有虚拟的特征。以最后一句（14f）为例，要理解该话语，似乎要在脑子里对学生的智力指数排名过一遍，实际上我们并不需要经过这样一个过程，也不需要认识每一个学生，甚至连这个班上有多少学生也不需要知道。为了形象地解释这个问题，Langacker 用下图进行说明。他认为，在虚拟扫描过程中，有一个虚拟平面和实际平面，虚拟扫描在虚拟平面发生。其中的虚线表示心理通达的序列，将学生的智力指数按高低排列，然后扫描这个序列都是虚拟发生的。Langacker 认为，虚拟平面中的学生对应于实际平面的学生，但是怎样对应没有说明，即使我们认识这些学生，至于谁聪明、谁不聪明无须知道，因此，用虚线表示这种对应关系。句子所表达的情境是实际的（actual），也是从实际中抽象出来的。但句子表达的显性概念内容基本是虚拟的。

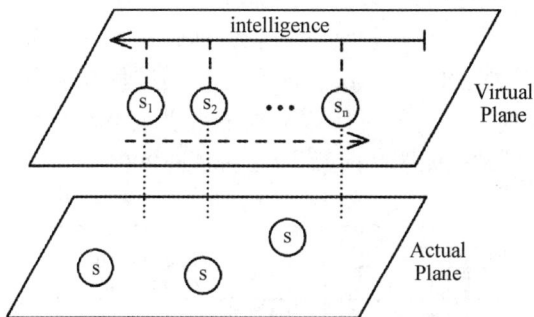

图 1　虚拟扫描

（15）体现了英语中表示周遍量化意义的虚拟扫描效应。（15a—c）中的 usually，always，seldom/rare/never 等频率副词，在虚拟扫描作用下，转换成对"集合"的量化，它们可以转换成（15'）：

（15）a. A professional basketball player is usually tall.

　　　b. A professor is always arrogant.

      c. Politicians are *seldom/rare/never* honest.

（15'）a. Most professional basketball players are *usually* tall.

      b. All professors are *always* arrogant.

      c. Few (If any) politicians are *seldom/rare/never* honest.

（15'）表明，这些时间副词表达的是一个接近常模值的概念。其虚拟性体现在对现实世界某类型的大量个案进行虚拟的概念化过程，然后将其中的某个个案作为代表表征在概念中，再如：

（16）a. Jack is ***still*** writing his dissertation, but Sally has ***already*** finished hers.

      b. You won't get very far with a contribution of $10,000, or even $25,5000. And $50,000 is ***still*** not enough for a private interview with the president.

      c. Forget about calculus—Elementary Algebra is ***already*** too difficult for him.

从原型意义的角度看，副词 still 表示某种活动或行为本应该到了该停的时候却仍然延续着，already 指事情比预期发生的要早，如（16a）所示。它们本来都指行为事件的发生，但在（16b—c）中，没有发生任何行为事件。（16b）中的 still 实际展示了一个政治捐款的数量等级，这个等级呈现在说话人心理，即使达到 5 万美元，也没有达到专访总统的数额水平。（16c）的心理扫描过程是将数学课程内容按难度排序，即使"几何"对他这个水平来讲也是太难了。这样的时间副词的心理扫描过程如图 2 所示（Langacker 2005）：

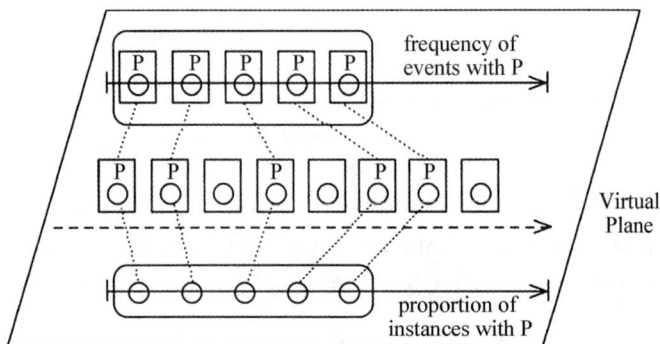

图 2 频率表达式的虚拟性

3. 虚拟性的解释力

自然语言使用中，存在着大量的反例、悖论或形式功能错配。有效解释这类现象涉及对语言逻辑与人类思维方式的本质关系的认识。长期以来，语言被认为是记录客观世界的基本手段，语言表达式通常直接指向现实的个体和关系（Langacker 1999）。这种客观主义取向在语言研究中虽然意义和价值重大，但因只注重认识过程中直接的、现实的特性，忽视了语言使用者的主观能动性以及在认识世界过程中的心理构建过程，忽视了语言表达式、现实个体和现实关系之间的联系的间接性，忽略了思维间接的、虚拟的（virtual）基本属性，割裂了语言、认知与认识世界心理构建过程之间的内在联系。

3.1 虚拟性与名词性成分的指称问题

根据 Langacker（1987），在语言系统里，名词一般指称"概念物"（THING），动词指称关系或过程（PROCESS OR RELATION），时态指称事件发生的时间。但名词入句以后，意义和句法特征非常复杂，逻辑语言学经常无能为力。虚拟性能提供令人信服的解释。名词性短语如果解读为"类"或者"身份、角色"时，往往具有虚拟性，下面分别讨论。

（17）a. 一个人没有呼吸就已经死了。

　　　b. Pandas eat bamboo.

（17）是典型的类指句。大家都知道，类指句可以有反例。原因何在？根据 Langacker（1991：2.2.1）的解释，当名词表达类概念（type concept）时，它是"例"的集合，预设着无数例概念（token concept）的存在。例概念是类概念的具体化，但类概念不代表任何具体的例概念的实体。从此意思上说，例概念指的是现实中的个体，而类概念指的则是非现实中的实体，即虚拟现实中存在的共享某些特征的一类实体。这种概括是在人们的常规认知经验范围内做出的一般概括，而非特别的个体概括。（17b）只说明熊猫作为一个物种的基本生活习性，至于正常与否不重要。从现实的角度看，熊猫作为一个集合，只包括活着的熊猫；但（17b）里的熊猫可以指向死去了的、未出生的熊猫。这一点逻辑是无法解释的。当我们从思维与语言的虚拟性角度来看的话，问题就迎刃而解了。

（18）a. The president changes every seven years.

b. 他想招一个学生。

（18）从语用上作虚指（non-specific）解读更符合语感。（18a）表示每七年有一个新总裁。其中，总裁在现实中是没有变化的，其变化是人们对不同时期不同的总裁心理扫描的结果。（18b）中的"学生"表示"他"想象出来的某个类型的人，以说明所招对象的基本特征。将（18b）扩展为（18'），这种语义上的差别一目了然：

（18'）a. 他想招一个学生。她很有才。

b. 他想招一个学生。她要很有才。

（18'a）中的"她"表明这个学生是现实存在的某个人。（18'b）中的"要"表明话语仍然围绕"想招"的内容展开。"学生"只在心理空间中说明招收对象的特征，是一个虚拟的实体，是学生这个类中一个想象的实例，而不是一个现实的个体（Langacker 2005）。（18'）说明，**"实指"解读源于现实思维，"虚指"解读源于虚拟思维**。

（19）a. He enjoys deer-killing.

b. 靠山吃山。

c. 他这人真奸，比商人还商人。

（19a）中的 deer 不实指鹿这个类中任何实际个体，而是指鹿这个"类"中想象中的实体，没有量的意义。（19b—c）中的名词都以光杆形式出现，表达"类"的意义。"类"作为虚拟的实体，表达的是对现实的抽象，即现实的实例集合的内在共性特征（Langacker 2005）。（19b）中的"山"不指现实中的山，而是概念系统中的山。其基本共性特征之一就是蕴藏丰富的资源，转喻突显和强化了此特征。（19c）中"比"字后的"商人"，表达一类人，没有指称意义；"还"字后的"商人"表达的是"商人"这个类的共性特征。两个"商人"都非实际的商人。

虚拟性句子里，说话人能一分为二依靠的也是虚拟思维。

（20）a. If I were you, I'd hate me.

b. If I were you, I'd hate myself.

c. I dreamed that I was Brigitte and that I kissed me.

（20a）和（20b）表达的意义不同，形式逻辑无法区别两者之间的差别，因为 me 和 myself 都是第一人称，应同指说话者，可它们分别指"你"和"我"，这里实际是将"自己"一分为二。形式逻辑能解决同指问题，却无法解决同一实体一分为二的问题。之所以能一分为二，因为"If I were you"激活了一个"你"的虚拟心理空间存在，在这个空间里"我"转换成为"你"，即（20a）表达的意思。（20b）是常规的逻辑表达。（20c）与（20a）具有同工之妙，"I dreamed"创造了"梦"的世界，在这个虚拟的世界里，"我"成为"Brigitt"，因而可以亲吻"me"。下面请看先行词与回指词的关系。

（21）a. Plato is on the top shelf. You'll find that he is a very interesting author.

　　　b. Plato is on the top shelf. It is bound in leather.

　　　c. * Plato is on the top shelf. It is a very interesting author.

自然语言中，先行词与回指词在形式和语义上必须遵循一致的原则。然而由于转喻思维的作用，二者不一致的现象时有发生。（21）中，虽然 Plato 转指其著作，但随后的回指代词却与后面的内容采用了语义上一致的原则。这种语言使用现象非常普遍，皆因转喻思维的想象性创造了虚拟空间，语言使用者可以在此空间中不断进行认知构建活动。（22）进一步说明了虚拟思维的作用：

（22）谁赞成一个中国的原则，我们就支持谁，我们就跟他谈，什么问题都可以谈，可以让步，让步给中国人嘛。谁要是搞台湾独立，你就没有好下场，因为你不得人心，你违背了海峡两岸中国人的人心，你违背了全世界华裔、华侨的人心。（朱镕基《在九届人大三次会议记者招待会上的答记者问》）

（22）涉及回指词与先行词不能同指的问题。"他"和"你"都是回指"谁"。第一个"谁"和第二个"谁"虽然都是表达任指，但第一个"谁"的指称辖域更广，指全世界所有赞成一个中国原则的人。这里实际上不指向任何具体的个体，而是指"赞成一个中国的原则"的一类人，"谁"和"他"实际上是一个假设的"谁"和"他"。而第二个"谁"有比较明确实在的指称对象，即李登辉和陈水扁之类搞台独的人。正因为如此，才可以用"他"回指第一个"谁"，用"你"来回指第二个"谁"。在语义上，第二个"谁"指称辖域小于第一个，指搞台独的那些有限的人。这一方面指称范围缩小了，也明确一些，另一方面带有警告的意味，表明义正词严的立场。

3.2 虚拟性与动态向静态转换

下面将要讨论的问题与上面阐释虚拟性概念时略有不同。在以上的讨论中，动词本身是动态的，用来描述静态的事物。下面要讨论的是动态动词表达事物的静态特征。事实上，语言使用中，动态动词往往可以表示静态意义。这其中的关键之处就在于现实与虚拟的转换。

3.2.1 静态化与宾语隐形

终止性及物动词要带宾语。但很多情况下这类及物动词的宾语可以隐形，试比较：

（23）a. He killed his wife.

　　　b. Smoking kills.

（24）a. He was shocked by the news.

　　　b. That movie always shocks.

（23a）和（24a）分别表示现实世界中实际发生的事件。但其各自的 b 句表达的却是静态的属性特征或类指性事件，在现实世界中并未实际发生（虽然也许会发生），即它们是虚拟发生的事件：抽烟的致命性存在于人们认识里，电影的震撼性发生在人们看该部片子的时候。

谚语中动词由动态意义转向静态意义，因为它们表达的是习惯性类指行为或事件，都只是存在于人们经过经验的积淀而形成的认识里，如在 Seek and ye shall find 中，seek，find 都应该是及物动词，但都没有带宾语。这更加说明事件实际发生与否根本不重要，认识到行为本身的重要性才是关键。类似的现象汉语中也很常见：

（25）a. 子曰："学而不思则罔，思而不学则殆。"

　　　b. 当今社会，一个男人不嫖不赌不抽，就算得上好男人，别人还能图他什么？（王大进《远方的现实》,《小说月报》2004/1：p.38）

　　　c. 他不偷，不抢，你们凭什么抓他？

（25a）来自《论语》，其中的"学"与"思"希望告诫人们的是学习方法和学习习惯的重要性，学什么，思考什么，那是次要的。也就是说，它们同样不是现实世界中实际发生的事件。（25b—c）强调的是"嫖"、"赌"、"抽"、"偷"、"抢"都是不良行为，是一种社会认识，而非实际行动。

3.2.2　静态化与特征句

我们这里说的特征句主要包括两类：中动句和类指句。其实 3.2.1 中讨论的也是一种特征句。

3.2.2.1　中动句的特征意义

中动构式曾被认为是主动形式表示被动意义或"受事主语结构"，有人将动词称为"受事主语动词"或者"经历者动词"（Verhaar 1990）。动词称呼的变化提出了一个重要的问题：动词的本质语义特征到底是什么？事实表明，句中的动词都是行为动词，应该表示行为。根据对这类结构的大量考察，其中的谓语动词却都是描述事物的状态和属性，而不是行为的发生或行为的结果。在语义上，整个构式表示普遍现象或真理，而不是具体的事件或情形（Keyser & Roeper 1984）。众所周知，状态和属性是静态的，具体事件的发生是动态的。如（26a）表达的是这种桔子的皮剥起来容易的特征，而不是实际的"剥"皮的行为。同样，（26b）也不是"跳舞"的行为，而是说 Di Sarli 谱的曲节奏感好，很适合跳舞这样一种属性特征。

（26）a. The orange peels easily.

　　　b. That is okay, because I am a Di Sarli fan. His music dances well.

下面（27—28）不可接受，因为句子加上具体的时间、地点或体态以后，强化了事件的动态性，即实际发生的意义。

（27）?*The clothes are ironing well at the moment.

（28）*These couches converted easily into beds yesterday when Mike and Mary were here.

正因为中动句表达静态的特征，与之匹配使用的时态必须是一般现在时。它们二者之间具有内在的逻辑一致性。这说明，我们平时认为需要特别解释的语法现象并不真正特殊，只是我们对它们的认识没有深入到其本质而已。

3.2.2.2 静态化与类指句

无论是宾语隐形还是中动构式，都是表达主语的基本属性或特征。从某种意义上来说，它们也算是特征句。本节再单列类指句，因为它在结构形式上与前二者有差别，如：

（29）a. Barking dogs never bite（people）.

b. Beavers build dams.

在解释（29）之前，我们先将它们转换成被动语态的句子，如（30）：

（30）a. *People are never bitten by barking dogs.

b. *Dams are built by beavers.

以上主动被动转换不能成立，不是句法规则上的问题，而是语义的问题。被动语态表达的是一个完成性的事件（已然，未然），与时间高度相关。（29a—b）的意思分别是"吠狗不咬人"和"水獭能（会）建坝"，强调的是它们各自的习性或行为能力。根据被动结构的构式意义，（30）只能理解为"人们从来没有被吠狗咬过"和"水坝是由水獭建的"。显然，（30）既不符合事实，也不符合逻辑。究其原因，被动结构的动词必须表达实际的具体事件，而特征句里动词表达的是抽象的行为特征，具有类指的意义。前面我们已经论证，"类"概念具有虚拟性。

3.3 虚拟性与完成向未完成转换

根据 Langacker（2008：147）的定义，动词指向一种过程或关系，具有时间上的序列性，在语义上可分为完成性和非完成性两类。完成性动词在时间上是有界的，其内在关系是异质的，在时间的进程中发生某种改变；而非完成性动词没有明确的界限，其内在关系是同质的，在时间的进程中延续着某种稳定的状态。Langacker 还指出，这样的区分并不是严格的，在一定的条件下可以相互转化，尤其是完成性动词可以向非完成性动词转化。但是其语义和句法限制也随之变化，如：

（31）a. The SWAT team surrounded the house.

b. A hedge surrounds the house.

　　　　　c. The SWAT team is surrounding the house.

　　　　　d. *A hedge is surrounding the house.

（32）a. We connected the wires.

　　　　b. A tunnel connects the two buildings.

　　（31—32）a 句都是表示时间进程中的具体变化，分别指"房子从没有被包围到被包围"，"电线从本来没有连接起来到现在已经连接起来了"。其中，可以看出动作的起始点和终点。但（31—32）的 b 句则不一样，看不到行为的起始点和终点，只知道目前的状态是这样。这样的语义特征在句法上标记得很清晰：a 句都用过去时，表示动作的结束，指向一个具体实际发生的事件；b 句都用一般现在时，表示所处的状态、行为或事件未实际发生，其主语也是不定的。

　　概而言之，动态动词可以在完成性与未完成性之间相互转化，其思维的基础就是：**现实思维向虚拟思维的转化**。

3.4　虚拟性与时态的认识态度意义

　　时态的基本意义和用法是指称事件发生或存在的时间，但是在虚拟思维和虚拟现实里，时态却表示认识态度意义（Brisard 2002）。

3.4.1　现在时的认识态度意义

　　现在时的基本功能是指称说话的时间为"现在"。但就现在时的实际用法和意义而言，更多的情况下是非指称用法，其中之一就是表达说话人的认识态度，如：

（33）a. I come home last night and a stranger opens the door.

　　　　b. Hamlet moves to center stage. He pulls out his dagger. He examines it.

　　　　c. A tiger is a cat.

　　　　d. The plane leaves at 11.

　　　　e. It's essential that everybody have some knowledge of it.

　　（33a）即传统语法里说的历史现在时，为的是更生动的再现过去的事件。但问题是既然时间是单向流动的，我们怎么可以又能回到过去呢？Langacker（1999，2001，2005，2008）用"心理回放"（mental replay）来解释。其实心理回放，也就是将实际发生的事件再重现一次。那么这种重现在本质上已经不是原来的样子了，而只是一种超越现实的事件，一种模拟（即虚拟）而已。（33b）是剧本（舞台）指令语，描写的是任意读者在任意时间阅读后认为可以在任意时候可能发生的事件，即虚拟事件。（33c）描写的是恒定性特征，与指类句相似，也非直接描写实际的事件或情形，即不指向任何具体的老虎，或任何具体的猫科动物。更有可能的是我们从书本或科普材料上获得的相关知识。（33d）是指航班在航班时刻表里预定的飞行时间，事实上，无论是"起飞"，还是"十一点"这个时间都是一个虚拟的任意时间。从本质上讲，"时刻表"本身就是虚拟性的。（33e）表达说话人的一种建议或观点。它不同于（33a—d），主句里的动词用的是原形形式，没有人称的一致和时态的变化，更凸显了虚拟的性质。体育解说词中的现在时也是如此：

（34）a. Curry throws it ahead and Green throws it down.

b.（骑士进攻）<u>德拉连续变向（运球），抛投，没中。勇士反击，库里变向（运球），传球给队友，打进。</u>

（NBA 总决赛骑士对勇士第四场第四节，比赛时间：2015 年 6 月 12 日）

（34）是从电视直播解说词转写过来的。一个有趣的现象是，英汉语里都用了现在时。体育解说词用现在时，有两个问题需要解释。第一，体育解说员的解说与事件发生时间不可能真正完全同步。这就产生了一个事件延续时长及其认识的问题。事件延续时长指所描述的事件延续时长与描述该事件的时长没有内在的关联。认识的问题指解说员首先要观察并识别一个事件，然后再能描述。但当观察和识别完成后，也许事件就已经发生了或完成了。那么事件本身和事件描述就难以真正同步（Langacker 1999）；第二，动词一般都是完成性动词，在其他情况下，这类动词用进行体。这两个问题的解释也有赖于虚拟的概念。解说员从一个虚拟的视角虚构（重构）了一个同步进行的比赛，从而实现事件发生和解说的同步性。

3.4.2　过去时的认识态度意义

和现在时一样，过去时的基本用法也是指称事件发生的时间相对于说话时间而言是在过去。但许多情况下，过去时并不表示过去时间，如：

（35）a. I was wondering if you could help me.

b. Would you please open the window.

c. Suppose you were a rose and I was a whip-poor-will.

d. It's high time you were all in bed.

关于过去时的认识情态意义，以前的研究主要有两种解释：一是从象似性的角度来解释，即时间距离与心理距离之间的隐喻性关联，时间距离越远，心理距离和社会距离越长，社会距离越长，越需要社会礼节和礼仪，表达出事件性的非现实性；二是说话人对现实的判断，即将事件性从说话人的直接现实中排除出去。其实，两者之间有共同点：即非现实性，它们都表示非完成的事件。Langacker（1991）从认知语法理论出发，提出了时态的认识功能，在此视角下，未完成意义表达的是概念化者的内部视角而不是说话人视角，或者说虚拟视角。当语境能够表明视角转向虚拟时，虚拟视角可以允准情态解读（Patard 2014）。Patard（2014）论证道，过去时最主要的情态意义是认识情态。

本讲小结：本讲深入阐释了虚拟性的概念和操作机制，重点讲解了对语言认识、使用和研究的意义。

本讲的讨论表明，语言系统中，无论是例外、悖论、错配，还是各种形式与功能之间的转换不仅仅是一个简单的句法与语义的关系问题，深层次上它们是认识方式的变化作用于概念的表征与组织方式，而后投射到形式的结果。它们表明，人类思维在现实与虚拟之间、客观与主观之间随时都可以实现相互的转换，反映出认识过程中主客体的相互依存与互动，更体现出人类认识与思维的主观能动性。

霍凯特（1960）总结人类语言的区别性特征时，敏锐地指出"位移性"可以让人们用语言谈论彼时彼地的事物或情形。虽然他看到了语言的想象与表达功能，但将虚拟性视为语言的基本特征，也许能更深刻地揭示出现实与虚拟（想象）、语言与思维的内在互动关系和辩证统一性。

虚拟性产生的本质来源在于思维的隐喻性和认知过程的构建性和概念整合性。它对解释否定句、广义量词与辖域、间接言语行为、修辞问句、隐喻、转喻也同样发挥着重要作用，值得我们深入研究。

思考题

1. 虚拟性思维在现代社会和生活中随处可见，请举例说明。
2. 虚拟性与时间性、过程性和状态性存在什么样的关系？
3. 虚拟性怎样体现主观能动性？

拓展阅读参考书目

Langacker, R. W. 1987. *Foundations of Cognitive Grammar Vol. I*. Stanford: Stanford University Press.

Langacker, Ronald, W. 1999. Virtual Reality. *Studies in the Linguistic Sciences* 29(2): 77–103.

Langacker, R. W. 2005. Dynamicity, Fictivity, and Scanning: The Imaginative Basis of Logic and Linguistic Meaning. In Pecher, D. & R.A. Zwaan (eds.), *Grounding Cognition: The Role of Perception and Action in Memory, Language and Thinking*. Cambridge: Cambridge University Press , 164–197.

概念合成：认知的
在线性与开放性

概念合成（conceptual blending/integration）理论是美国加州大学认知科学系著名认知语言学家 Gilles Fauconnier 和凯斯西储大学（Case Western Reserve University）著名语言学家 Mark Turner 共同创立的有关心理过程与思维的当代认知理论。该理论发端于心理空间理论（*Mental Spaces*），成熟于概念合成理论。

概念合成理论主要有以下三个基本观点：1）语言不是人的直觉或人的认知器官，这一点与乔姆斯基的语言直觉论、意义内在论根本对立；2）语言本身不具有意义而是引导（guide）意义，语言是激活意义的桥梁（access）；3）语言的生成性（generativity）从本质上来说是语义特征而不是句法特征，句法特征的生成性是语义生成性衍生的结果（Fauconnier 1994：xxii）。就语言与认知过程而言，语言只是认知构建过程中的冰山之巅。当我们构建话语的意义时，绝大部分的认知活动是冰山的水下部分。

Mark Turner（1991：206）说得更加直截了当和明确："语言表达式没有意义，它们只是推动我们运用熟知的过程构建意义的动力。话语的意义绝没有存在于词中，当我们理解话语时，我们绝不是理解词在说什么。如果离开了丰富的细节知识和认知过程，词本身什么也表达不了。"

以上观点的核心是，语言表达式只是反映认知的在线性与开放性的入口（access）。

1. 心理空间

在概念合成理论体系里，心理空间是非常重要的基本概念，是语言交际与思维过程中随着话语的理解与交际的进行而构建起来的部分性组件（partial assemblies）（Fauconnier 2007）。心理空间有它的内在结构和运行原则。

1.1 心理空间及其属性特征

心理空间，作为知识的组织单位，类似于认知域或框架，是对一定情景下实体和关系的部分表征，无论该情景是感知的、想象的、记忆中的或者理解出来的（Coulson & Oakley 2000）。心理空间既与长时记忆的图式化知识（如框架）相联系，又与长时记忆中的细节知识相连；心理空间包含的要素由认知框架（frame）或其他认知模型组织起来（Fauconnier 2007）。

心理空间是动态的，在思维或话语过程中不断地构建与修改。心理空间由各种不同的映射联系起来，尤其是身份和类比映射。心理空间的内容可以用不同的方式激活并服务于不同的交际与思维目的，假如心理空间里有"我、长城、2000 年，爬过"这样一组心理表征内容，则根据说话方式的不同，可以建立这样一些不同的心理空间以实现不同的目的：

（1）a. 我 2000 年爬过长城。（报告过去的事件）

　　b. 如果我 2000 年爬过长城，……。（虚拟一个情景并审视其后果）

　　c. 我肯定我 2000 年爬过长城。（陈述我的个人看法）

　　d. 这张照片是我 2000 年爬长城的照片。（谈论照片的内容）

1.2 心理空间的建构方式

心理空间可以通过不同的途径建立起来，如一组概念域或知识框架、个人直接经验、获取的信息等：

（2）a. 老王今天去新世界买了件夹克。

　　b. 我在新世界碰到老王在买衣服。

　　c. 老王可是第一次自己去买衣服。

"吃、喝、买、卖"等都是一些常见的事件概念域。（2a）激活了一个商业框架，以及相关的次框架"老王在新世界买夹克"。生活中常见的框架如：娱乐框架、休闲框架、日常生活习惯框架等等。（2b）的心理框架来源于说话人自己的所见所闻，在心理就回想起当时的情景了。（2c）建立起说话双方继续谈话的框架。

心理空间是动态建立起来的，主要在短时（工作）记忆中，但也可以固化在长时记忆中，如框架。框架实际上是心理空间里的成分打包了的形式，可以同时整体激活。

固化的心理空间有时还会附带其他心理空间，如 Jesus on the Cross（十字架上的耶稣）除了激活耶稣在罗马钉于十字架上的框架外，还有"上帝的儿子"、"婴儿耶稣"、"十字架下的圣母玛丽及其圣女"等相关的框架（Fauconnier）。这些不同的框架知识都与"耶稣"这个框架关联着。汉语里的"长城"除了实际的长城之外，框架里还附带有"孟姜女哭垮长城"、"古代边防设施"、"现代著名历史文化遗产"等。

在理解过程中，这样的固化心理框架附加上其他心理框架，依据的是说话人心理能够激活这些框架的程度与情况。这个依据称之为"原理通达方式"（access principle），即描写或命名心理空间 A 的表达式可以用来理解（access）对应空间 B 的表达式。

1.3　心理空间的作用与意义

心理空间中的成分只能间接地指称世界中的实体，无论是实在的还是虚拟的，都只是心理表征的物体而已。这一基本特征使得心理空间能够对不断出现的某一成份的新信息进行分区，让受话人在指称层面能将信息分配给某一情景的不同侧面的概念（Coulson & Oakley 2000），从而实现思维的想象性与跳跃性，如：

（3）a. 十岁的时候，父亲带我去了美国。

　　　b. 那个蓝眼睛姑娘到了画里变成黑眼睛了。

（3a）中，"我"说话的时候肯定不在美国。但是，"十岁的时候"建立起了一个过去十岁时所发生事件的心理空间，这个空间对应于现在说话时候的心理空间。正是由于两个心理空间的存在，说话人就没有必要在说这句话时人是在美国的，听话人也能知道"说话人十岁时去过美国"。（3b）看上去是一个矛盾的句子，蓝眼睛怎么能变成黑眼睛？但是这句话也同样基于两个心理空间，一个是"画里的女孩"的心理空间，另一个是现实生活当中的女孩。本质上，一个是虚拟的，一个是现实的。

下面，我们转引 Fauconnier（2007）的一个例子详细说明心理空间的建构方式：

（4）Achilles sees a tortoise. He chases it. He thinks that the tortoise is slow and that he will catch it. But it is fast. If the tortoise had been slow, Achilles would have caught it. Maybe the tortoise is a real hare.

根据 Fauconnier 的解释，第一句里，Achilles 是背景信息（Base）中的一个成份的名字 a，a tortoise 中的不定冠词 a 表明这是一个新引进的成份 b，动词 see 引入 SEE 框架 ___sees___，如图 1：

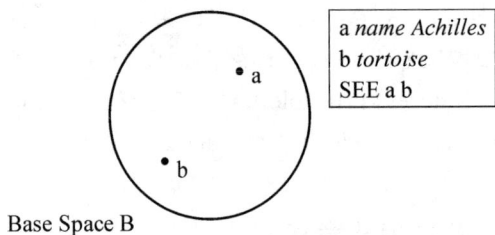

图 1　Achilles and the tortoise

第二句里，人称代词 he 和 it 提供的背景信息表明，Achilles 是人，tortoise 是动物，如图 2：

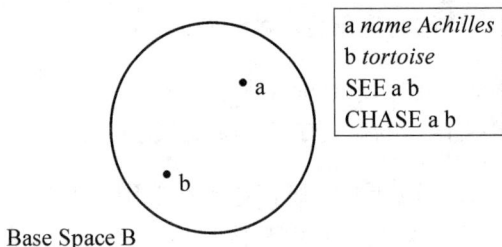

图 2　the chase

第三句里，he thinks 建立起一个情态空间（M）与背景空间（B）相关，背景空间将 Achilles 的心理想法区隔开，that 从句将新的空间内容建立内部结构，其中的 will 建立起一个意志空间与情态空间关联，这样背景空间的时间指示就维系下来了，如图 3：

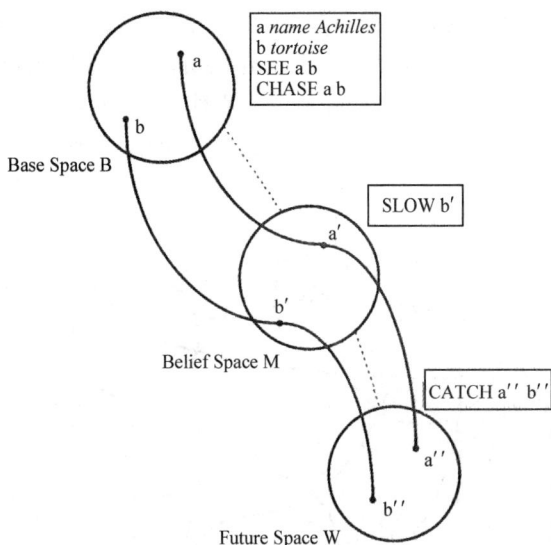

图 3　Achilles beliefs

第五句里，连词 if 建立起一个虚拟的心理空间，过去完成式 had been 表明，对于背景空间 B 而言，这是一个违实空间，slow b1，与 CATCH a1，b1 是新出现的两个结构，如图 4：

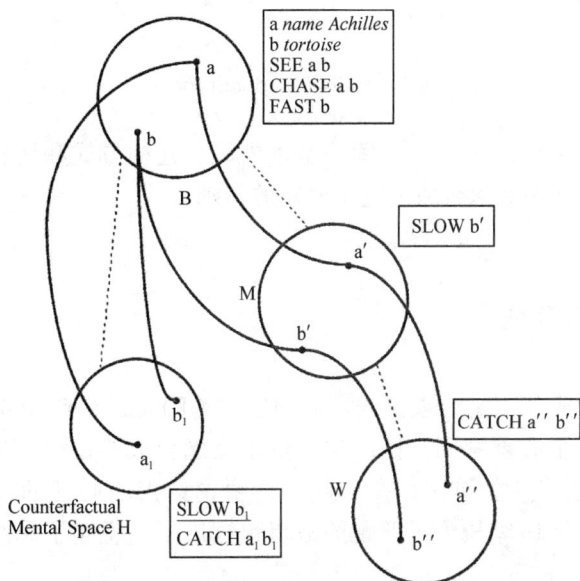

图 4　counterfactual

第六句表示说话人根据背景空间的信息发表的个人观点，maybe 建立起一个可能性空间（M），即 tortoise 的对应体是 hare。原理通达处理（access principle）方式如下，可能性空间中的 b2 的对应体在背景空间里通过描绘的方式激活 b（tortoise），如图 5 所示：

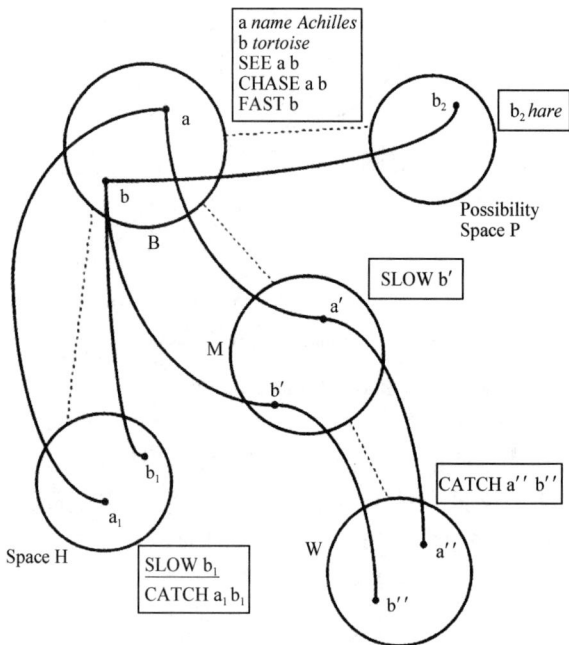

图 5　doubting appearances

上面我们介绍了心理空间的基本内涵、建构方式和运行过程。心理空间的建立为概念合成奠定了坚实的基础。

2. 概念合成

概念合成理论是心理空间理论的发展（Fauconnier 1994）。例（4）一方面介绍了心理空间，同时也体现了概念合成的过程。如第五句将现实空间与虚拟空间交织在一起，说明说话人的心理活动与转换过程。第六句将乌龟与兔子赛跑的故事也揉进了，说明了思维的想象性特征。

概念合成的实质是描述后台认知的过程，把人类认知冰山下的那些部分揭示出来。概念合成包含三方面的主要内容：概念合成网络，认知过程，处理原则。

2.1　概念合成网络

概念合成理论最核心的部分是概念合成网络。它由四个空间组成：两个输入空间，一个类属空间，一个合成空间，如图 6（1997）所示：

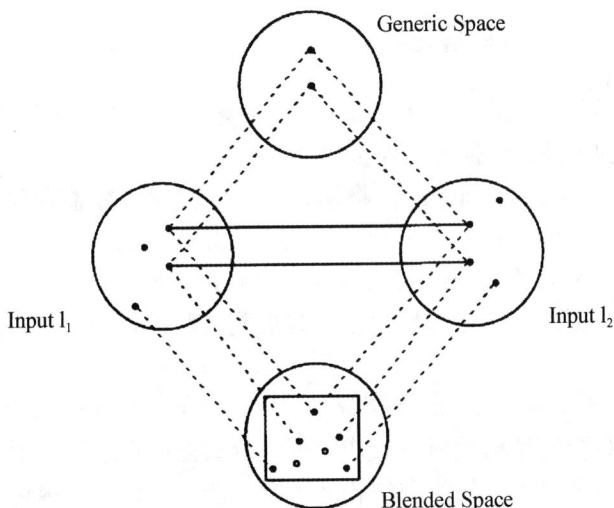

图 6　合成网络示意图

如图 6 所示，四个圆圈表示四个空间。输入空间 1 和输入空间 2 的连接实线表明其映射关系是点对点的跨域映射，各空间里认知域包含的信息将两个空间组织起来；类属空间包含网络中各空间共享的结构；合成空间选择性地接受来自各空间的结构与信息并形成自己的结构：浮现结构；虚线表示输入空间与类属空间或合成空间的联系；合成空间里的实线方框表示概念合成后生成的浮现结构（emergent structure）。下面这则广告能简单明了地说明合成网络的内容：

（5）趁早下"斑"，不要"痘"留。（化妆品广告）

（5）中的"斑"和"痘"，作为谐音双关语，激活了两个输入空间，一个是上班的心理空间，作为背景，另一个是脸部的容貌，作为话语的焦点。这种语音形式上的合成比较容易识别与理解，因为它们之间具有直接的相似性。但是，该合成也是概念上的合成，因为它们涉及两个概念域的内容，一个是日常工作与生活的习惯，另一个是个人美容与心理感受。输入空间 1 包含"下班、早回家"，输入空间 2 包含"雀斑、青春痘"；类属空间包含的结构关系是"感受"："早下班的感受"，和"没有斑与痘的感受"；合成空间把以上空间的结构与信息进行整合，并得出下面这个隐含的意义：如果长"斑"、长"痘"了，趁早把它们祛除。

2.2 浮现结构与处理过程

浮现结构（emergent structure）表示概念合成的意义具有动态性、衍生性、创造性，产生于三种认知过程：

1）组合（composition）。将输入空间的投射内容整合到一起，生成两个输入空间各自独立不存在的关系。具体做法是将一个空间的关系与另一个空间的某个或某些成分对应起来。如（5）中，"下班、早回家及其幸福感"作为组织性框架投射到"脸上长斑、长痘及其痛苦感"上。

2）完善（completion）。充分利用背景框架、认知域的知识将来自输入空间组合的结构投射到合成空间，合成空间在继承投射来的结构型式后，衍生出更大的浮现结构，如早下班、不逗留，很可能不会遇到交通拥堵，路上花的时间就少，因此可能有一种幸福感。这些都是经由长时记忆里的框架知识补充出来的。语义网络也可以起到框架的作用，因此，也可以实现完善的功能。这是因为，语义网络里语义作为概念结构，其中的概念表征为具有层级性的相互联系的节点，这些节点通达以后便会产生扩散激活。

3）扩展（elaboration）。意义构建所涉及的认知活动，形成合成空间的结构，这些结构依据自身新的逻辑关系运行（running the blend）。扩展与完善联系很紧，其本质是，心理空间对某一事件的心理或物理模拟。扩展可以是并行的（coupled elaboration）（Coulson & Oakley 2000），也可以是单一的。换句话说，心理模拟可以和一定的行为活动一起进行。如你为女朋友买了一件很精致的礼物，在送给她之前，为了享受那种惊喜，你独自一人坐在房间里，慢慢地从包里拿出来，放在手中，细细地看看，然后放到你想象中坐在身边的女朋友手中，这是典型的并行扩展。单一扩展指只有心里模拟，没有实际的行为实现。

下面我们用一个比较简单的例子（boy 语义变化为 servant，即 boy in service）来图解这三个过程（Grygiel 2004）：

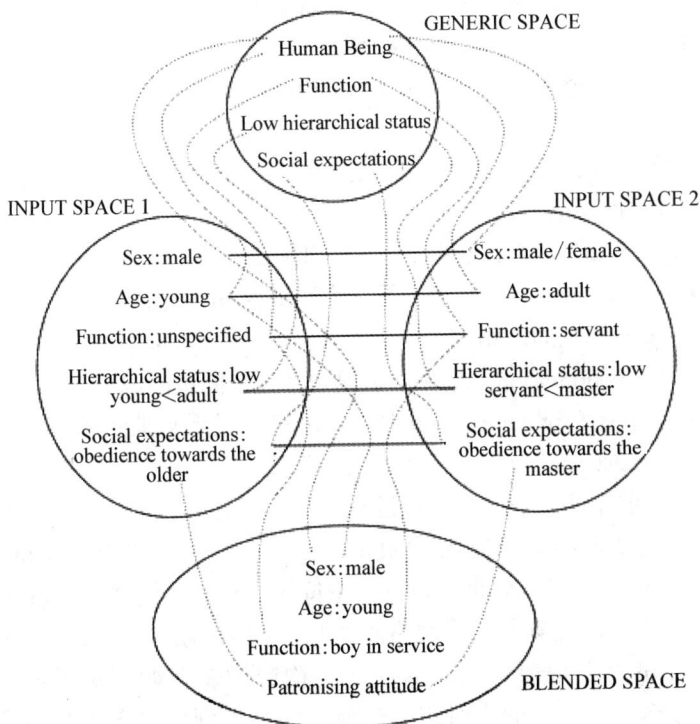

图 7　BOY（boy in service）合成图

　　如图 7 所示，输入空间 1 是关于 boy 的知识框架，包含性别、年龄、身份（不明确）、社会地位（低、年轻、成年人）、社会期望（尊重长者）；与此对应的心理空间 2 是关于 servant 的知识框架。读者可以区分两个框架里信息的细微变换，如输入空间 1 里不明确的信息在心理空间 2 里明确了，或者稍有调整。类属空间里是两个输入空间的共享特征。合成空间里的衍生意义体现在说话人的施舍者或者高人一等的态度（patronising attitude）。这个意义是前面两个输入空间里都没有的，而是在类属空间的调节下，合成后衍生出来的。

2.3　处理原则或限制

　　概念合成理论似乎可以对任何现象都可以做出比较充分的描写，

看起来是一个非常强大的理论。但正因为这样，看似什么都能解释，实际上什么都没有解释（Gibbs 2000），至少没有解释透彻。因此，怎样限制合成过程，就非常重要。为此，Fauconnier 和 Turner（1998）提出了最优化原则（optimization principle），包括六条次原则。

1）整合（integration）原则：合成空间的心理表征可以作为一个单位操作；

2）拓扑（topology）原则：合成空间的关系应该与其他空间里对应体的关系匹配一致；

3）网络（web）原则：心理空间的表征应该维持对输入空间的映射；

4）解包（unpacking）原则：就一个合成空间而言，阐释者应该能推导出网络中其他空间的结构；

5）合理（good reason）原则：必须让合成空间里的成分具有意义；

6）转喻压缩（tightening）原则：经由转喻联系起来的成分投射到合成空间时，必须压缩它们之间的"距离"。

整合原则的本质是在概念合成过程中，尽可能将各种信息组合到一块，类似于认知上的"块构化"（chunking）。每一个知识域（domain）的信息整合成一个心理空间，如输入空间1、输入空间2等。各种不同的心理空间整合成概念合成网络。拓扑原则指的是，在跨空间映射过程中，其映射必须保持原有的内在结构或逻辑，如图7所示，输入空间1与输入空间2的点对点的映射。网络原则指，合成空间里表征的内容应该保持输入空间的映射，如图7里两个输入空间到合成空间的映射，用虚线表示。在网络原则下，可以直接通过输入空间里的名称和描写来理解合成空间中的内容成分，也可以允许合成空间中的结构投射到整合网络中其他空间里去。这可以从图7里的连接线都是没有箭头方向的就可以看出来。解包原则指，从合成空间的结构内容，我们可以逐渐推导出输入空间和类属空间的结构，这种映射关系的典型反映就是概念隐喻映射（如战争与辩论之间的对应关系等等）和转喻映射（部分指代整体、生产商指代产品、容器指代内容等等）。合理原则的本质是，合成空间里的成分应该有意义上的增值，如图7的合成空间衍生出来的"高人一等"的含义。转喻压缩的本质是，尽可能保持概念之间的紧密内在联系，以便能够快速地被理解。

在这六大原则里，整合原则、合理原则和转喻压缩原则都分别指向合成空间的操作，因而在概念合成理论中更具有独特的价值。

3. 概念合成理论的广泛应用

概念合成理论的目标是解释人类认知过程中意义的构建与想象思维的过程，即人类认知中的创造性和在线性问题。出于此目标建立起来的理论模型自然应该可以解释人类思维的各个方面，如语言使用、文学创作、艺术设计、广告制作、自然语言处理等等。

雷人广告（shock advertising/shockvertising）是新近出现的颠覆性广告，违背社会价值的常规和个人理念，常以图文（graphics）、非常见的（unwonted）口号和图片呈现，其主要目的是有意惊悚或冒犯观众，以达到吸引眼球的目的（Mierzwińska-Hajnos 2014）：

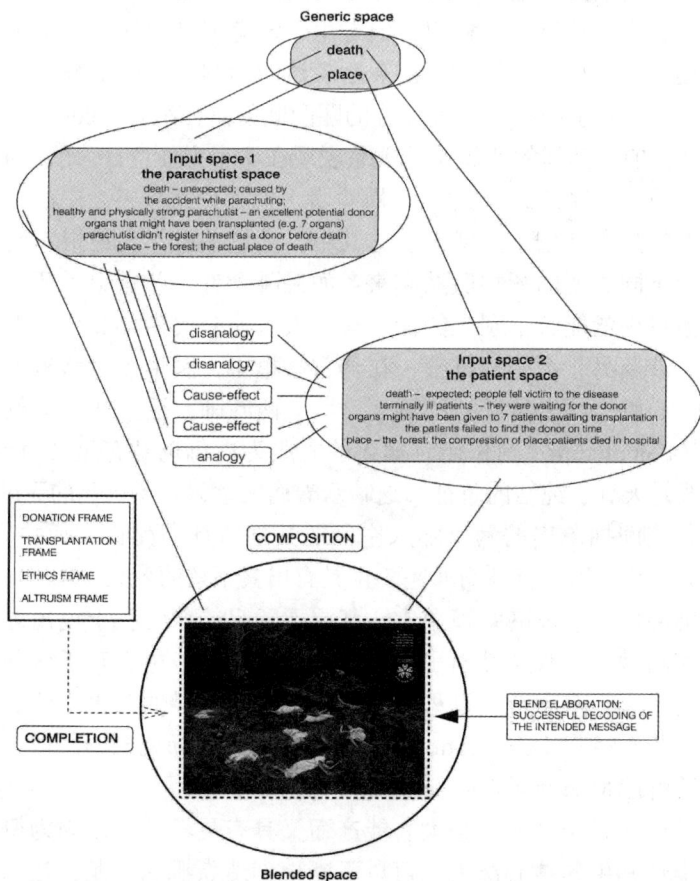

图 8　雷人广告概念合成图

图 8 合成空间里的图片是原广告，配有 "If you are not an organ donor when you die, you take someone else with you"。图片中一个跳伞者摔死在松林中草地上，周围躺着七具身着白衣的尸体。在这个图片的右上角，有一句话说 "如果你死的时候没有捐献器官，你会捎上一个垫背的（If you are not an organ donor when you die, you take someone else with you）"。事实上，本则广告的意义要被合适地理解，必须同时考虑视觉图像和右上角的辅助性的语言文字。本则广告的输入空间 1 是跳伞者，输入空间 2 中的是白衣病人。跳伞者空间参与概念合成的成分要素具有选择性：他穿着跳伞服，躺在地上，降落伞挂在树上，我们可以推断出其职业、爱好，甚至年龄（跳伞一般是年轻人所为）等。输入空间 1，在配的文字作用下，昭示出跳伞者是没有登记捐献器官的。输入空间 2 里，七具尸体穿着医院的白色制服，散落在草地上，象征着病人等待器官移植，但是由于没有捐献的器官，结果未能移植到器官而死掉了。这就是图 8 所表达的内容。从以上分析，我们可以看出，输入空间中的相关部分的匹配映射是在组合（composition）过程中产生的。其间的非类比性关系表现在两个方面：1）死亡的可预料性和出乎意料性；2）健康人（跳伞者）的死亡是预料之中的，而病入膏肓者的死亡是出乎意料的。这其中，因果关系作为最根本的关系将这两种不同类型的死亡联系起来：如果跳伞者生前登记了死后捐献器官，他也许就能救下别人的命。有的人可能会问为什么会有七具尸体？这又涉及另一个知识框架，在器官移植中，医生可以移植多达七个器官：心脏、两个肾脏、胰腺、肝脏、两叶肺。这个知识框架起到 "完善"（completion）的作用。病人的衣服为白色也是有重要意义的：白色一般是天真、纯洁的象征，这暗示着病人意识到了自己的无助。

类属空间抽象出的两个输入空间的共性特征是死亡和死亡之所。本列中的死亡之所是森林而非医院也具有出其不意的效果。

本例的概念合成网络模型中，其浮现意义的产生在于视角意象与语言文字巧妙的、甚至是出乎意料的融合在一起。由于有了这种相互支持性的融合，概念合成过程中才产生了令人诧异的效果。这就是概念合成中苦心经营（elaboration）的结果。图 8 清晰地刻画了以上三个过程（转引自 Mierzwińska-Hajnos 2014）

人类认知系统之所以强大、能产而又具有灵活性，是因为概念合成是人类认知中的核心能力，可以不断地创造新概念，尤其是以旧概念为基础创造新概念。无论是在日常思维活动还是科学思维过程中都是起核心作用的。以此建立的认知模型能够有效解释科学的创造性问题，尤其是数学思维中的创造性（Guhe，Smaill & Pease 2015）。他们从信息处理技术的角度出发，改造了 HOUSEBOAT 模型，如图 9 所示。

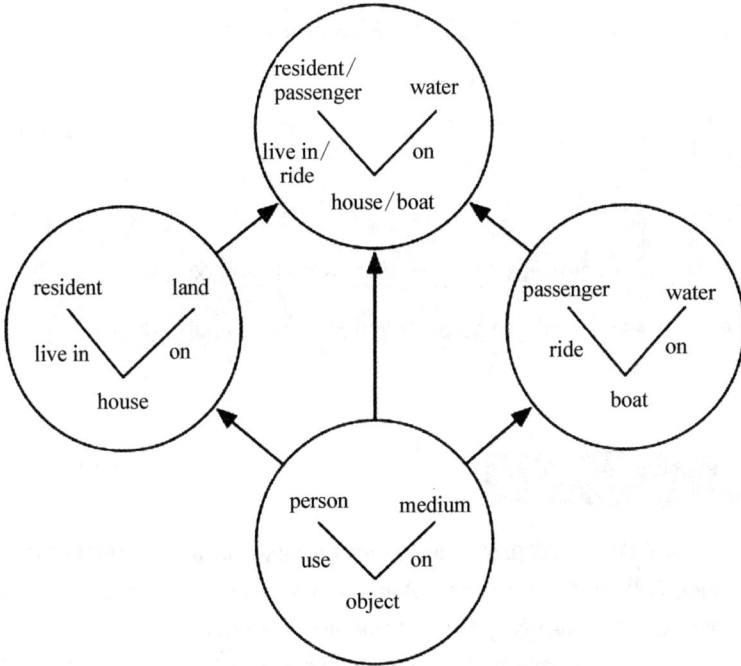

图 9　HOUSEBOAT 概念合成

这个改造的概念合成模型利用的是类框架（sortal frame）原理，具体对应关系如下图：

resident: →Person	passenger: →Person
house: →Object	boat: →Object
land, water: → Medium	land, water: →Medium
livein: Person Object→Bool	ride: Person Object→Bool
on: Object Medium→Bool	on: Object Medium→Bool
livein (resident, house)	ride (passenger, boat)
on (house, land)	on (boat, water)

这个例子表明，概念合成理论与认知模型理论具有很强的相容性。

本讲小结：本讲主要介绍了概念合成理论的一些基本概念、概念合成的基本过程，概念合成的限制条件。概念合成理论的最主要贡献在于揭示在线思维过程中思维的创造性，无论是言语交际过程中的创造性还是自然科学思维的创造性，都离不开概念合成的作用。

思考题

1. 概念合成理论的优势有哪些？

2. 用概念合成理论解释问题时可能会有什么样的缺陷？

3. 为什么概念合成理论能够反映思维的在线性和创造性？

拓展阅读参考书目

Coulson, S. & T. Oakley. 2000. Blending basics. *Cognitive Linguistics* 11(3/4): 175–196.

Fauconnier, G.1994. *Mental Spaces: Aspects of Meaning Construction in Natural Language.* Cambridge/New York: Cambridge University Press.

Fauconnier, G. 1997. *Mappings in Thought and Language.* Cambridge and New York: Cambridge University Press.

Fauconnier, G. & M. Turner. 1998 Conceptual Integration Networks. *Cognitive Science* 22(1): 133–187.

Fauconnier, G. & M.Turner. 2002. *The way we think: Conceptual blending and the mind's hidden complexities.* New York: Basic Books.

多义性：认知的典型性与网络性

多义性，英文为 polysemy。该词来源于希腊语，poly-"多"的意思，semy 表示"意义"。作为一个术语，它表示一个语言形式具有多个彼此相关的意义。多义性是语言最基本的特征之一，如：

（1）a. 学校楼顶坏了。（大楼）
　　 b. 这个学校是一所好学校。（机构）
　　 c. 全学校都反对他。（机构里的人）

Deane（1988）指出，人类思维一方面能够对新的情形做出灵活的反应，另一方面具有高度的结构性，将关于世界的详细信息融入进来。因此，完全有理由相信，多义性的存在以及多义性的各种特征都直接来源于人类认知的这些特征。

考察多义性，在共时的层面，可以揭示多义性的内在联系与产生的环境，在历时的层面，可以揭示多义性产生的动力与机制（Gronemeyer 1999）。

多义性研究是一个古老的问题，在许多领域都使人很感兴趣，如语言学、词典学、心理语言学、认知心理学、人工智能、哲学等等。

多义性的提出是与经典范畴理论针锋相对的。多义性理论不承认范畴是根据充分条件和必要条件定义的。多义性不仅仅存在于词的层次，在音系、语素、语法结构，乃至整个语法范畴都存在。

多义性与同形异义（homonymy）在词源上的区别是，前者在词源上相关，因而语义相关，其产生的机制多为隐喻。而后者在词源上不相关，只是在词形上偶然相同，如 bank 表示银行和表示河岸。多义性与语义模糊（vagueness or indeterminacy）的区别是，多义性表示一个词素一定多于一个意义（sense），而语义模糊只有一个意义，在一定的语境下，由于交代不清楚，可以产生不同的理解，如 *He was killed near the bank*，其中的 near the bank 如果出现在清楚的语境中，肯定只有一个意义，或银行附近，或河岸边。

限于篇幅，本讲主要讨论以下三个问题：1）词汇语义多义性及其生成机制；2）功能多义性及其生成机制；3）认知语言学对多义性的本质认识。为了表述方便和便于理解，我们采用词汇层次、构式层次和句法成分（位置）的说法。

1. 词汇多义性及其生成机制

本节里讲的词汇层次多义性，是指某个词在使用过程中发生的意义扩展。

1.1 转喻的视角化与多义性

转喻作为一种认知机制，建立在两个事物的临近关系（contiguity）之上，同属一个概念域，如"车子抛锚了"中，实际上说的是发动机坏了。发动机与车子之间是部分与整体的关系，同属于"车子"概念域。因此，转喻往往具有指称意义，即以 A 指代 B，如"北京"可以指代中国政府，也可以指代北京市民，也可指称北京这个地方。即使像人名这样的专有名词也可以有转喻用法，如下面这则发布在 Yahoo（2016/9/28）网站上的新闻：

（2）Why *the Donald Trump* who appeared on stage Monday can't win（标题）

Trump needed a breakthrough performance to turn his momentum into a real lead. Instead, he was *the Donald Trump* the nation came to know during the GOP primaries. And *that Donald Trump* can't win.

本则新闻是在 Donald Trump 和 Hilary Clinton 第一场电视辩论后的一篇评论稿。Trump 作为人名本来是不能用 the, that 这样一类限定成分修饰的。但在本例中，用 the 和 that 来修饰，实际上是用整体来指代部分了，即某种表现或个性的 Trump，而不是 Trump 整个人。说话人只聚焦某些特征，这是典型的转喻视角化。"视角化"（perspectivization）是指在其语义结构复杂的框架知识中，词的不同用法分别集中体现不同的成分（Taylor 1995）。在许多情况下，框架中某一成分的视角化不但以其他成分为背景，而且还完全抑制其余成分。它是词义的扩展或具体化的主要途径，主要有"成分视角化"和"含义视角化"，如：

（3）a. 他把<u>鸡</u>杀了。

　　b. 他养<u>鸡</u>为生。

　　c. 现在的<u>鸡</u>没有以前的<u>鸡</u>好吃了。

（4）a. He's talking with his mother about his job.

　　b. He's looking for a girlfriend who will be a mother to him.

　　c. Failure is the mother of success.

（3a）中的"鸡"表示具体的某只鸡，可能是买回来的鸡，也可能是他自己养的鸡。（3b）中的"鸡"表示鸡这个类别，不确指某只鸡，具有虚拟性，与动词"养"一起构成一个事件，这是具体转喻"抽象"。（3c）中的"鸡"指"鸡肉"，整体转喻"部分"。（4a）中的 mother 实指"他"的母亲。（4b）中的"母亲"指母亲般的关爱与呵护，具体转指"抽象"，激活的是"抚养"模型。（4c）中的 mother 转指"起源"，激活的是"出生模型"。动词、介词的多义性也往往产生于转喻：

（5）a. The light flashed once. (punctual event)（闪了一下）

　　b. The light flashed for half an hour. (a series of punctual events)（闪烁）

（6）a. He walked in the forest. (focus on activity)（走了走）

　　b. He walked home. (end point of the walk)（走回）

一个事件图式里，事件可以瞬间完成（5a），也可以持续一段时间，也可以反复发生（5b）；既有起点、过程（6a），又有终点（6b）；既可以说开始，又可以说结束或结果。话语中到底表达哪个意思，由说话人的视角决定。（2）至（6）都是成分的视角化。（5）和（6）各句后括号里的解释充分说明了这一点。但含义视角化却有不同：

（7）a. He left the room.

　　b. He left his wallet in the room.

　　c. He left all those unhappy things behind.

（7）中动词 leave 的多义性的视角化是含意视角化。Leave 原意是离开一个地点，意即远离那些留在该地的人或物。由此可以推导出一个含义，没有跟随（或陪伴）离开者一起离开的人或物则留下来了。这是一种含意的视角化。

在空间关系里，路径和地点（path and place）具有内在的转喻关系。路径和路径上各相对的具体位置，可以构成整体与部分的关系。（8a）里，along the road 是讲沿途各不同点上，（8b）是把 road 看成是一维的线性路线。（9）中的 out of 的基本意义是表示源点（source），如（9a），但在人们的认知中，路径的终点往往更具凸显性，因此 out of 后面的成分也可以是地点或终点（place），如（9b）。正因为这种转喻关系，我们可以说（9c），即工作状态的结束（失业），或货币的终结（缺钱）。

（8）a. There are soldiers posted *along* the road.

b. The railway track ran *along* the road.

（9）a. He came *out of* prison.

b. He is now *out of* prison.

c. He is now out of job (money).

1.2　隐喻与多义性

隐喻是认知语言学里的重要理论概念。根据 Lakoff 的观点，隐喻是语言和思维运行的基本方式。

隐喻是以 A 的特征和结构去解释和理解 B，是两个不同领域之间的映射。一般情况下，是具体的、熟悉的去理解抽象的、未知的新的事物。隐喻的本质特征之一就是意象图式性，因此是产生多义性的重要机制，如：

（10）a. 高楼

b. 高电线杆

c. 高原

d. 高（衣）柜

（11）a. 高收入

b. 高投入

c. 高价格

d. 高血压

（12）a. 高技术

b. 高风险

c. 高等教育

（13）a. 高见

　　　b. 高水准

　　　c. 高品位

（14）a. 高位

　　　b. 高官

　　　c. 高抬贵手

　　（10）说明"高"的本义的三个维度。（10a）从垂直高度看比一般的楼高；（10b—c）的"高"是分别从地面垂直和海拔零度而言的；（10d）指比一般的标准高。（11）是意象图式 MORE IS UP 的映射，即数量越大，阶标位置越高。（12）是在（11）的基础上进一步隐喻化，由物理量表达程度量。（13）是意象图式 GOOD IS UP 的映射，好的体现为高，带有积极的评价意义。（14）的意象图式是 POWER IS UP，指社会地位和权力。

　　（10）至（14）表明，虽然在汉语里都是一个"高"字，但它们却表达了不同的语义内涵。重要的是，不同的语义内涵之间又存在一定的关联。这种关联建立在它最基本的"空间"意义维度之上，形成一个有机的网络。

2. 功能多义性及其生成机制

　　前面提到，语言系统各层面都存在多义性。前人研究更关注词汇多义性，也涉及了形态和音系的多义性。但对抽象的句法结构或范畴的多义性研究不多。功能多义性充分反映出语言与认知的紧密关系，同时也说明语言学习，尤其是外语学习的根本困难所在。下面简要讨论几种形式的功能多义性。

2.1 词类层次的功能多义性

　　语言实体在词汇层次的范畴属性与功能特征，都是中性的，是词典里的静态描述。当语言实体进入语用过程以后，会获得许多动态的特征，其语义、句法功能与范畴的自然对应关系会出现不对称，或者说范畴 A 的成员可能承担范畴 B 的语义、句法功能，如：

（15）a. 我们的业余生活很<u>丰富</u>。

　　　b. 你应该<u>丰富</u>你的业余生活。

　　　c. 她<u>慢悠悠</u>（地）走过来了。

　　　d. 让我们一起<u>快乐</u>着你的<u>快乐</u>。

（16）a. 她是个完整的女人，是个迷人的<u>大腕</u>。她还要继续<u>大腕</u>下去，……

　　　　（洛兵《新欢》p.201，人民文学出版社，2003，7）

　　　b. 我们今后多多<u>电话</u>联系。

　　　c. 我老了，<u>废物</u>了，忘性比记性好。

　　　d. "我真的崇拜你，我的小亲亲。"烟烟<u>十分淑女</u>，倚在小油画身上。

　　　　（洛兵《新欢》，人民文学出版社，2003，7，p.185）

（17）a. He *fathered* two sons.

　　　b. A son owes debt to the man who *fathered* him.

　　　c. Bob *fathered* an orphan.

　　　d. He *fathered* many inventions.

　　　e. He *fathered* the plan.

　　（15a）中的"丰富"是形容词，（15b）中的"丰富"是动词；（15c）的"慢悠悠"是形容词充当副词使用；"快乐"本是一个形容词，但在（15d）中先后分别为动词和名词。

　　（16a）中的"大腕"先后分别用作名词和动词；"电话"本为名词，但在（16b）中用作副词；（16c）中的"废物"后加"了"，是名词作谓语的常见用法；（16d）中的"淑女"是名词位于程度副词后做形容词使用。

　　父亲（father）转换为动词后，仍然像其名词一样，具有许多不同领域的特征。但是在某一特定的句子中，它也许只与某一领域相关。例（17a）只与遗传（genetic）域相关。例（17b）和（17c）与抚养（nurturance）域相关，但两者也并不完全相同。例（17b）是履行父亲的责任，例（17c）显示父亲般的能力。例（17d）和（17e）与生育域相关。（17d）更强调"首创"（originate）。（17e）侧重于"提出"（be author of）。应该指出的是，（17d）和（17e）更具有原典型意义。词类层次的功能多义性大多经历了成分视角化的过程。

2.2　构式层次的功能多义性

构式层次的功能多义性，我们主要讨论以下两个方面。一是一个成分在同一个构式里表达不同的功能，如（18），二是一个构式围绕其核心意义拓展出相关的其他意义，如（19）：

（18）a. 玻璃房子　（材料或特征）

　　　b. 玻璃水　　（对象）

　　　c. 玻璃女孩　（特征）

　　　d. 玻璃心　　（特征）

　　　e. 玻璃丝袜　（特征）

"玻璃房子"有两个意义，一是表示用玻璃做的房子，二是表示不安全的环境，如 people who live in glass houses should not throw stones；"玻璃水"是汽车挡风玻璃清洗液的俗称。"玻璃女孩"指的是身患先天性成骨不全疾病的女孩；现在大多指心灵善良的女孩，或者是十分天真的没有心机的孩子，招人可爱，像小天使一样。"玻璃心"指很容易就受到打击，内心过于敏感的人；引申意义为，别人不经意的玩笑话或打趣，都能使他受到伤害，胡思乱想，带有强烈的自恋情节，网络上一般都是用这层意思。"玻璃丝袜"是女性丝袜的代名词，丝袜在穿着中透明和具有光泽的滑润感觉有如玻璃般的现代感使得女性表现出现代神秘感，更显性感撩人。

（18）是最常见的构式之一，"名词$_1$＋名词$_2$"构式。绝大多数情况下，N_1 作定语修饰 N_2。虽然只有两个成分组成，但语义关系是多变的。（18a）里，"玻璃"表示房子的建筑材料（用玻璃做成的房子）；（18b）中，"玻璃"实际上表示对象，即用于清洗玻璃的液体。（18a—b）里的"玻璃"还是指物质，但（18c—e）里，"玻璃"都不是指玻璃这种"物质"，而是指玻璃不同侧面的"特征"。（18c）映射了玻璃"易碎"和"透明"的特征；（18d）映射的是"易碎"和"光亮"的特征；（18e）映射的是"清澈"、"明亮"、"滑润"的特征。

虽然这个构式很简单，但语义关系却是多变的。比如：不久前和女儿在海边散步，一个人手里拿着一只鹦鹉，很多路人和他合影，我女儿就叫他"鹦鹉人"。上面所提到的语义功能关系都不能解释"鹦鹉"与"人"的关系。事实上，它表达的是存在关系或参照关系（a man in whose hand there is a parrot; a man who has a parrot in his hand）。还有一个经典例子就是"人山人海",我们不能将它理解为由人构成的山,由人构成的海。本成语是形容人很多,人群大得像山或海那么大。"火海"也只能这样去理解。

（19）a. He is writing a novel these days.

   b. The professor is being silly at the embarrassing question.

   c. Boys are jumping up and down on the ground.

   d. You shouldn't always be finding fault with me.

   e. The train is arriving.（火车快进站了）

   f. The wounded soldier is dying.（快死了）

英语中,be+V-ing 是大家熟知的进行体构式,教科书上多解释为"表示正在发生或进行的动作",这固然没有错。但也只是指出了进行体构式最典型的意义或功能。其实,在这个意义的基础上可以引申出好几个其他的功能或意义。"正在进行或发生"意味着在时间轴上必定有持续,只是持续的时间是在说话的当下,即时间不会太长（相对而言）。这就引申出第二个意义"短暂的或临时的状态",如（19b）中的"is being silly"（卖萌,装糊涂,显拙）。以前我们总是把进行体与动态形容词连用作为非常特殊的语法现象,要求学生死记硬背,这是不对的。其实这类用法完全是有理据和可解释的,本质上来讲,它是进行体的正常用法。动态形容词具有标量意义,即在一个区间的某个维度上。这个维度上的意义相对于整个标幅而言是短暂或短小的,进行体表示临时或短暂状态,二者形成有机的结合。（19c）中的进行体表示"一定时间内动作的反复"。这个意义也是来源于（19b）。既然动作（一般都是非延续的,瞬间完成的）处在一定的状态,该动作一定是在反复进行。这个意义可以解释与这个句子相关的两个问题:1）不能说 boys are jumping,必须说 boys are jumping up and down,即用进行体必须和 up and down 连用。因为 jump 作为终止性动词,表示瞬间完成的动作。jump 用进行体 are jumping 表示一直跳起来悬在空中没有落下来,现实中的普通人是做不到的。加上 up and down 后则表示动作在一定时间内不断的反复,这样就与进行体在逻辑上具有了内在一致性;2）几乎不说 boys jump up and down,即加上 up and down 只能用进行体和过去时,不能用现在时。这还是因为 jump 是终止性动词,动作瞬间就完成了。而一般现在时表示长久的状态或稳定的状态,终止性动词只能表示短时的反复或即刻完成,二者在逻辑上产生矛盾,改用进行体表示短暂状态就达到了逻辑上的一致。（19d）中的"find"本是心理状态动词，一般不能和进行体连用。但该句中，有两点变化：一是 find 表示的是心理活动，二是进行体表示"动作的反复"。在高频副词 always 的强化下，整合成表示习惯性行为（多次反复）。（19e）和（19f）中的 arrive 和 die 都是瞬间完成的终止性行为，过程与结果紧密连在一起。进行体本是表示过程，但由于和瞬间终止性动词连用，过程和结果合二为一了，即用过程表示即将出现的结果。本质上讲，这是一种转喻用法。

2.3　句法成分（位置）的功能多义性及其生成机制

在人类语言中，主语（subject: S）、谓语动词（predicate verb: V）、宾语（object: O）是一个句子的核心成分，SVO 结构是人类语言最典型的结构，在认知上是最凸显的结构，根据这样的结构检索信息是最快、最省力的。原型的主语是施事（动作的发出者），即能量的发出者或传递者，原型的谓语由动作性动词充当，表示能量传递的方式，典型的宾语是受事（动作行为的受影响者），能量的消耗者。三者构成一个典型的行为链（Langacker 1999）。但既然有典型的，就有非典型的，下面以主语和宾语这两个句法位置上的例子来说明，如：

（20）a. 吃饭（奶、药、糖、苹果、烤鸭；人吃人，黑吃黑）

　　　b. 吃食堂（馆子、大排档、麦当劳、全聚德）

　　　c. 吃大碗（小碗、筷子）

　　　d. 吃小灶（西餐快餐；独食、排饭、大吃、小吃；笔杆子饭、青春饭）

　　　e. 吃劳保（救济、公款、回扣、房租、照顾；父母、共产党、大户）

　　　f. 吃个高兴（个痛快、个一嘴油、个你死我活）

　　　g. 吃稀罕（新鲜、氛围、环境）

在一个行为链（事件图式）中，除了 SVO 这三个核心成分以外，还有时间、处所、方式、原因/目的、结果等等。它们进一步说明事件的细节。这些细节在说话人识解的作用下，可以从非焦点信息转换为焦点信息。（20a）是典型的谓语后接受事宾语，宾语是焦点信息。但从（20b）到（20g）宾语位置上的名词短语都不是受事了。（20b）中的"食堂"等都是处所宾语。现在一般把"吃食堂"解释为"在食堂吃饭"或"吃食堂的饭"。但没有把会话含意完全揭示出来,"吃食堂"还包含有"简单对付"、"吃得朴素"或"家里没人做饭或来不及做饭"等含意。"吃馆子"和"吃全聚德"则含有一点点"奢侈"的意味。(20c)表示吃饭的工具。(20d)是方式宾语,分为三小类:食物的制作方式,吃的行为方式,谋生的方式。(20e)的宾语表示来源,也分为两小类:直接依赖的事物,直接依赖的对象。(20f)宾语表达的是吃的结果,这里特别要注意的是结构助词"个"的使用。没有它,就得改为别的说法。(20g)的宾语"稀罕"、"氛围"等表示事件发生的原因或目的。你到某个地方去吃饭就是为了"吃个氛围"、"吃个心情"。

以上"吃"的宾语如此灵活的变化,且变化的范围如此之广,在认知上是由于转喻在起作用。(20b)中是 PLACE OR PRODUCER FOR PRODUCT(地点或生产者指代产品);(20c)是 CONTAINER OR INSTRUMENT FOR THE THING CONTAINED OR TAKEN(容器或工具指代所盛(取)的物品);(20d)是 MANNER FOR THE PRODUCT(方式指代产品);(20e)是 SOURCE FOR THE OBJECT(来源指代物品);(20f)是 END STATE FOR THE EVENT FOR THE OBJECT(最终状态指代事件本身再进而指代所吃的内容);(20g)是 CAUSE OR PURPOSE FOR THE OBJECT(原因/目的)指代对象物。

"吃"的宾语有如此多的变化,意义也随之发生丰富的扩展。其内在理据还是由于人类关于吃的经验所形成的意象图式。"吃"这个事件,有这么几个要素:食物进入口中、经过咀嚼进入胃,消化变成能量,吃与咀嚼需要消耗能量,另有一个次要些的要素就是吃下去的东西胃要有能力消化得了,即胃能够有效吸收。这些意象成为源域投射到另一个认知域的事物而产生"吃"作为词的多义性:

(21)a. 吃掉对方一个团(炮)(消耗、消失)

b. 吃透文件精神(不准她的心思)(领会;把握)

c. 吃力(劲)(耗费)

d. 吃惊(批评、亏)(受、挨)

e. 吃得消(不住)(承受、禁受)

(21a)是"吃下去"的意象图式的投射;(21b)是消化的意象图式的投射;(21c)是有能力消化的意象图式的投射。事件图式与意象图式结合起来有效地解释了"吃"的词义扩展和"吃"的宾语的范畴功能扩展的理据。下面（22）的意义扩展更有意思了：

（22）a. 斗鸡（斗牛）

b. 排票（跑指标）

c. 踩钢丝（渡长江、骑马）

（22）进一步说明其他类型的宾语的多样性。（22a）的"鸡"实际上是表示行为的对象，即（鸡）与鸡斗或（人）与牛斗；（22b）表示目的，分别表示为了买到票而排队，为了指标而奔忙；（22c）的宾语表示场景，即在钢丝上走，渡过长江，骑在马上，但增加了"驾驭、控制或征服"，意即增加了任务完成的难度。像一些电影名和新闻标题名为了突出表达效果就经常这样使用，如：血战台儿庄（在台儿庄血战），人民解放军横渡长江（人民解放军在长江上渡过去了），张飞大战马超三百回合（张飞与马超大战三百回合），斗牛（牛与牛斗）。这样的表达式中，将介词短语转换成宾语，能够增加"驾驭、控制或征服"意义，这是宾语的特征决定的。在语言系统中，主语和宾语本来是能量传递与能量消耗的关系，既然如此，二者就必须旗鼓相当，形成逆对关系（adversative），宾语能够对主语产生反作用。

下面（23）的例证是关于主语的多功能性的：

（23）a. 他花五万块买了这部二手车。

b. 五万块就买了这部二手车。

c. 钥匙开了门。

d. 长期吃药消耗了他所有的积蓄。

e. 这座房子盖了两年。

f. 山上架着炮。

原型主语是行为的发出者、能量的传递者，有生命性、意志性，能够对所发出的行为负责，如（23a）中的"他"。但是在实际的语言使用中，汉语句子中的主语也可以是事件图式中的其他语义成分。（23b）中的"五万块"是方式或代价作为主语；（23c）中的"钥匙"是开门的"工具"；（23d）中的"长期吃药"是耗尽积蓄的原因；（23e）中的"房子"是"盖"的结果；（23f）中的"山上"是"炮"所架的位置。

3. 认知语言学对多义性本质的认识

认知语言学认为词的意义具有灵活性，有三个基本观点：1）意义是范畴化；2）意义根据语境来确定，语言知识和百科知识无法分开；3）多义性以原型为核心构成网络。

3.1 经典理论对多义性的处理途径

经典理论将词的意义表征为一组充分条件和必要条件表达的概念内容，词的意义的数量与使用的条件相同，意义可以独立于词所出现的语境表征出来。在当代语言学研究中，经典语义理论主要以生成语法理论为代表，旗帜性人物有 Katz 和 Fodor。他们的目标是建立具有普遍意义的语义理论原则，以解释构成本族语者语言能力的内化的规则系统。

他们认为，意义的语义表征本身由更小的语义单位——语义标记（semantic marker）组成。这个语义标记大致等同于经典理论中的必要条件和充分条件。相关的意义，无论是同一个词的还是不同词的，都共享相同的语义标记，如"椅子"、"球"和"书"的共同语义标记是"物体"。词的意义可以分解（decompose）为一定数量的具有普遍意义的语义元件（semantic primitives: primes）。当词的语义表征不止一个时，被认为有歧义。语义标记中的任何差异都可以将一个意义与另一个意义区别开来。因此，在 Katz 的语义理论中，多义性和同形异义是没有区别的，多义性研究几乎没有什么理论地位，因为对于他们来说解释意义差别的来源是没有意义的工作（Ravin & Leacock 2003：13）。

经典理论在解释规则多义性（regular polysemy）问题时还不会遇到太多的困难。根据 Ravin 和 Leacock（2003：14）引用 Apresjan 的定义，规则多义性指：在某语言中，词 A 的意义 a_i 和 a_j 是规则的，如果至少有一个词——词 B 的意义 b_i 和 b_j 的语义差别可以完全以区分 a_i 和 a_j 的方式区分开来，且 a_i 和 b_i，a_j 和 b_j 不同义。规则多义性具有能产性、规则性和可预测性，就像形态构词一样。其中，起作用的有转喻和系统关系两个过程。转喻创造新的意义，如 the foot of the mountain 中的 foot。系统关系，如器物与所盛物体，使器物表示一个这样单位的容量，如 spoon 表示满满一勺，a spoon of sugar。我们认为这两个关系实际就是一个：转喻过程。这是因为，容器与容量共同构成一个认知领域（概念领域）。相同概念领域内的映射是转喻映射。

经典理论有三个明显的缺陷。一个是无限制的扩展词的意义和词汇项的数量。经典理论认为所有新的意义都具有概念差异，都必须作为不同的词列在词库中，这就有可能导致无限的意义出现（proliferation）的危险。如"吃汤"是用勺子，"吃鸡"（肉，面包等）就得用刀叉来切等，在汉语中还有"吃官司"、"吃亏"等，不一而足。这样，在词典中，我们就得将"吃"从"吃$_1$"列举到"吃$_n$"。

第二个缺陷是，在词典中复制不必要的语音与语法信息。这是第一个缺陷的必然结果。以 bachelor 为例。假设 bachelor 有四个意义，我们就得在词典中列出 bachelor$_1$，bachelor$_2$，bachelor$_3$，bachelor$_4$，并且还得说明，每一个都是可数名词，其词干都是 bachelor，复数形式都是规则变化等，这样词典中会包含大量的重复信息。

第三个缺陷是，在一个词的所有不同意义中，很难找到一个共同的语义标记。经典理论将语言实体的意义看成离散的，相互之间没有重叠，如 will 表示的意志、义务与必要性之间的关系是离散的。这一观点无法解释范畴之间的共时重叠性、一个意义怎样生成了新的意义、或者意义在共存过程中的相互影响（Traugott 1989）。从认识论上看，它否定了原有知识在新的认知活动中的作用。

由于受其研究目标的制约，生成语法理论在处理多义性问题上具有以下局限性（Sweetser 1990：1—5）：

1）忽略了对单个词素本身的全部意义的研究，而主要考察短语或句子层次的组合性（compositional）语义结构，以提取（extract）所谓抽象的、普遍的语义规则。

2）将共时语义结构与历时变化截然分开，认为历时语义变化对共时的语义系统分析没有意义，因而不可能充分说明语义变化与多义性的关系。

3）即使在共时系统的分析中，也没有试图对多义结构做出系统解释。Bolinger（1965）批判 Katz 和 Fodor 用特征语义分析的方法对 bachelor 的词义分析时指出，他们的分析根本没有系统说明特征的选择和特征的梯级性（hierarchy）的理据，因而，除了说明了他们自己对意义的联系方式的直觉（intuitions）外，没有说明什么内容。

3.2 认知语言学对多义性的处理

以上经典理论所遇到的问题，原型范畴化理论能够提供更合理、更充分的解释。这些意义之间的联系可能是 B 与 A 相关，C 与 B 相关，D 与 C 相关。这种语义相关性就是家族相似性，如 while 表示的时间意义与让步意义。在语言实际运用中，这可能是更常见的现象。

3.2.1 多义链和多义网络

语言符号多个意义之间具有一定的内在联系，并不是具有某些共核，如：

（24）a. The boy climbed the tree.

b. The locomotive climbed the mountain.

c. The plane climbed to 30,000 feet.

d. The temperature climbed into the 90s.

（24a）中的 climb 包含以下意义：从低往高，使用四肢，相当费劲。Taylor（1989/1995）说，这是本族语者用 climb 造句最多的意义，即它们是 climb 的中心意义。而在（24b）中，火车是不可能攀登（clamber）的，但有一个相似点：从低往高。男孩是靠四肢与树的接触往上爬，火车是靠车轮与山地上的轨道接触往上爬，速度不会很快，也较费劲。但是（24c）中的 climb 只剩下了"往上"的意义了。而且，现实中并不是所有"往上"的都是"爬"。（24d）中的 climb 除了有"往上"的意义外，还有"逐渐"或"慢"的意义。以上例证似乎表明，动词 climb 确实可以提取一个核心意义"往上"。但（25）中各句就没有往上的意义，而是与（24a）中的另外的意义相关：

（25）a. The boy climbed down the tree and over the wall.

b. We climbed along the cliff edge.

c. We climbed into our car (under the table, out of sleeping bag, into track-suit pants).

d. 小孩在地上爬。

e. 蛇在地上爬。

（25a—d）中各句主要包含"费劲"的意义。这说明，climb 的各种意义之间没有一个共同的语义要素。相反，它们之间的语义联系是家族相似性联系：A → B → C → D → ....。而（25e）中的"爬"和（25d）中的爬，有一个相似点，即"沿着地面的平爬"，不同点是（25d）中有"费劲"，（25e）中蛇的是"自然动作"。

　　多义链实际上与维特根斯坦的"家族相似性"理论具有内在一致性，认为范畴既不是离散的，也不是绝对的，而是边界模糊的，邻近性的，范畴的确定取决于语境、交际目的而不是必要条件和充分条件。家族相似性关系存在于同一范畴中各成员之间，如 a 像 b，b 像 c，c 像 d 等，而 a 和 d 之间可能不存在任何相似性。Lakoff（1987：16—17）将以上观点概括为家族相似性理论的三个要点：1）家族内的成员的相似性可以用各种不同的方式体现在许多不同的方面，家族内的成员之间没有共享特征；2）范畴的边界可以扩展；3）有中心成员与非中心成员之别（如整数与其他数：分数、小数等）。

　　家族相似性与辐射范畴理论具有理论相通之处。辐射理论进一步认为，范畴内各成员束聚在中心成员周围，形成一个网络系统，如汉语中最常见的动词"开"（根据 Wang 1995 改编）：

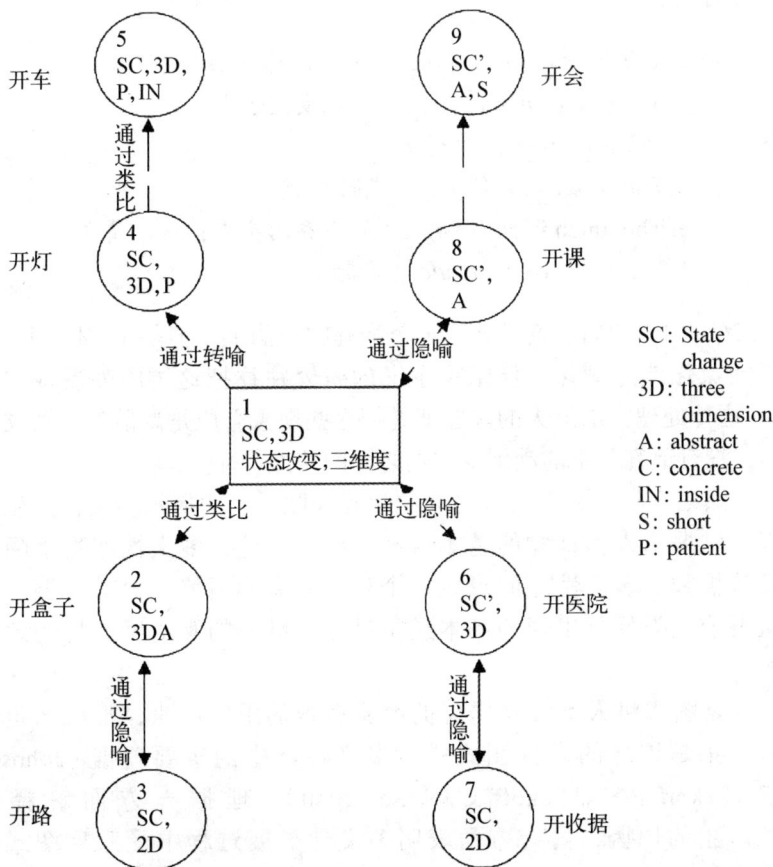

3.2.2 意象图式：多义性的体验基础

原型范畴化理论还有以下四个基本假设：1）原型范畴内成员的原型属性特征具有不平衡性，范畴内成员的地位是不平等的；2）原型范畴表现出家族相似性结构，即结构中的不同成员以辐射（radial）的形式束集在一个或几个显性成员周围；3）原型范畴的边界是模糊的；4）原型范畴不能通过一组必要条件和充分条件来界定。如床、沙发、凳子、椅子、办公桌、书桌、饭桌、碗柜、衣柜、电视机、冰箱、微波炉、钢琴等等，都属于家具这个范畴，但是没有一个属性是所有这些物品共享的。

认知语言学家采用原型范畴化理论来解释多义性问题，如Fillmore，Lakoff，Geeraerts，Taylor 等，因为原型范畴与人类经验具有内在的联系：

（26）a. The fly is *on the ceiling*.（落在天花板上）

b. The dog is *on the leash*.（系在皮链子上）

c. Jeff is *on time*.（准时）

d. Pam is *on diet*.（节食；减肥）

e. The lunch is *on George*.（算在乔治头上；乔治请午饭）

f. The bus is *on schedule*.（准时）

（26）中，（26a）表示处在一个物理的平面上，但从（26b）开始，逐渐抽象化或隐喻化。但结构主义的研究往往把这类隐喻看成"死喻"。这种处理方法最大的问题就是把这些现象看成是离散的、孤立的个体，没有追究其中的动因或它们之间的共性特征。

认知语言学深究多义性之间的相互关联，试图揭示多义性产生的动因，以揭示人类认知的基本特征。如前所述，多义性产生于隐喻和转喻机制，多义性之间形成一个相互联系的网络。究其本源，它们植根于人类反复出现的基本经验以及与世界的互动所产生的意象图式。

意象图式将人类反复出现的经验有效的组织起来，形成一定的型式。正是这样的意象图式成为多义性产生的重要理据（Johnson 1987，Lakoff 1987，Lakoff & Johnson 1980）。理据一方面解释多义性产生的原因，另一方面表明多义性扩展过程中受意象图式的制约。

空间介词 on 的各种意义实际上就是建立在身体感知运动（sensori-motor）和感觉经验的相互作用所产生的力动态（force dynamics）和意象图式之上的。这样的意象图式如支撑（SUPPORT）、压力（PRESSURE）、限制（CONSTRAINT）、覆盖（COVERING）、可视（VISIBILITY）等。事实上，这些意象图式本身又构成一个相互联系、相互作用的系统网络，反映出经验的组织方式、力动态所处的环境等（Beteil，Gibbs & Sanders 2001）。众所周知，在地球的引力作用下，如果一个物体压在另一个物体上，上面的物体会给下面的物体一个压力。相应地，下面的物体就必须支撑上面的物体，并限制上面的物体向下运动，而且上面的物体至少部分地会遮住下面的物体。

on 的多义性主要以"支撑"意象图式作为隐喻的映射基础。意象图式都有它内在的逻辑结构。"支撑"意象图式的内在逻辑结构是，如果支撑物能够有效支撑被支撑物，那么，被支撑物就能长时间存在或增大其体积或重量；相反，支撑物遭到损坏或被抽走，则被支撑物就会损坏或垮掉。

（26）中 on 的各种意义基本都可以通过该意象图式得到解释。其解释可以参照下面类似的例子，如（27）：

（27）a. You can always depend (count) on me（依靠我）.

　　　b. The family lives on a mean income.（靠微薄收入为生）

　　　c. You can't build all your hopes on his promise.（不能吊死在他的许诺上）

　　　d. Don't build castles on the sand.（不要建空中楼阁）

　　　e. She stood firmly just on her head.（稳稳地倒立着）

在（27）中，如 me 不支持了，a mean income 没有了，his promise 打折了，the sand 流动了，her head 无力了，则 you 就会遇到困难或难以为继，the family 生活就会很艰难，you 就会彻底失望啦，castle 就会垮掉，she 就会摔倒或受伤。相反，如果 me 的支持加大，income 增多，his promise 越来越靠谱，the sand 被加固了，her head 力量很强，则事物就会朝好的方向发展。

Lakoff（1987）提出的"概念束"（cluster concept）实际就是多义性的观点。因为概念束本身由一些更简单的范畴或认知模型构成，如辐射模型。辐射性范畴即为原型。"母亲"是一个辐射性范畴，由以下模型构成：

生产模型（母亲是生某孩子的这个人）；

基因模型（该母亲是孩子的生命基因的提供者）；

养育模型（母亲只是抚养者）；

婚姻模型（母亲是与父亲结婚的那个女性）；

谱系模型（母亲是最近的女性长辈）。

这些不同的母亲模型构成一个复杂的中心范畴，所有的关于母亲的模型都汇集在这个中心范畴周围。然后再是边缘范畴及其扩展的意义，如代孕（surrogate）母亲、养母、继母等，它们在不同的维度上与中心意义相关。

Lakoff 的辐射模型主要说明了概念扩展的方式。Lakoff 指出，辐射性概念的意义扩展并不是根据规则从原型概念产生的，而是根据必须学会的社会规约（conventions）产生的。社会规约当然具有体验性。

Lakoff 认为，意义扩展是更深层次的认知结构的一部分。例如容器隐喻的基础是一个更复杂的容器图式。在其最基础的层次，容器图式具有体验性。如在我们的体验中，身体既作为容器，也作为容器内的物质，如"他满脑子的坏主意"和"他整个就没脑子"。容器图式还有一定的语义和认知结构，物体要么在容器里面要么在外面，而且它们之间的关系是及物性的。即如果 A 包含 B，B 包含 C，那么 A 包含 C。另外，图式还会产生不同的隐喻或意义扩展，如视觉领域被当作容器，因此，事物可以在视线之内或之外，人际关系也可以这样看待，如《围城》里关于婚姻的经典名句：婚姻就像一座围城，城外的人拼命想冲进来，城内的人拼命想冲出去。

Lakoff 指出，我们的经验是整体感知的（gestalt），图式具有体验基础或者植根于最基础的心理水平，因此，具有心理理据的概念就不能如经典理论那样分解为语义元件。如"脑子"本身是一个身体器官，但又可以表示一个容器，也可以表示脑子里装的东西，如知识、主意等。然而，我们无法将"脑子"分解，分别谈论脑子里的东西怎样，脑子外边的东西怎样，我们是将"脑子"作为一个整体感知的。

3.2.3　框架：多义性处理的形式化模型

框架（frame）作为知识结构，包含了社会常规（stereotypical）和隐性的背景知识，提供了理解词语意义相关的经验、信念、习惯等必要的结构化概念背景知识（Fillmore & Atkins 1992：76）。Martin（2001）

指出，从人工智能（自然语言处理）角度看，框架不但包含了常规知识，其结构所包含的档位（slots）为多义性处理提供了形式化的表征方式，从他对词意义的定义可以看出框架的思想：词的意义不是单一的整体，而是不同方面的（aspects）意义在句法结构或搭配作用下的构造（configuration）。

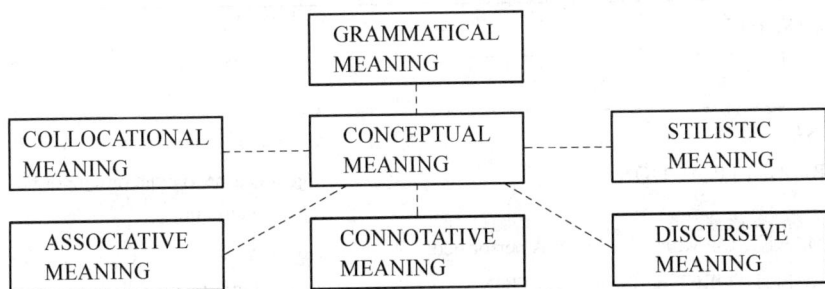

图1　不同方面意义构成词的意义组合

上图中，概念意义又称外延（denotative）意义占据中心地位，其他意义据此定义，虚线表示任意的。该图说明了意义的多维性和框架性。

Martin（2001）概括了框架在词义处理时的几个特征：

框架是知识束的表征；

框架受"类"的限制（type-bound）；

框架反映出语言使用者的主观知识；

框架是期望型式（patterns of expectation）（意义没有确定：under-specified）

下面引用的是剑桥大学词典对狐狸的定义，基本上反映出框架的思想：

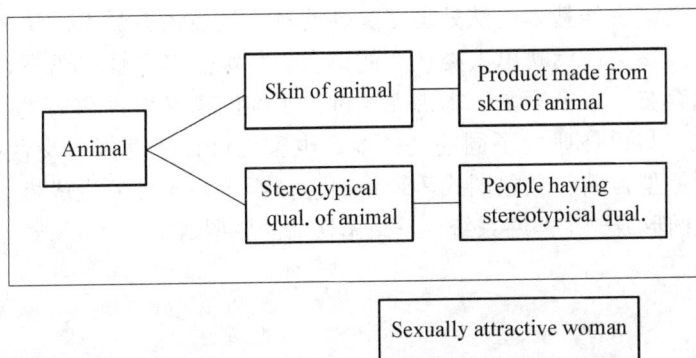

框架中的档位构成一个内在一致的、彼此关联的结构，提供知识框架的不同视角。框架中的填补词（fillers）则对档位中没有明确的意义成分，从不同的角度加以明确。这样一来，词的意义就可以做出不同的理解。档位和填补词构成了一个完好的关系结构，如下例关于 destroy 的示意图（Martin 2001）：

DESTROY

Slots	Fillers
ISA	change_of_state_action
RESULT OF ACTION:	object ceases to exist or cannot be repaired any more
MANNER in which ACTION is performed:	violently
AGENT/FORCE performing ACTION:	human being/natural force
INSTRUMENT with which ACTION is performed:	artefacts implying 'destructive' power
AFFECTED OBJECT of ACTION:	
etc.	

档位在多义性生成过程中发挥以下作用：

1）限制意义不会发生转移（shift），维持了范畴原型结构的稳定性；

2）提供了转喻产生的可能；

3）提供了隐喻产生的可能；

4）转喻和隐喻扩展意义时，遵循一定的原则和限制；

5）可以产生意义抽象，从而使意义产生虚拟性。

本讲小结：多义性是语言使用中的基本现象，在过去的研究中，结构主义语言学基本无法处理多义性问题，生成语言学不承认多义性的存在。多义性反映出人类认知的体验性特征。多义性在语言系统各层次都存在，限于篇幅，本讲主要讨论了词汇语义层次和构式层次的多义性。与以往研究不同的是，本讲也重点讨论了功能多义性问题，并运用原型范畴、意象图式等理论概念分析了多义性的生成机制。多义性之间形成一个网络系统，反映出认知的原型特征。

思考题

1. 多义性对词汇学习的启发意义有哪些？
2. 多义性对翻译能力的培养有哪些启发意义？
3. 多义性与思辨能力有何关系？

拓展阅读参考书目

Cuyckens, H. & B. Zawada(eds.). 2001. *Polysemy in cognitive linguistics*. Amsterdam: John Benjamins.

Gries, S. Th. 2015. Polysemy. In Dabrowska, E. & D. Divjak (eds.), *Handbook of Cognitive Linguistics*. Berlin: Mouton de Gruyter.

Ravin, Y. & C. Leacock. 2000. *Polysemy: Theoretical and Computational Approaches*. Oxford: Oxford University Press.

Traugott, E.C. & R.B. Dasher. 2002. *Regularity in Semantic Change*. Cambridge: Cambridge University Press.

<table>
<tr>
<td>第
九
讲</td>
<td>构式：语言习得与使用
的体验性与文化性</td>
</tr>
</table>

认知语言学研究语言结构和语言习得不同于以往任何的研究范式。对语言的分析框架一般采用来自人类一般认知能力的概念范畴，而不是认为大脑中存在天赋的语言机制和限制条件。语言能力和语言使用的区分是没有意义的，语言结构或语言知识都是在语言的使用中定型与抽象出来的。

语言结构和概念结构相互关联，虽然这种关联性是间接的，需要语言发展的调节，语言发展需要在语言使用中才能实现。这种语言基于使用的观点认为，语言系统是动态的、变化的，语言结构或范畴在使用中衍生，语言限制在使用中变化与灵活。正因为如此，语言符号或单位就成为形式和意义构成的有机整体。

1. 构式：语言的基本单位

第一语言习得研究表明（Tamasello 1992，2000），儿童母语习得的基本特征是基于具体构式（item-based），语言形式和语言的交际功能同时习得。Goldberg（2004）的研究更明确指出，构式既是语言的基本单位也是语言习得的基本单位。

1.1 构式的基本定义

构式是形义匹配的整体（Goldberg 1995，2006），具体说，任何语言型式（PATTERN），如果其形式或意义不能从其构成要素或已经识别的构式预测出来，则该语言型式就是一个构式，并且如果因高频出现而能完全预测出来，也整体存储为构式，如：

（1）a. worker

b. spill the beans

c. kick the bucket

（1a）是由动词 work 加名词性后缀 -er 构成的名词，形成"V+-er"构式，表达行为的实施者或发出者。（1b）在形式上是一个"V+NP"构式，但其意义不能完全从其构成要素推导出来。它有一个隐喻化的过程，动词与名词短语结合表达一个容器隐喻 CONTAIMENT，因此，动词档位（slot）上的词项一般表示放入或拿出（溢出），名词档位上的词项一般表示所盛物，整个短语表达泄露秘密。英语中类似意义的词和短语还有 expose，ex- 前缀表示"外面"（out），pos- 动词词根，表示"放置"（place or put），整个词表示"放到外面"，引申为"揭露"、"暴露"、"披露"；再如 let out the cat（out of the bag）（把猫从袋子里放出来），即把物体从密封的容器中拿到外面来，当然是"泄密"或"公开"的意思啰。（1c）是语言学研究中一个非常极端的例子，在形式上也是 V+NP，但其意义非常凝固了，表达"死亡"的意思，至于为什么是"死亡"的意义，而不是其他意义，这就与它刚形成的时候的背景和理据有关了。只是这种背景和理据没有被记录下来，现在无从考据罢了。其实汉语中也有类似的生活场景：电视剧里说过去某一个人自寻短见的时候，画面上是一个人用一块白布系在脖子上，然后将白布系在房子里的梁上，脚踢凳子。这样的自杀方式好像与 kick the bucket 有"异曲同工"之处。下面再看一些层次更高或结构更复杂一些的构式：

（2）a. She gave her boyfriend a book.

b. She gave her boyfriend a hot kiss.

c. She gave her boyfriend some ideas.

（2）是我们都很熟知的双及物论元结构构式。（2a）表示的是 X 给 Y 物体 Z，指物体 Z 从 X "转移"到 Y，拥有资格发生改变，Y 拥有 Z 了。但（2b）略有不同，从物理上来说，kiss 并没有发生转移，拥有资格也没有发生改变，实际上双方都没有拥有 kiss 了，因为动作结束后，kiss 就不存在了，全句只是表达了有一个传递的过程。（2c）与（2b）相似处在于也是表示一个传递过程，但结果是双方都有可能拥有那些 ideas。事实上，（2a）是典型的双宾语构式，（2b—c）是在此基础上隐喻性扩展的用法。

从上面的例子看出，无论是词，还是短语，还是句子都可以成为构式，其形式和意义都具有内在的紧密联系，这就是典型的索绪尔的语言符号观。语言符号是形义构成的整体，如图 1 所标示的 head 的音系结构与概念之间的关系：

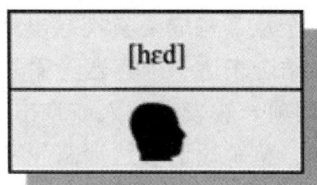

图 1　音系结构与概念结构关系图

构式的符号结构可以概括如下（Croft 2001：18）

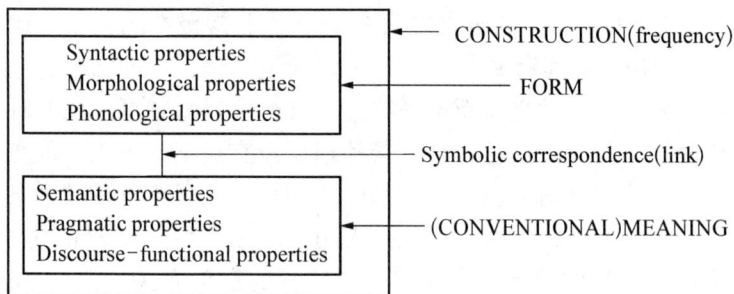

图 2　构式的符号结构图

如图 2 所示，构式的形式可以包含各种不同的语言信息，如音系、形态、句法，形式由符号对应关系与意义联结起来。意义可以包括语言意义、语用意义、语篇或功能意义。

1.2　构式的基本类型

根据 Goldberg（2006：18）的看法，既然构式是语言的基本单位，那么各层次的语言单位都是构式，如表 1 所示（Goldberg 2006：5）：

表 1　构式类型

Morpheme	e.g. *pre-,-ing*
Word	e.g. *avocado, anaconda, and*
Complex word	e.g. *daredevil, shoo-in*

续 表

Complex word(partially filled)	e.g. [N-s] (for regular plurals)
Idiom(filled)	e.g. *going great guns, give the Devil his due*
Idiom(partially filled)	e.g. *jog* <someone's> *memory, send* <someone> *to the cleaners*
Covariational Conditional	The Xer the Yer(e.g. *the more you think about it, the less you understand*)
Ditransitive(double object)	Subj V Obj₁ Obj₂(e.g. *he gave her a fish taco; he baked her a muffin*)
Passive	Subj aux VP$_{pp}$(PP$_{by}$) (e.g. *the armadillo was hit by a car*)

如果一个语言结构的内部结构、组合潜势、语义型式不能以已有的构式或理据来解释的话，则它就是一个新的构式。简单地说，任何形式的变化必将来自意义的变化，也就是说，不同的形式就是不同的构式。

事实上，除了上表里的常见类型外，语言系统里还有大量的个性化构式，有的具有能产性，有的只具有部分能产性，如表 2（Goldberg 2003）：

表 2　个性化构式举例表

time away construction	Twisting the night away
What's X doing Y?	What's that fly doing in my soup?
Nominal Extraposition construction	It's amazing the difference!
Mad Magazine construction	Him, (be) a doctor?!
Noun-Preposition-Noun (N P N) construction	house by house; day after day
Stranded preposition construction	Who did he give that to?

这样的构式一方面具有习语的特征，另一方面具有一定的能产性。生成语法理论一般把它们视为边沿性语言现象置之不理。就语言学习而言，它们也无法由天赋论得到解释，而是要靠语言输入和一般的认知方式去学习。

1.3　构式的基本特征

例（1）和（2）表明了构式的三个基本特征。

第一，构式的复杂性具有程度差异，构成一个连续体可以小到一个语素，大到句子，如（1a）中的 -er 是一个构式，（2）也是构式。

第二，构式的图式性或抽象度各不相同，其程度差异构成一个连续体，但在语言使用中具有灵活性，从而增加能产性。如 kick the bucket 的图式性就比较低，动词档位和名词档位都不可替换，实际使用当中也不能改变位置或被修饰，相当于一个词位（lememe）。但即便如此，汉语中"白骨精"虽是一个高度凝固化的词，现在被重新解释为一个缩略语（白领、骨干、精英），这预示着凝固性构式也可能随着语言的使用，时代的变迁而图式性增强。spill the beans 一般情况下虽然也不可以在档位上替换动词或名词，但在特定的语境中有替换现象，https://www.pinterest.com/pin/511791945132922633/ 有一个填字游戏专栏 Don't spill the words。另外根据 Nunberg（1994），其名词可以被前置修饰也可以被定语从句修饰，甚至可以变成被动语态。这说明它具有相当的图式性。汉语里"成语套用（活用）"现象也很能说明这个问题，如：

（3）a. 饮"乳"思源。（台湾思源牌牛奶广告词）

　　b. 妙笔生辉。（化妆笔广告）

　　c. "六神'有'主，全家无忧"。（六神牌花露水）

　　d. 望书兴叹（望楼兴叹）

（4）a. 杏仁露露一到，众口不再难调。（杏仁露露广告）

　　b. 事实胜于雄辩，水落自然石出。

　　c. 铁笔能操，宁同刻鹄；金章可琢，莫笑雕虫。（刊刻社广告）

　　d. "口服""心服"。（台湾矿泉水广告词）

（3）中的活用比较明显，也比较容易理解，属于档位上的替换。（4）中的活用涉及句法问题。（4a—b）是在名词短语前插入修饰成分，加入了说话人的主观评价意义。（4c）中"刻鹄"、"雕虫"分别是"刻鹄不成"、"雕虫小技"的节缩，认知上运用了转喻思维。（4d）改变了原来的出现顺序"心服口服"。（3）和（4）实际上说明构式在语言使用中，其意义与形式的组合性都可以增强。

第三，构式具有多义性，即它们可以表达各种不同的意义或实现不同的功能，如：

（5）a. 开门。

　　b. 开门去。

　　c. 请开门。

　　d. 开门，往左，看到柜子后，东西就在里面了。

（6）a. 玩得开心。

　　b. 当心有贼。

　　c. 吃饭吧。

　　（5）和（6）都是祈使句或祈使构式。但它们表达的意义却不一样。（5a）在不同的语境下，可以表示"请求"，也可以表示"命令"；（5b）表示"命令"；（5c）表示"请求"；（5d）表示"指令"（instruction）。（6a）表示"祝愿"；（6b）表示"提醒"；（6c）表示"邀请"或"建议"。

2. 构式的互动原则：以大管小

　　每一个构式都有它自身的构式意义，如双及物构式表达"转移"，"转移"即它的构式意义，祈使句表达"祈使"，则"祈使"是它的构式意义。但（2）至（6）的分析表明，每一个构式里都有它典型（原型）的用法，也有它的次典型用法，那么，什么样的条件下，可以有次典型的用法，先看下面的例句：

（7）a. He cast me a book.

　　b. She shot him an alluring look.

　　c. 他扔（给）我一本书。

　　d. 她盛碗里两条鱼。

（8）a. They laughed the poor guy out of the room.

　　b. He sneezed the napkin off the table.

　　c. He urged me into agreement.

　　（7）中的动词 cast、shoot，"扔"和"盛"的典型用法是其后接一个宾语。但这四个句子中，它们各接了两个宾语。从词汇语义的角度来说，这是不可以的。但当它们用于双及物构式的时候，构式赋予了它们接两个宾语的能力，但有一个语义前提，它们在用于双及物构式后，必须要满足构式意义的要求或限制，即能表达"转移"。显而易见，这四个句子都表达了"转移"的意义。（8）中的动词 laugh、sneeze 在词库里本是不及物动词，现用作致使运动动词，urge 虽是及物动词，但并没有致使运动意义。如果只从句子的构造结构上分析，一是句法上很难解释，二是语义上怎样生成也非常复杂。如果我们用致使运动构式，则解释起来非常简明了：动词本身的语义允许它与致使运动构式的意义整合（融合）后获得了后接"名词短语＋补语"的资格，即继承了致使运动构式的映射关系，如图 3 所示（Goldberg 1995：163）：

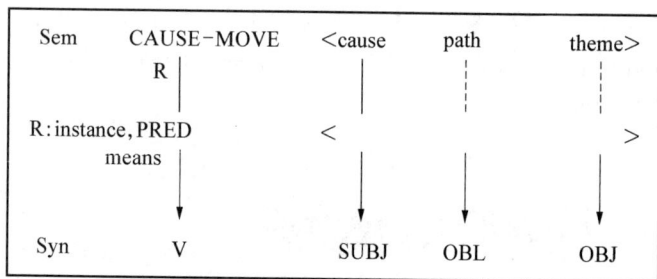

Sem	CAUSE-MOVE	<cause	path	theme>
	R			
R：instance, PRED		&lt;		&gt;
	means			
Syn	V	SUBJ	OBL	OBJ

图 3　双及物构式图

如图 3 所示，它包含三个层次。最上层次语义（SEM）标示出该构式中的论元及各论元之间的语义关系，整个构式义为 X CAUSES Y TO MOVE Z。语义角色与动词论元之间的实线表示语义角色必须与动词的某个参与者角色融合。而虚线则表示构式可以允准附加的参与者角色。构式中间的线表示该档位是开放的，可由动词参与者角色来融合。底层是构式合成后语义上的论元在句法上的实现形式。初体表达的角色是必须实现的角色，表示事件场景中的焦点，具有凸显性。

事实上，例（8）是多个事件的整合。他们笑是一个事件，笑所产生的影响导致那个可怜的家伙从房间出去是另一个事件。两个事件之间是因果关系，表示结果产生的原因或方式。由此可以看出，这两个事件整合到一起，满足了致使运动事件的本质要求，一个行为导致物体运动改变所在的状态。同理，（8b）中，他打喷嚏是一个事件，打喷嚏产生的气流把桌布吹掉是另一个事件，二者构成因果关系。（8c）的解释同上。由此，我们可以看出，动词能否进入致使运动构式，动词本身所代表的事件应该成为某种结果的原因，否则不能进入该构式。

（7）和（8）的分析表明，构式作为语言的基本单位具有重要的理论意义和实践意义。首先，它彰显了生成语言学"动词中心论"的缺陷，表明句子的句法和意义无法总是由动词的特征投射获得解读。其次，它避免了词库无限制扩大的缺点。如果一个动词在不同的构式中的不同意义都在词库中一一列出，这实际上违背了"最简"的原则。第三，在实践上，加重了语言学习的负担，也不符合语言学习的实际。

3. 基于原型的网络化

Langacker（1987：57-58）指出，语言是一个由符号单位构成的结构有序的（structured inventory）清单库。"结构有序"的本质意义就是指构式的层级性和网络性。词库与语法之间没有截然不同的分界线，而是一个连续体；语言符号在不同的层面彼此之间相互联系，构成一个网络。Goldberg（1995：109）简要概括了"主语＋谓词"构式的系统网络特征，如下图：

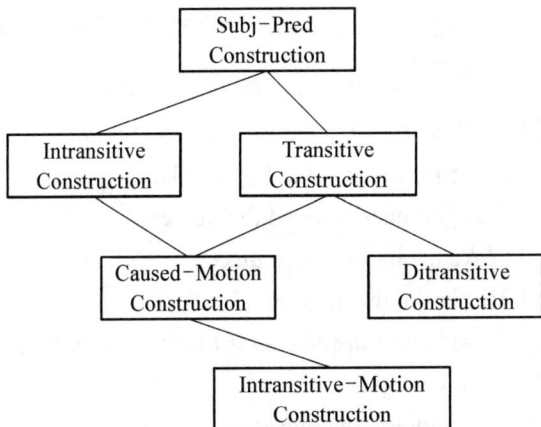

图 4　主谓构式网络图

图 4 清楚地表明了不同构式的语义特征，相互之间的联系差异。最高层级是"主语＋谓词"构式，次类是"不及物"与"及物"构式，"及物"构式下的次类是"致使运动"构式和"双及物"构式。值得注意的是，"不及物"构式也与"致使运动"构式具有上下层次关系。最低层次是"不及物运动"构式。Goldberg 讨论构式的网络层级关系更深入的是动结式。

Goldberg 和 Jackendoff（2004）指出，过去把动结式看作是一个内部一致的现象的观点是没有细致的分析动结式不同构式间的句法、语义差异。事实上，动结式不是一种统一的现象，而是一个结果构式家族（family），其下有不同的次构式（subconstructions）。英语里，动结式的典型特征之一是，结果短语（RP）由一个形容词短语（AP）或介词短语（PP）表达，占据着动词论元的正常位置，如下面例句中的斜体部分所示。

（9）及物性动结式（*transitive resultatives*）

  a. Herman hammered the metal *flat*. ［RP = AP］

  b. The critics laughed the player *off the stage*. ［RP = PP］

（10）非及物性动结式（*intransitive resultatives*）

  a. The pond froze *solid*. ［RP=AP］

  b. Bill rolled *out of the room*. ［RP=PP］

（9）和（10）是两类主要的动结式形式：及物性动结式和非及物性动结式。结果短语表示特征或状态，如其中的 a 句，也可表达空间路径，如 b 句。及物性动结式又分为"选定"（selected）和"非选定"两种，如（11）和（12）所示：

（11）选定性及物动结式（*selected transitive resultatives*）

  a. The gardener watered the flowers *flat*. ［RP=AP］

   ［ cf. The gardener watered the flowers. ］

  b. Bill broke the bathtub *into pieces*. ［RP=PP］

   ［ cf. Bill broke the bathtub. ］

（12）非选定性动结式（*unselected transitive resultatives*）

  a. They drank the pub *dry*. ［RP=AP］

   ［ cf. *They drank the pub. ］

  b. The professor talked us *into a stupor*. ［RP=PP］

   ［ cf. *The professor talked us. ］

（11）中的宾语可以独立由动词确定，但（12）中的宾语不能由动词独立确定，而必须由构式来确定，如（11）和（12）中括号里的比较句所示。（13）里的宾语是反身代词，这样的及物性句子其实是"伪反身动结式"，因为反身代词宾语不能转换成被动句里的主语，语义上没有表达不同于主语的对象或事物。

（13）伪反身动结式（*fake reflexive resultatives*）

    a. We yelled ourselves hoarse.［RP=AP］

    Unselected: *We yelled ourselves.*

    也不能用其他名词短语替换：*We yelled Harry hoarse.*

    b. Harry coughed himself into insensibility.   ［RP=PP］

    Unselected: *Harry coughed himself.*

    也不能用其他名词短语替换：*Harry coughed us into insensibility.*

    结果短语表达出的运动或状态改变，应有一个名词短语（称之为结果主体（host））经历了它。一般而言，这个主体，在及物结式里是宾语，在不及物结式里是主语。但下面（14）里的结果主体却是句子的主语，这实际上是一个新的类别了。句子的主语既是运动事件的施事，又是结果补语的主体，即它们既实施了这种行为，又运动到新的位置：

（14）主语主体及物构式（*transitive resultatives with subject host*）

    a. Bill followed the road into the forest.

    b. We drove Highway 5 from SD to SF.

    c. The sailors rode the breeze clear of the rocks.

    d. Fred tracked the leak to its source.

    e. John danced mazurkas across the room.

    （15）却又有一些不同，作为结果主体的主语并没有真正经历动词所表达的运动，而是主语中的某个部分，起作用的机制是转喻，用整体指代部分：

（15）隐性主体非及物动结式 *Intransitive resultatives with implicit host*

    a. Bill spit out the window.

    b. The toilet leaked through the floor into the kitchen below.

    c. Bill ate off the floor.

    d. Bill drank from the hose.

    （15）里的主语没有经历结果补语所表达的事件，结果补语的主体隐形了，事实上（15a）中应该是"嘴"，（15b）中应该是"水"，（15c）中应该是"牙齿"或"嘴"，（15d）中应该是"嘴"。

    根据（9）至（15）的分析，Goldberg 和 Jackendoff（2004）概括

出动结式变化的四个维度：

  1）结果短语 =AP 或 PP

  2）结果短语 = 特征或空间构型或路径

  3）及物与非及物

    及物：选定与非选定

    非选定：正常的与伪反身的

  4）结果主体

    主语主体及物性动结式

    隐形主体不及物动结式

动结式的内在语义特征是，一个动词表达的次事件，一个构式表达的次事件。两个事件之间具有某种关系，如方式、原因等。根据语义特征，动结式又可分以下四种：

  1）致使特征动结式（*e.g. Tom hammered the metal flat*）

    句法：NP$_1$ V NP$_2$ AP$_3$

    语义：X$_1$ CAUSE $[$ Y$_2$ BECOME Z$_3$ $]$

      MEANS：$[$ *VERBAL SUBEVENT* $]$

  2）非致使特征动结式（*e.g. The pond froze solid*）

    句法：NP$_1$ V AP/PP$_2$

    语义：X$_1$ BECOME Y$_2$

      MEANS：$[$ *VERBAL SUBEVENT* $]$

  3）非致使路径动结式（'*intransitive motion construction*', *e.g. The ball rolled down the hill; the truck rumbled into the station*）

    句法：NP$_1$ V PP$_2$

    语义：X$_1$ GO Path$_2$

     i. MEANS： $[$ *VERBAL SUBEVENT* $]$

  4）致使路径动结式 （'*caused motion construction*', *e.g. Bill rolled the ball down the hill*）

    句法：NP$_1$ V NP$_2$ PP$_3$

    语义：X$_1$ CAUSE $[$ Y$_2$ GO Path$_3$ $]$

      MEANS：$[$ *VERBAL SUBEVENT* $]$

  注意在上面3）这个非致使路径动结式里实际存在两个次类：方式路径和声音释放因果路径。前者是更典型的类别，后者是一个次类，标为3A），例证如（16）：

3A）声音释放路径动结式（*Sound emission path resultative*）

句法：NP$_1$　V　PP$_2$

语义：X$_1$　GO　Path$_2$

RESULT：[*VERBAL SUBEVENT: X$_1$EMIT SOUND*]

（16）a. The trolley rumbled through the tunnel.

b. The wagon creaked down the road.

c. The bullets whistled past the house.

d. The knee replacement candidate groaned up the stair.

（17）a. *The car honked down the road.

b. *The dog barked out of the room.

c. *Bill whistled past the house.

声音释放类动词的非致使路径动结式不同于其他非致使路径动结式。它们的动词次事件和构式次事件之间的关系不同于其他非致使路径。根据 Goldberg 和 Jackendoff（2004）的解释，动词次事件是主语实施动词的行为，构式次事件是主语沿着介词短语表达的路径运动。差异在于，动词次事件不是表达构式次事件的方式，而是运动本身导致声音发出来，如（16a）中电车的隆隆声是电车运动发出来的。这就解释了（17）不可接受的理由了，主语的声音和主语的运动是两个不同的事件，中间不能构成因果关系。

以上的讨论说明，动结式作为一个原型组织起来的构式家族（网络），其重要的语义句法特征，所有的次构式多基本共享，但也包含了许多层次不同，句法、语义有细微差异的次构式。这样的句法语义差异能够解释它们的使用限制和分布特征。

4. **构式：语言习得的基本单位**

儿童（第一）语言习得，目前主要有两大流派或研究取向。一种是以乔姆斯基为代表的曾经占统治地位的生成语法的天赋论。另一种是最近二十年越来越得到接受的基于使用论。

天赋论是生成语言学的核心思想，深深地影响了人们对语言的认识和对语言习得过程的理解与探索。该理论有三个主要观点。第一个观点是，语言是分模块的，音系、句法、语义是三个不同的模块，各自有自己的原则和规则系统，各自有自己的基本范畴系统，各模块独立运行。第二个观点是，语言能力是天赋的，人生下来就天赋了一个独立的语言器官，或者说语言基因，储存在大脑里。这个语言器官就是普遍语法（Universal Grammar: UG）。普遍语法就是一组人类语言共有的原则和规则，是一个静态的、理想的知识系统，具有自主性，不依赖于语义和语境独立运行。因此，习得一门语言就是习得语言的语法系统。该假设认为，习得一门语言只要有足够的语言输入来触发 UG 中的普遍原则，把某一特定语言的参数设定好就大功告成了。该理论的第三个观点是，语言是学不会的，也是教不会的，它是自然习得的，在脑子里长出来的（grows in the brain），否认后天学习在语言习得中的作用。

不过，到目前的研究为止，该理论还停留在一个假设而已的阶段，还没有科学证据证伪了 UG 的存在。最近美国的一些学者发文提出证据反驳乔姆斯基的天赋论假说。

基于使用论是认知语言学的基本观点。语言系统的结构或单位整体上讲都产生于人类的互动交际和人类认知的基本特征。语言的形式是在人类的社会互动交际中衍生出来的。衍生的方式如象似性、隐喻与转喻、范畴化、意象图式等等。在语言习得领域，影响和接受度更广的是构式语法，因此，构式语法理论在语言习得理论中，又被称为基于使用的构式语法理论。世界著名认知科学家 Tomasello 提出的第一语言习得基于使用模型就是建立在构式语法理论基础上的。以该理论模型研究儿童语言习得所获得的成果与发现，提供了坚实的事实依据证明语言习得和语言使用的基本单位就是构式。

构式语法认为，语言是一个动态系统，由高度约定化的形义整体单位（即构式）组成。语法单位是在大量的语言实践后衍生出来的（Tomasello 2003，Dabrowska 2004，Diessel 2004，Goldberg 2004，2006，Bybee 2010）。这表明，语言习得是以归纳（inductive）的方式，而不是演绎（nonreductive）的方式完成的，是先繁后简的，即从微观到宏观逐渐发展的，一般经历如下三个发展过程（Tomasello 2000）：基于词项的习得、构式图式化、构式合并。

4.1 基于词项（item-based）的习得

儿童刚开始学说话的时候，他们的话语到底是怎么样的呢？Tomasello 的观察和发现是非常有说服力和理论意义的。因为他首先是一个语言

学家、一个认知心理学家，然后才是一位父亲。他用非常科学的手段
和方法详细记录了他女儿从 6 个月开始一直到 6 岁左右的语言发展情
况。他发现，儿童的话语根本不是如生成语言学家所声称的那样，具
有成人话语的特征。既没有成人话语那么多的创造性，也没有那么符
合语法，更没有那么高的抽象程度。实际情况是，儿童产出的话语往
往是围绕一些特定的词生成的。这些话语具有两个基本特征，一是以
孤立的词轴展开；二是具有全息性（holophrases）。即这样的话语是不
加分析的整体学会的多词语块，是一个凝固的单位，如：

（18）a. Get-it.

b. All-gone.

c. What-s-that?

Tomasello（2003：36—40）对这类儿童早期话语的解释是，这样
的全息话语都与特定的交际目的紧密相关，儿童是把它们作为整体性
符号，实施某种言语行为，达到一定的交际目的。儿童在发出独词句
后几个月就会开始使用两个到三个词构成的话语。这样的话语有一个
十分明显的特征，即以某个词为轴心组织起来，形成轴心（pivot）图
式或轴心构式，如（转引自 Diessel 2013）：

表 3　儿童语言习得轴心构式

More__	**All__**	**No__**
More car	All broke	No bed
More crereal	All clean	No down
More cookie	All done	No fix
More fish	All dressed	No home
More hot	All dry	No mama
More juice	All shut	No pee
More sing	All wet	No plug

在这样的轴心构式里，使用最多的轴心词是动词，构成动词岛构
式（Tomasello 1992）。动词作为一个关系词，动词后的位置变成一个
开放性档位，各种各样的表达式只要在语义上合适，就可以出现在该
档位上，如下图（转引自 Diessel 2013）所示，轴心词的位置灵活，出

现的形式或是原形，或是变化的形式；但整体而言是充当谓词：

表4 动词岛轴心构式

Find it__	__get it	__gone
Find-it funny	Block get-it	Peter Pan gone
Find-it bird	Bottle get-it	Raisins gone
Find-it chess	Phone get-it	Doo-doo gone
Find-it bricks	Towel get-it	Cherry gone
Find-it Weezer	Bedus get-it	Fox gone
Find-it ball	Coffee get-it	Hammer gone
Find-it stick	Mama get-it	French fries gone

Tomasello（1992，2000）的研究还发现，儿童语言习得是基于词项的，一个很重要的证据是，动词岛的用法具有很大的不平衡性，有的动词用于多种构式，有的只用于一种构式，更重要的是还与儿童心智、语言发展的生活经历密切相关。如他女儿（Travis）两岁时使用cut和draw这两个动词时，有一个有意义的现象：cut虽然在词形上比draw简单，发音也容易一些，但却只用于一种构式：

Cut__；而draw却用在好几种构式里：Draw__，Draw__on__，Draw__for__，__draw on__。为什么会这样呢？根据我的观察，父母也好，保姆也好，在小孩两岁前几乎是不会拿剪刀、刀子之类的东西给他们玩的，也不会叫他们去做这样的动作的，太危险了，尽量避免。相反，为了启发小孩的智力和培养视力，尽可能多地给他们水彩笔之类的东西玩或涂画，相关的话语就自然很多，这些话语就成为语言学习的输入。这点很重要，它能解释一个更极端的例子。我女儿11个月的时候，刚开始会说话，我们到了城里一个很大的商场，女儿在窗户前看到了大街上很多车来来往往，突然说了一句"好多车！"我感到不可理解，后来从保姆那里知道了原因。她经常带着女儿去一个地方玩，那里有很多车来来往往，她就跟女儿说"好多车"。在反复的输入刺激下，女儿孤立地学会了一个很难的构式：感叹句。我女儿说出其他感叹句则是很久以后才有的事情了。

这一个阶段的语言学习的基本认知特征是"文化学习"，即"模仿学习"。儿童语言的产出，输入是决定性因素。他们从成人话语中得到什么样的输入就会有什么样的产出。根据 Tomasello（2006）的数据，儿童话语中出现的构式与母亲话语高度正相关，Goldberg 等人（2004）分别统计了母亲的话语与儿童话语的关联性，如表 5：

表 5　母亲话语在构式中的出现频率

Construction	Mothers	Total number of verb types
Subj V Obj	39% *go*（136/353）	39 verbs
Subj V Obj Obj$_1$	38% *put*（99/256）	43 verbs
Subj V Obj Obj$_2$	20% *give*（11/54）[a]	13 verbs

15 位母亲话语中，三类构式中出现频率最高的动词，试比较：

表 6　儿童双及物构式出现频率最高的动词

Child	Most frequent verb in VOO	Percentage of tokens	Total number of verb types
Adam	*give*	53%（59/112）	13
Eve	*give*	36%（4/11）	5
Sarah	*give*	43%（29/67）	12
Ross	*give*	43%（69/160）	13
Mark	*tell*	32%（11/34）	8
	give	29%（10/34）	

Goldberg 等（2004）得出结论说，儿童产出的话语型式（patterns）总是和他们听到的话语（输入）几乎一致，形成以动词为中心的范畴，或叫动词岛构式。

4.2　构式图式化

随着年龄的增长（3 岁 4 岁左右），儿童话语的构式也随之变得越来越抽象，并超越单个的词。儿童在习得过程中寻找语言的型式，并逐渐抽象出范畴或图式。他们往往从具体的名词开始，慢慢扩展到其他范畴，甚至更复杂的结构，其方法是寻找结构和功能之间的相似点（Tomasello 2000），如（17）至（21）中，学习者就会发现一个结构和功能的相似点"代词（名词）+动词+名词（代词）"：

（19）I draw tree.

（20）She kissed me.

（21）He hit Jeffrcy.

（22）You hug Mommy.

（23）Jamie kicking ball.

这表明，随着儿童的思维能力和认知能力的发展，儿童的句法能力也在发展，体现在两个方面（Diessel 2013）：

档位上的成分由数量不多的几个词扩展到一类词。如一般疑问句构式 Can I__ 的人称会由其他人称替代 I，变成 Can Mommy (Daddy)__。这种扩展出现在各种不同的构式的档位上，再如（Diessel 2004）：

（24）I wanna bag.　　　　　　　　　　　Sarah 2; 3

（25）I wanna ride（my horsie）　　　　　Sarah 2; 3

（26）I want ice cream in the refrigerator.　Sarah 2; 10

（27）Want me open it?　　　　　　　　　Adam 2; 9

（28）Do want he walk　　　　　　　　　Adam 2; 10

（24）至（28）体现出动词岛的扩展过程。最初使用 I want（语音变体：wan，wanna）构式，后接名词性成分，如（24）；但到（25）中，want 后的名词性成分扩展为一个不定式性质的动词性成分（类比为名词性成分，过渡概括）；（26）中，want 后的名词性成分又进一步复杂化了，扩展为一个无动词的名词性小句；（27）中，want 后接的是一个复杂的名词性小句了，其中的 me 是 open it 逻辑语义上的主语；（28）在（27）的类比基础上，更加泛化了一步，将宾格代词泛化成了主格代词。这些例子表明，儿童第一阶段的轴心式构式越来越具有灵活性和图式性，表明基于词项的构式越来越具有能产性了。

第二个方面是，动词使用的构式越来越多。Tomasello（1992，2000）发现，儿童的动词岛话语中，动词往往是与特定的构式捆绑在一起的，不像成人话语那样可以用于多种构式，如动词 break 可用于：

（29）a. The boy broke the cup.　　　　　（及物构式）

　　　 b. The cup broke.　　　　　　　　　（不及物构式）

　　　 c. The cup was broken by the boy.　　（被动句构式）

　　　 d. The boy broke the cup into pieces.　（致使运动动结式）

　　而 Tomasello（1992：108—109）说，他女儿（Travis）2 岁时只使用了及物构式这一种。但过了 3 岁，儿童话语中，动词使用的构式就开始增多了，如：

（30）The flower cuts. [=The flower can be cut]　　　　2; 8

（31）Bert knocked down. [Bert got knocked down]　　3; 0

（32）They don't seem to see. [=They cannot be seen]　3; 8

（转引自 Clark 2003：235）

（33）He get died.　　　　　　　　　　　　　　　　3; 8

（34）I don't like being falled down on.　　　　　　　年龄不详

（35）I don't want to get waded (on)　　　　　　　　年龄不详

（36）I pulled it unstapled.　　　　　　　　　　　　3; 8

（37）I am patting her wet.　　　　　　　　　　　　4; 0

（38）Are you washing me blind?　　　　　　　　　5; 6

（39）I'll brush him his hair.　　　　　　　　　　　2; 3

（40）I said her no.　　　　　　　　　　　　　　　3; 1

（41）Button me the rest.　　　　　　　　　　　　3; 4

（转引自 Pinker et al 1987, Bowerman 1988）

　　（30—31）是及物构式动词用到不及物构式；（33—35）是不及物动词用于被动句构式；（36—38）是及物动词扩展到及物动结式；（39—41）是及物动词扩展到双及物构式。

　　在构式图式化的过程中，固化（entrenchment）、范畴化与图式形成这三种通用认知机制共同作用（Behrens 2009）。不断反复形成固化，固化主要作用于词、语块或构式等稍小的单位，助其凝固化（routinization）和自动化。固化只是前提条件，学习者更重要的是发现构式之间的相似性才能做出抽象与概括，这就是范畴化的过程。因此，档位上成分的扩展和动词功能的扩展实际上表明，构式中类频率出现了，高类频率有助于发现构式间的共性特征。经过抽象和概括，图式就开始形成。

4.3　构式合并

　　根据 Tomasello 的研究，儿童句法抽象能力发展到第三个阶段是将不同复杂程度的构式创造性地合并到一起，组成复杂的构式。

Tomasello（2000）分析了一个观察对象的语言发展现象，See Daddy's car。该小孩说过 See ball，See Mommy，Daddy's shirt，Daddy's pen；她创造性地合并了两个构式图式：See__，Daddy's___。这里表明，小孩理解了 Daddy's shirt 与 Daddy's car 之间具有功能上的相似性。

　　Tomasello（2006）指出，即使是复杂构式也具有基于词项的特征。如儿童话语中补语小句在以下两类构式中出现得最多。一是，表示认识情态意义的 I think（believe，know，say，see）... 后；令人惊讶的是，几乎没有下面这样的变化形式：He thinks..., She thinks..., I don't think..., I can't think..., I thought..., I didn't think...。第二，引起对方注意的 Look..., See...。

　　这种现象说明，儿童在合并复杂构式时，基本依据的还是"I＋动词＋名词"这个基本的 SVO 构式，Diessel（2013）称之为"小句扩展"，即直接将两个小句合并到一起，定语从句也是这样，如（Tomasello 2006）：

（42）a. Here's the toy that spins around.

　　　b. That's the sugar that goes in there.

　　Tomasello 指出，这里有两点值得注意：其一，这里的主句部分实际上都是构成的一个呈现（presentational）构式，引进新的话题，结构上是用指代词＋系动词的构式；其二，定语从句里包含的信息是关于引进的话题的新信息，而不是教科书上所说的是预设信息。更关键的是，这样的复杂构式，其实也是儿童已经掌握的基于词项的构式组成的。

　　并列句和状语从句则是采用整合手段，即以发话人的句子为基础，用一个连接词引导一个独立的句子出现，如（Diessel 2013）：

（43）Child: You can't have this.

　　　Adult: Why?

　　　Child: Cause I'm using it.

（44）Adult: It is called the skin of the peanut.

　　　Child: But this isn't the skin.

4.4　过渡概括的理论意义

　　儿童在两岁至四岁之间，逐渐地将基于词项的构式概括抽象以形成构式图式。在此过程中，如 2.2 所示，档位上的词逐渐由数量有限的词扩展到相关类的词，这个过程中，不可避免地出现了过渡概括（overgeneralization 或 overextension）的现象。

前面例句（30）至（41）实际上都是动词在论元构式使用上的过渡概括。Bowerman（1982）观察到她的两个女儿的过渡概括涉及的范围更广，如：

（45）Kendall fall that boy.　　　　　　　　　　　　2; 3
（46）Who deaded my kitty cat?　　　　　　　　　　2; 6
（47）They just cough me.　　　　　　　　　　　　2; 8
（48）Don't giggle me.　　　　　　　　　　　　　3; 0
（49）I am gonna put the washrag in and disappear
　　　something under the washrag.　　　　　　　　3; 7

在（45）和（47）至（49）中，不及物动词被当作及物动词使用了。这在成人语法当中是不允许的。（46）的 dead 本是形容词，也被泛化为及物动词使用了。

过渡概括错误的出现在儿童三岁以前的话语中几乎没有，基本都是在三岁以后出现。Tomasello（2006）据此认为，这表明儿童对语序和构式型式有了更抽象的理解。Diessell（2013）认为，这是儿童在更抽象的论元构式发展过程中的里程碑，为儿童提高创造性地使用句法型式的能力起着关键性的作用。过渡概括出现在三岁以后，表明三岁以前儿童的句法能力发展是非常保守的（conservative），即非常缓慢的。三岁是句法能力发展的重要时间点，表明儿童的抽象概括能力开始出现或逐渐形成，也提供了进一步的证据证明下面这个假设的合理性：从个体发生学的角度看，儿童语言范畴和抽象图式的发展需要数个月甚至数年才能建构起来（Tomasello 2006）。克服过渡概括错误最有效的机制是"固化"（entrenchment）（Tomasello 2006，Ambridge 2015），即通过出现频率消除过渡概括（retreat from overgeneralization）。

在过去的语言习得理论中，过渡概括是作为错误来看待的。从认知语言学关于语言习得的理论角度来看，则有完全不同的认识。认知语言学认为，人类大脑中没有语言习得机制，语言都是依据通用的认知机制习得的，如文化学习（模仿学习），固化、范畴化、图式化、类比等。过渡概括错误的出现与消除机制充分说明了人类的通用认知机制在语言发展中的重要作用。

4.5 语言习得的心理过程

Tomasello（2003）的研究指出，儿童学习语言构式并从中概括出共性特征，从整体上来讲，主要依靠两种认知机制：意图识别与发现型式；发现型式是对范畴化、类比、分布分析的总称（Tomasello 2009）。它们具体又可细分为相互作用的四个过程：意图识别与文化学习、图式化与类比、固化与竞争、基于功能的分布分析。

4.5.1 意图识别与文化学习

根据 Tomasello 等人（1993）的社会认知理论，人类交际的根本任务是在理解交际意图的基础上做出言语行为反应。人类理解他人的行为不仅仅是将其作为身体的运动，而是作为意图性的、目标指向的行为。人类重复某种行为时都是为了实现某种目的。

儿童早期语言使用的最基本单位并不是词而是话语，儿童的每一个话语都是一个交际事件，表达一个完整的交际意图。每一次交际活动既要指向一定的对象，又要引起对方的注意。这样交际双方就处在一个共享的注意框架内（Tomasello 2009）。另外，儿童往往能够通过理解交际意图以确定成人话语的所指对象，从而理解话语中的成分所起的作用。当成人给儿童说下面这些话语的时候，其中的 ball 就会被识别为一个独立的成分，可用于未来的交际活动中。'There's the ball', 'Gimme my ball', 'The ball's rolling', 'The ball's bouncing', 'I want a ball', 'Throw the ball', 'That ball's Jeffery's', 'Where's your ball?'。

文化学习即模仿性学习。模仿一度被认为是机械性的学习而被忽略。Tomasello 等人的社会认知理论重新发现了它的认知价值和对学习的意义。如前所述，儿童的语言使用都是交际事件，儿童必须识别成人话语的意图才能实现有效交际，因此，即使是模仿或重复成人的语言或结构都已经不仅仅是简单的模仿和重复了，而是附加了儿童的理解和交际意图，同时也表明儿童明白自己的言语行为所要表达的意义（Tomassello 2000b），这对语言习得具有非常重要的意义。例如儿童听到母亲说 water 这个单词时，一定会把当时的交际情景联系起来，尽量明白母亲的交际意图是什么；而且当母亲下次在不同的情景下使用 water 这个词时，他必须要联系新的情景以明白母亲新的交际意图。因此儿童就建立了 water 与情景的联系，以后当他使用 water 这个词时，表面上只是重复了这个词，实际上儿童在用这个同样的词表达自己的交际意图了。这表明，儿童已经习得了 water 的形式和话语功能了。

4.5.2　图式化与类比

如前所述，儿童产出的话语与他们听到的成人话语之间具有很高的关联度，且往往具有系统性的复现率，如 Where's the X，I wanna X，Let's X，Can you X，Gimme X，I'm Xing it，这实际就是形成构式图式的过程。这既是模仿学习具体的构式、表达具体功能的过程，也是逐渐抽象的过程（Tomasello 2006），即图式化的过程。图式中的不同档位或变体对应于经验中的不同指称对象，如 Where's X，表示"找东西"，但找的东西因情景不同而不同；Let's X 表示邀请对方或征求对方意见做某事，但不同情景下所做的事则可以随机变化。由此可以看出，构式档位上的词项的交际功能受整个图式（构式）的交际功能的制约。这说明，图式既具有开放性、灵活性，又有稳定性。

类比是图式化的特殊类型（Tomasello 2006）。图式化和类比都是对话语和语言构式的范畴化过程。类比建立在对两个比较对象的功能的相似性之上。就语法构式而言，类比不是建立在其表层形式之上，而是建立在其表达的语义功能之上，如：

（50）a. Jack broke the cup.　　　　　（X BROKE Y）
　　　 b. Grace ate an apple.　　　　　（A ATE B）
（51）a. John gave her a book.　　　　（X GIVE Y Z）
　　　 b. She cast him a quick glance.　（A CAST B C）

儿童可以分别从（50）和（51）中找出类比关系，X 与 A 对应（行为发出者），动词与动词对应（行为），Y 与 B 对应（行为经受者），Z 与 C 对应（接受者）。这样就建立起了两个构式之间的类比关系，为进一步抽象出 SVO 构式和双宾构式奠定了认知基础。

4.5.3　固化与优先占位

儿童习得语言有三个限制因素：固化、优先占位（preemption）和动词次类的语义知识。它们可以解释儿童句法创造性有限的问题（Tomasello 2000a）。

固化指有机体以某种方式成功地完成某项任务达到足够多的次数以后，它就会成为一种习惯，其他方式就难以吸收进来并起作用了。固化以高频率（复现率：repetition）为前提，是实现技能和知识常规化（routinization）和自动化的前提。技能一旦自动化就会和神经元形成稳定的联系，以后遇到类似的情况，整个系统的相关知识就能同时激活。如乒乓球运动员训练每一个技术动作都是成千上万次，才能达到技术娴熟、炉火纯青的境界。在语言学习的初级阶段，反复性操练是必要的。

优先占位限指，如果儿童听到一个动词用于某种构式中能够起到同样的交际作用，并作为某种抽象，那么，他们就会认为该抽象是非规约性的，即听到的构式抢占了（preempt）该抽象的位置。如当儿童本来认为是 He disappeared the rabbit，而实际听到 He made the rabbit disappear 时，他们会认为 disappear 不用于简单的及物构式中。大多数情况下，固化与先入为主是共同起作用的。

4.5.4 基于功能的分布分析：范畴化

儿童能够听懂和创造性地产出他们以前从来没有听到过的话语，必定随着认知能力的发展而进行抽象和概括，也就是经历范畴化的过程。

Goldberg 等人（2007）的研究指出，儿童语言范畴化一般基于两个原则：功能相似和具体相似。所谓功能相似指在话语或构式中具有相同交际功能。把功能相同的成分归类到一起即范畴化。根据功能归类或范畴化，是指在纵向维度上具有相同分布（语法）功能的词项归到同一个类（Tomasello 2006），如动词、名词、形容词。这样的纵向维度的语法范畴可为语言学习者提供各种创造性使用语言的可能性。归并出来的类还可以将相关的起同样作用的语言现象归到一个类里来，如名词还可以将代词、名词性短语也归到名词这个类里来。

一个实例能让人想起另一个实例，这样彼此具有相似点的容易归到一个类。这样的范畴化过程建立在具体相似基础上。如果两个实例有具体相似性，学习者更容易发现它们之间抽象的相似性（Goldberg, et al. 2007）。

本讲小结：构式作为语言的基本单位，是在语言使用中逐渐形成的，具有衍生性，反映出语言的体验性和文化性。构式同时也是语言习得的基本单位，儿童在语言习得的过程中，从孤岛构式开始，逐渐形成图式化的构式。这样的发展过程与儿童的心智发展过程密切相关或同步。

思考题

1. 将构式视为语言习得和语言使用的基本单位，有何理论与实践的优势？

2. 既然语言是基于使用的，那么语言学习中，背诵、重复、模仿等学习过程的价值何在？

3. 语言习得中的天赋论和基于使用论的异同是什么？请简要评论。

拓展阅读参考书目

Goldberg, A. E. 1995. *Constructions: A Constructional Grammar Approach to Argument Structure*. Chicago: University of Chicago Press.

Goldberg, A. E. 2006. *Constructions at work: The Nature of Generalization in Language*. Oxford: Oxford University Press.

Goldberg, A.E., Casenhiser, D, M.& N. Sethuraman 2004. Learning argument structure generalizations. *Cognitive Linguistics* 15(3): 289–136.

Tomasello, M.2000a. The item-based nature of children's early syntactic development. *Trends in Cognitive Science* 4(4): 156–163.

Tomasello, M. 2000b. First steps in a usage based theory of language acquisition. *Cognitive Linguistics* 11: 61–82.

Tomasello, M. 2003. *Constructing a language: A Usage-based Theory of Language Acquisition*. Boston: Harvard University Press.

第十讲　认知语言学与外语学习

　　一种新的语言学理论诞生以后，一定会对外语学习和外语教学产生深刻影响。反过来说，外语学习与外语教学必定受当时流行的语言学理论的影响。外语学习与教学，尤其是语法的学习与教学理论发展到现在一直围绕着演绎还是归纳两个取向众说纷纭。演绎派认为，外语学习者应该有意识地学习与掌握语法规则知识，这就是人们熟知的语法翻译法。它强调两点，记忆一组组语法规则和大量词汇，学习材料为书面语。归纳法认为，语言学习只要将语言输入系统地组织起来，学习者就可以总结出语法规则。这种学习理论来源于美国结构主义语言学，体现于视听法（audiolingual method）。基本方法是以句型为基本单位进行句型操练。但这种语言学习理论被乔姆斯基彻底否定，认为它否定了人的认知作用，并提出语言不是靠"刺激—反应"学会的，而是人天生有一个独立的语言习得机制；语言学不会也教不会，是在脑袋里长出来的（grows in the brain），语言学习的任务就是在语言输入的作用下建立起具体语言的参数；掌握一门语言就是掌握其语法；第一语言和第二语言学习没有什么差别。

　　以上三种语言学习理论有一个共同的特征，只注重了语言的结构性，否定了语言的社会、文化属性，遭到了功能学派和社会文化学派的反对。以 Hymes（1974）为代表的功能与社会文化学派提出了交际能力的概念，并在系统功能语言学提出的语言的本质就是交际的功能主义思想作用下，语言交际教学法开始盛行。交际法反对学好语法就能在社会生活中使用语言的观点，而认为语言是用来在社会环境中交流思想的工具。因此，语言的本质特征是互动交际，语言结构反映出功能和交际的用途。

　　事实上，功能学派的这种观点是从一个极端走到了另一个极端。怎样将形式与功能有效地联系起来，这就需要一种新的语言学理论对语言的本质和语言学习的过程提出新的认识。认知语言学正好起到了这个作用。

1. 认知语言学的语言能力观

对语言本质特征的认识，决定着对语言习得过程的认识和对语言教学基本原则的选择。因为，无论是第二语言学习还是第二语言教学，任何教学活动的安排与组织都实际上隐含着对目标语的组织方式和习得方式的认识。认知语言学认为，语言的本质特征是符号性，语言构式都是有意义的符号单位；语言的符号性决定了语言的基本目的之一是为交际服务；说话者说出和理解话语的认知过程反映出一般认知能力敏锐的（acute）专业化过程。

1.1 认知语言学对语言及语言能力的基本认识

认知语言学认为，语言能力是一个结构有序的、具有规约性意义的符号单位组成的库存单（Langacker 1987：73），词库与语法构成一个连续体。结构有序指语言具有系统性和层级性；规约性意义指与百科知识、语言实际使用密切相关；清单库指语言本身不具有创造性，创造性是语言使用者的特征；符号单位构成一种语言的语法的全部内容，语言知识是语义、语音和符号特征的统一知识，即三者同体。语言能力是总体认知能力不可分割的一部分，它与社会、文化、心理、交际、功能相互作用。语言能力以具体的语言项目为基础，具有社会文化的特征，语言项目之间形成一定的结构关系，语言项目是逐个习得的。

认知语言学，更具体地说，认知语法，具有三个基本特征[1]：1）语义具有中心地位；2）语言以使用为基础（usage-based），语法知识（语言单位）产生于语言使用；3）所有符号单位都有意义（包括语法结构单位）（即语言符号与意义之间具有理据性）。

1.2 基于使用的语言观及其意义

基于使用的语言观认为，语言使用活动中反复出现的共性特征强

---

[1] 关于语言的三个基本特征，请参看第一讲的详细讨论。本讲只阐释其对语言学习的意义。

化后便成为语言单位（Langacker 1988，2000，2001）。这样的单位既可以是非常具体的，也可以是高度图式化的。其中，具体的结构和局部的规则性和高层次的抽象三个层次具有同等的作用。从方法论的角度看，基于使用的语言观是以一种非还原（non-reductive）的方法研究语言结构。语言的基本单位是构式。既然语言单位是从语言使用活动中抽象出来的，基于使用的语言教学模式就应该是以构式为基础。

基于使用的语言观对外语学习和外语教学原则具有以下两个方面的启示：一是普遍规则的作用有限，二是文化教学（包括交际、社会的文化语境）必须贯穿于外语教学。之所以说普遍规则作用有限，是因为完全具有普遍意义的构式在约定性型式中（conventional patterns）只占很小一部分。因此，即使完全掌握了语言规则也不能确保语言习得的流利性。事实上，要实现语言习得的流利性，学习者必须掌握大量的固定表达式和具体场合下遣词造句的基本方式。也就是说，掌握固定表达式和约定性表达方式是实现语言习得流利性的必要前提。这就要求我们在外语教学过程中充分考虑词汇、语法以及其他语言知识之间的相互作用与关系。词汇与语法必须学、必须教，但绝对不能成为语言教学的主要教学内容，甚至全部内容。

语言使用事件是一个实际的语言使用行为，无论是语言表达式的选择，语言资源的利用还是非语言资源如记忆、规划、问题求解能力、百科知识以及对社会、文化和话语语境的把握，都是由语言使用者控制的，即在语言使用过程中，语言使用者的主体性起着关键的作用。因此，语言使用中的语义理解离不开语言使用者的识解。这意味着，在外语学习中，语言使用者的识解对解释外语学习中的语言产出具有核心意义。也就是说，只有从语言使用和说话者识解的视角来考察二语习得者的语言型式，才能充分理解基于使用的理论模型与二语习得的良性互动关系。既然语言单位是从语言使用活动中抽象出来的，那么语言单位中就包含了丰富的使用语境信息和社会文化信息。这样的信息在反复的语言使用中被融入语言单位中成为约定性信息。因此，认知语言学的基于使用的理论一方面强调语言理解与语言学中语境与文化的作用，同时又为此提供了理论依据。

1.3 语义的中心地位、语法结构有意义与语言理据性

与生成语言学的句法中心论不同，认知语言学的最基本特征是坚

持语义的中心地位，所有语言符号都是有意义的。这意味着，语言形式与意义之间并不是任意关系，而是具有内在联系或者理据性。这一基本认识从语言使用者角度来看更加符合客观实际。

1.3.1　语义的中心地位

语义的中心地位可以从以下几个方面来理解。

第一，语法结构是有意义的，学好语法是为了更好地理解意义。强调语义的中心地位，并不是说语法在语言教学和语言习得中不重要，相反，是强调通过理解语法结构的意义来学好语法，从而为理解意义服务。从另一个角度来说，掌握语法不是语言学习的最终任务，而是为了更好地理解意义和使用语言。

第二，多义性。无论是词汇单位还是构式，往往都不是单义的，不同语义形成一个具有内在联系的网络。语言单位的多义性导致语义范畴的复杂性和功能多义性的产生。多义性网络既是语言学习的重点，也是最大的难点之一。

第三，百科知识性。语义的百科知识性可以从五个方面来理解：1）在语义和语用之间没有明确系统的分界线；2）百科知识具有结构性；3）百科知识与语境知识存在差异；4）词汇只是激活百科知识的通道；5）百科知识具有动态性（Evans & Green 2006：215）。语言意义的理解往往以百科知识为前提。

第四，主体性。认知语言学把意义看成是一个心理现象，存在于认知主体对世界的概念化活动之中，如物理的、心理的、社会的、文化的、情感的、想象的等等。在概念化过程中，识解起着十分重要的作用，同时也给意义增加了主观性。意义理解的方式、语言表达式的选择都是学习者主观选择的结果。

1.3.2　语言的理据性

语义的中心地位说明了语言无论是结构形式还是意义本身都具有理据性（motivation）。同时，语言是通用认知能力的一部分也意味着语言中形式与意义之间具有某种联系或理据。因此，语言系统中的各种联系对语言学习来说都是十分重要的内容（Boers & Lindstromberg 2006：309）。

语言的理据性以不同的方式体现在语言的不同层次，如意义与意义、形式与形式、形式与意义之间。

意义与意义之间的理据在多义性、惯用语中体现得尤为明显，因为它们的意义要么基于业已存在的型式（patterns），要么与业已存在的型式具有一致性（Lakoff 1987：438）。多义性研究得较多的是介词、小品词、常用动词等。词在扩展意义时，意义是通过怎样的方式扩展的，各意义之间的相互联系是怎样的，都反映出人类使用语言和思维的基本方式，像原型范畴化理论和概念隐喻等，如：

（1）a. The letters are under his pillow.

　　b. The shirt under his jacket was drenched.

　　c. Secretary Hillary served under President Obama.

（2）a. The water below the bridge was rising very fast.

　　b. People are talking below my window.

　　c. The Secretary of the State is below the President in rank.

　　d. ??Secretary Hillary served below President Obama.

表面上看，表示空间意义的介词 under 和 below 翻译成汉语都是"在……下面"。它们各自都有许多引申义，并组成一个多义网络。对于中国学习者来说，造成了不少困惑。其实，如果我们追寻它们各自的理据，其多义性的区别还是比较清楚的。Under 的原型空间意义是表示两个物体应有"接触"（contact），可以是物理的（1a—b），或抽象的（1c）。但 below 的原型空间意义是没有接触的，（1c）和（2c）能够对比性地体现出这种理据的差别。（1c）说的是希拉里在奥巴马的直接领导下工作；而（2c）表示在级别上，国务卿低于总统。（2d）的可接受性很值得怀疑，原因在于 serve 表明他们之间应有工作上的直接联系，而 below 为（2c）所示只能表达职位的高低，这就产生矛盾。

惯用语（idioms）被结构主义和生成语法语言学理论视为是没有理据的、无法解释的，但是概念隐喻和转喻理论也同样能给予一定的解释，如：

（3）a. He *reached his boiling point*.

　　b. He *flipped his lid*.

（4）a. He *let the cat out (of the bag)*, and the surprise party is not a surprise at all.

　　b. By Monday it was evident that someone had *spilled the beans* to the newspapers.

（3）中 reach one's boiling point 和 flip one's lid 表示"愤怒"，是 ANGER IS A HOT LIQUID 这样一个概念隐喻的例子。（4a）中的 *let the cat out (of the bag)* 和（4b）中的 *spill the beans* 都是"泄露秘密"的意思。看上去两个习语没有任何联系。其实，它们是源于 CONTAINER 概念隐喻或意象图式。当物体置于容器里的时候，是看不到的，也是未知的。当物体从容器里拿到外面，置于光底下时，能看清，也就公开了。短语 bring ... to light（揭露，曝光），与 CONTAINER 隐喻相关，当然也与 LIGHT 隐喻相关。其实表示"揭露、披露、曝光"的英文单词 expose 也是这样构成的：ex- 作为前缀的意思之一是"外面"（out），pos 是词根"放置"（place，put）的意思，连起来就是"放在外面"。

形式与形式之间的理据目前还是一个研究得很少的领域。形式与意义之间的理据主要是解释语音与语义之间的联系。在英语中，除了拟声词以外，这种理据还有不少。如 /sp/ 在许多单词中表示负面意义（spam，spit，spew，spite，spleen，spoil）（Radden & Panther 2004：18）。Bloomfield 也曾指出，某些音特别适合于某种意义：如 flip（用指头弹），flap（拍击），flop（鼓翼，摇拍），flitter（翩翩地飞来飞去），flimmer（摇闪），flicker（闪烁），flutter（飘动），flash（闪光）等中的 /fl/ 表示与某类运动相关的具体动作等等（布龙菲尔德 1933/ 1997）。

随着新媒体技术的发展，人们交际的工具越来越多元化，而非只有语言一种形式了。多媒介的交流方式创造出许多新的形式与意义有机联系的符号，如网络象形文字——颜文字（emoji）：

（　☹ "难过"　　😂 "笑哭"　　😌 "卖萌"　　😎 "装酷"　）

1.3.3　象似性

语言理据性的另一种形式是语言形式与概念内容之间具有某种平行关系或同态关系，从认知与功能视角来看，称之为"象似性"（Haiman 1985）。语言象似性指语符结构通过说话人视角反映经验结构与世界结构，被编码的功能节点与节点间的关系模拟编码这些功能节点关系的语符结构中的对应节点及节点关系（Croft 2003：102；Givón 1991），最基本的原则有以下三条。

数量象似原则。语符编码数量及复杂程度与表述内容的量、重要性及复杂程度成正比。语言编码越复杂、数量越多、单位越长，容纳的信息量就越大，表达的概念也就越复杂，如：

（5）a. Peter needs your support.

b. Peter **DOES NEED** your support.

c. It is **YOUR SUPPORT** that Peter needs.

（1a）是一般陈述句，而（1b）添加了焦点标记 do 和句子重音，（1c）采用 it 分裂结构，都能突出要强调的内容。

在名词有单复数屈折变化的语言中，复数形式往往比单数形式复杂，形体更长。即使没有屈折形态，仍然会借助其他更为复杂的形式来标记语义大量。例如，马来语用重叠构词来表示复数概念（Sew 2005），见表 1。

名词意义	单　数	名词复数
"学生"	pelajar	pelajar-pelajar
"学校"	sekolah	sekolah-sekolah
"山"	gunung	gunung-ganang
"蔬菜"	sayur	sayur-mayur

汉语中的重叠式也反映出这种数量原则：男女→男男女女，风雨→风风雨雨；吃喝→吃吃喝喝，打闹→打打闹闹；高兴→高高兴兴，冷清→冷冷清清等。

顺序象似原则。语符编码顺序与事件发生的自然顺序及现实经验顺序一致，如：

（6）a. 小李掏出钥匙开门进了房间。

b. *小李进了房间掏出钥匙开门。（除非开的不是同一扇门）

例（2）说明了汉语连动句基本按照顺序象似原则组织。掏出钥匙、开门、进房间这一系列动作符合自然发生顺序，所以（2a）成立而（2b）不合格。

距离象似原则。在功能、概念或者认知上接近的事物，其语符编码在时间或空间距离上也接近，例如：

（7）a. 只有我买了那本书。　　　　（别人都没买）

b. 我只买了那本书。　　　　　（但是还没读）

　　c. 我买的只有那本书。　　　　　（别的都没买）

　　在例（7）中，副词"只（有）"与哪个成分靠近，哪个成分就被修饰，产生括号中的不同理解。再如：

　　（8）a. Open the door.
　　　　　b. Please open the door.
　　　　　c. Would you please open the door?
　　　　　d. Would you mind opening the door?

　　以上四个句子表达的事件一样，"开门"，但礼貌程度完全不同。（4a）一般用于很熟悉、很亲近的人之间，暗示两人之间没有什么距离。（4b）中 please+ 祈使句是常见的表示礼貌的方式，表明说话人是以比较正式的方式说话，暗示说话人之间有一定的社会与情感距离。（4c—d）是更礼貌的表达方式。这四种表达方式，视觉上（4a）最短，（4d）最长。按照社会语言学的原理，物理距离—社会距离—心理（情感）距离具有一种对应关系。距离与礼貌程度正相关，距离越长（远），礼貌程度越高。这一点，我们每个人在现实生活中都一定有亲身体会。

2.　认知语言学对语言学习的启示

　　认知语言学关于语言和语言能力的基本认识对语言学习具有直接的指导与启发意义。

2.1　基于语言理据的知其所以然学习

　　所有结构都有意义，其本质是建立起形式与内容之间的联系，认识到形式与概念内容之间的对应联系有助于从语言符号的任意性中解脱出来。

　　研究表明，洞察性（learning by insight）（知其所以然）学习比机械性学习要有效得多。认知语言学的语义中心观实际上就是强调语言的理据性。关于理据在语言学习中的重要性，理论语言学家和应用语言学家都有明确、中肯的论述。Lakoff（1987：346）指出，有理据的东西学起来比没有理据的容易一些，同时有理据的知识记忆与使用起来也要比没有理据的容易一些。Widdowson（1990）也指出，明确地理解语言的工作方式，将经验服从于分析的需要，适合学习者的认知风格。Cater（1993）表达了同样的观点，认为学习一门语言涉及理解该语言中的某些东西，而这些东西必须明确地教授。Csabi（2004）也持同样的看法，认为对概念联系的意识有助于学习者有效地理解和使用目标语。事实上，当学习者了解了语言的工作方式，他们就会开始建构或重新建构他们个人关于所学语言的各种假设。语言系统中的各种理据对外语学习具有许多启示意义（Boers & Lindstromberg 2006：313-315）。

第一，深化学习者对所学内容的理解。学习者在掌握其理据过程中更加关注其内涵意义（connotations）并激活其语义网络。如 drive sb. into a corner（把某人逼入绝境）这个惯用语来源于拳击比赛。在拳击比赛中，一方被逼到角落，说明已经处于非常不利的地位了。学习者了解这方面的知识并联想起这样的场景后，可以对同样来源的语词的意义做出预测，如 corner（步步紧逼）作动词用的意义，on the ropes 即无还手之力等。Sokmen（1997）的研究发现，将新语词与已有知识联系起来有助于学习。

第二，加深记忆。学习者在语言学习过程中思考意义与意义之间、形式与意义之间的联系在语言习得研究中被认为是一个扩展（elaboration）的过程（Barcroft 2002）。扩展分为语义扩展和结构扩展。语义扩展指关于词或构式的意义的心理活动（operation），结构扩展指关于词或构式的型式的心理活动。由于扩展是在比较深的层次处理信息，因而能增加信息在记忆中保留的可能性，促进学习（Boers & Lindstromberg 2006）。

第三，增强学习者的学习动力与信心。当外语学习者能够理解各种型式（包括语法结构、惯用语等）的语义理据时，他们就会享受外语学习的乐趣，发现语言学习尤其是语法学习并不是那么神秘可怕。他们在自己去发现规律的同时，还可能产生不断建立假设与验证假设的动力和兴趣，从而不断提高认知能力，增强学习动机。

第四，增强学习自主性。语言表达式的意义取决于识解，一方面意味着语言的约定性本质，另一方面表明使用者对话语中语言表达式的分布具有选择决定权，即语言使用者处于语言使用事件的中心地位。学习者不断发现所学外语的理据性结构和原则，这一过程的本质就是其自主学习能力在不断增强。

2.2 多义性：掌握其扩展理据与内在联系

我们可能都有过这样的经历，一篇文章或一本书的单词、结构基本都见过或熟悉，但最终它表达的意思是什么，却不甚明白。其中一个最重要的原因之一就是词、短语或句子结构在不同的组合中、不同的语境下的意义与我们知道的意义总是有些不同。许多人都有同感，英语中最难翻译、最拿不准的往往是哪些最常见的词语和结构，这实际就是多义性问题。

语言中，真正单义的词语或结构是不多的，尤其是封闭性词类（如介词、连词）和动词，以及小品词与动词组成的短语动词。一个语言单位的众多意义，往往围绕某个或几个中心意义扩展开来，构成一个语义网络系统。语义的扩展往往都遵循一定的理据或由于某些认知机制的作用而产生。掌握其理据，一方面可以提高语言意识，另一方面可以减轻学习的负担，如：

（9）a. We cannot get the ball; it's beyond the wall.

　　b. Their decision about the investment is beyond my understanding.

　　c. The use of the prepositions is beyond me.

　　d. The place has changed beyond recognition.

英语中，介词 beyond 的基本义是 on the farther side of（在……那边；在……之外；在更远处），如（9a）。（9b）中的 beyond my understanding 则是通过隐喻的作用（在我能理解的范围之外），即用空间距离隐喻抽象的知识距离，表达"我不能理解"的意义。（9c）是在（9b）隐喻的基础上结合使用的转喻，me 由指我整个人转指我的理解力。（9d）与（9b）相似，需要指出的是，beyond 后接具有动词意义的名词都表示"超出；为……不能及"的意思，如 beyond all praise（赞扬不尽），beyond one's power 非……所能及，beyond comprehension（understanding, cognition）理解不了，认不出来。

多义性对翻译和阅读理解能力培养至关重要。在外语学习过程中，单词记忆虽然是最基本的第一步，但怎样记忆单词的意义与外语学习效率具有直接的联系。凭我个人的经验，单词意义记忆得越准确，阅读、翻译和英语的使用困难越大。这是因为，如果一个单词你只记忆它的一个或两个意义，则更多的扩展性意义就排除在外了。好的方法是，在词典的帮助下，把一个单词的所有意义，包括词组和习语的意义，全部认真地琢磨透，然后记住一个只可意会不可言传的意义（实际上是原型意义），这样在未来的阅读和语言使用中，就会自如得多，如下面的 low：

（10） a. When they go low, we go high. (Michelle Obama, 2016.7.27)
（当别人道德低下（自甘堕落）时，我们应该追求高尚（完善自我）。）

  b. low bridges   （矮桥）
  c. low wages   （低工资）
  d. low prices   （价格便宜）
  e. in low spirit   （心情沮丧）
  f. low language   （粗俗的语言）
  e. have a low opinion of （不以为然，瞧不起）

  （10a）是奥巴马夫人米歇尔在 2016 年民主党大会上为希拉里竞选党内总统提名人选的站台演讲。怎样翻译在美国脍炙人口的这句话，理解 low 和 high 是关键。Low 在英语中是一个十分常见的词，其基本义是表示空间的高度很低，如（10b）。但在隐喻和转喻的作用下，与不同的词语组合用于不同的语境，其意义可以发生扩展或转移，如括号中的译文所示，可以表示数量、程度、水平等许多不同认知域的概念。通过这样的翻译练习，我们可以更深刻地理解 low 的内涵，更灵活、更地道地使用语言。像上面提到的米歇尔的演讲，用词非常简单，但表达的内容却很深刻，效果震撼。

2.3 对比分析与语言意识培养

  语言的结构和使用反映出一个民族的思维习惯和民族文化的积淀。不同的语言认识世界的方式的差异自然就会在语言中体现出来。认知语言学认为意义的构建过程就是概念化的过程。在概念化的过程中，语言中所隐含的文化内容必定影响着概念化的内容与方式。那么，理解目标语文化中所隐含的个性化内容（idiosyncrasies）、价值系统和态度也就成为外语学习的目标，而不仅仅是作为增强外语学习者的语言能力的工具，语言也就不仅仅是交际的媒介。这样的语言与文化意识本身具有认知和情感的价值，能扩展学习者的百科知识和跨文化交际能力。了解语言的运行机制、意义的生成方式、语言与文化以及和概念化之间的相互联系，有助于更好更深入地理解目标语和目标语文化，同时也更深入地理解母语与母语文化，从而形成对世界的新认识（Niemeier 2004）。近年来，出于对交际法将形式与意义相分离而带来的严重后果的反思，语法教学重新受到重视，其实原因之一还在于语法教学同样能够提高跨文化意识，因为语法也是对经验的抽象和概念化。因此，了解第二语言中的理据性能够提高学习者的语言与跨文化意识。

为了实现语言学习过程中的跨文化学习，培养学习者的语言意识，认知语言学重新审视了对比分析（Contrastive Analysis: CA）的理论和方法，合理吸收了其有效部分。二十世纪五六十年代流行的对比分析法主要是就语言的形式与结构进行对比分析，认为母语与目标语的结构的差异部分就是学习的难点，母语会干扰目标语的学习。认知语言学不局限于形式与结构的对比，更注重语义和概念化方式的对比。概念隐喻的对比可为重要的切入点，能够深刻的揭示概念化方式的差异。比如，人类情感的表达，不同民族和语言有许多共同的概念化方式，但也有差异，以"愤怒"为例：

（12）a. He made a fiery speech at the meeting.

　　　b. A person who becomes angry easily is called a ***hothead***. An angry person's neck often becomes red. We say he is ***hot under the collar***.

　　　c. 她脸上的微笑消除了他的火气。

　　　b. 他的发言充满了火药味。

用"火"或"火气"表示愤怒，可能是世界语言中的一个共同的概念化方式。如（12）所示。与火有关联的颜色是"红色"，英语和汉语中都可以用来表示生气或愤怒，但还是有一些差异。汉语中"红色"更常用于"害羞"，如：

（13）a. Tom really saw red when the tax bill arrived.

　　　b. 有一天，我在我家八字门口和一班孩子"掷铜钱"，一位老辈走过，见了我，笑道："糜先生也掷铜钱吗？"我听了羞愧得面红耳赤，觉得大失了"先生"的身份！胡适《我的母亲》

　　　c. "皇帝面红脖子粗地大骂言官沽名钓誉，恭王与醇王自恃长亲，渺视皇帝，话越说越多，也越离谱了。"高阳《玉座珠帘》

英语中，see red 虽也表示"发怒"，但其意义却不是来源于当事人，而是来源于斗牛比赛。斗牛比赛中，斗牛者拿着一块红布激怒公牛。这项运动大概起源于 18 世纪中叶，这个短语流行于 20 世纪初。该短语起源于斗牛的一项证据是 Charlotte Mary Yonge 于 1873 年的小说 *The Pillars of the House* 出现的短语 like a red rag to a bull。在美国英语中，see red 可能是从 see things red 改造而来的，指人感情强烈时，血压升高，就会生气。但汉语里，"面红耳赤"虽然也可表示生气，却大多表示"害羞"的意思。常用来表示愤怒的是"面红脖子粗"。其中的"脖子粗"也许与英语里 see things red 相近。"面红"不一定是愤怒。

（14）a. The news *threw him into a rage*.

b. When he heard the report, he *flew into a rage*.

c. She was *bursting with anger*.

d. When we told him, he *exploded*.

e. 当他在电视上看到歹徒残忍地杀死了那么多无辜的生命的时候，顿时义愤填膺。

f. 却说周瑜怒气填胸，坠于马下，左右急救归船。（《三国演义》第五十七回）

g. 我现在满肚子的火（气），现在的 90 后，搞不懂啊。

h. 听到这个结果，他气炸了。

（14）是表示愤怒最具有文化共性的概念隐喻，"愤怒是装在容器里的流动性热量"（ANGER IS THE HEAT OF FLUIDITY IN A CONTAINER）。初看，好像中英文都有这样的表达式。仔细分析，还是可以发现一些差别。英语中更强调过程，如（14a—b），或强度，如（14c—d）。但汉语中更强调处所（本质是转喻，部分代整体），如（14e—g）或强度，如（14h）。生气经常会导致一些特殊行为的出现，如：

（15）a. 历年以来，不知害了我们多少同志，说来真令人发指。

b. 听到这个消息，他怒发冲冠。

c. The horrible scream made my *hair stand on end*.

d. When my mother saw the state of the house after the party, she *blew her top*!

当人生气的时候，行为理智会失常，汉语里常用"头发"的变化来表达。"令人发指"指使头发都竖立起来，非常愤怒的意思，来源于《庄子·盗跖》："谒者入通，盗跖闻之大怒，目如明星，发上指冠"。"怒发冲冠"指愤怒得头发直竖，顶着帽子，形容极端愤怒，来源于《史记·廉颇蔺相如列传》，"王授璧，相如因持璧却立，倚柱，怒发上冲冠。"但英语里 make one's hair stand on end 表达的却是"十分惊讶"的意思。Blow one's top 描写的是人气炸以后，人体变成碎片飞向空中的意象。

眼睛和牙齿在英语和汉语里就不一样了：

（16）a. 怒目而视　怒目横眉　怒目切齿　怒目圆睁　横眉立目　金刚怒目　嗔"目"切齿　瞪眼睛　怒目　怒视　瞪眼睛吹胡子

　　　 b. 嗔目切"齿"　咬牙切齿　裂眦嚼齿　嚼齿穿龈

　　　 c. We seemed to be getting along just fine, but she suddenly *bared her teeth* when I brought up religion.

　　　 d. I suddenly noticed Tom *looking daggers at* me and thought I'd better shut up.

汉语里表达"愤怒"时，面部表情、眼神的变化或口腔与牙齿动作的表达式很多，如（16a—b），但英语中相对较少。即使有 bare（show）one's teeth 表达式，也是转喻而来的，就像狗或狼在受到威胁时的反应一样。（16d）中的 look daggers at 严格来讲并不是眼睛的动作本身，而是眼神的效果。愤怒的意义主要来自 daggers（匕首、短刀）的转喻意义。

"气"在中国文化里是一个非常独特的概念。在中医学中，指构成人体及维持生命活动的最基本要素，同时也具有生理机能的含义。"气"若直接表示"怒气"，猜想应该是语义强化的结果，即通过转喻整体指代部分，即人体所需的"气"有一定的度，如果超过一定的度，则令人难受，可以从"气急败坏"的意思看出来，表示呼吸急促，狼狈不堪，形容因愤怒或激动而慌张地说话、回答或喊叫。"气"在汉语里有多达几十种意义和用法。在英语里，愤怒常常被隐喻为动物的危险性或侵略性动作。这是因为，在英语里，动物的非理性特征往往意味着无自制力。这样的隐喻生成理据也暗含着"愤怒"是一种非常不好的、非理性的情感。

（17）气急败坏　怒气冲冲　气呼呼　怒气

（18）a. However, it will pay you to *curb* your famous temper.

b. His common sense is a *bridle* to his quick temper.

c. Samuel *squirmed* with suppressed rage and this obvious sign of the Prince of Wales's inclinations (BNC).

d. Keeping bent double, Hoomey *wriggled* in a frenzy back out of the door (BNC).

e. "You shall yet repent this", he *hissed* (OED).

f. Don't *snarl* at me.

（17）和（18）应该是汉语和英语里比较独有的表达方式。（18a—b）中的 curb 和 bridle 指马被激怒后对马实施控制，（18c—d）指蛇爬行的动作，（18e）指蛇爬行时发出的响声。这两种动作大多是蛇受到惊吓或激怒后的行为。根据百科知识，脱缰的野马攻击力非常大，蛇一旦被激怒发起攻击，非常危险。（18f）中的 snarl 指狼、虎等攻击性动物受到惊吓或威胁时做出的激烈反应，发出的吼叫，预示着猛烈攻击的来临。

通过对"愤怒"在汉英语中的异同比较，我们既可了解英语和汉语在认知和文化方面的共性特征，更能感受两种语言与文化的个性特质，由此洞察不同语言与文化对世界的概念化方式。在这样的比较与洞察过程中，逐渐培养起对不同语言和文化的意识和敏感性，享受语言中的文化底蕴与美感。

2.4　跨文化交际能力培养融于语言学习

认知语言学（Niemeier 2004）认为，文化不是外在于语言的某个地方，而是存在于语言本身的各个层面，就在每一个词中，每一个语法构式中，可以通过语言行为和语言分析发现出来，不断地由语言来交流。在对每一个词、每一个语法构式，不同语体和语篇中的隐喻和转喻基础的认识与学习过程中，学习者会逐渐发现概念隐喻的操控（manipulative）功能，从而意识到语言是多么的灵活和具有力量，同时了解语言中的文化知识。

2.4.1　语块与文化学习

语块或程式化语言是一个宽泛的概念，是语言习得的基本单位，思想表达的常用方式。Kecskes（2007）指出，程式化（formulaic）语言是反映本族语者语言使用方式的核心，因为在这样的表达式（语块）里包含着语言社群喜好的说话方式。

程式化语言含义很广，可以包括搭配、固定短语、词汇隐喻、习语、特定情境话语等（Howarth 1998; Wray 1999, 2002; Kecskes 2000）。它们形式上一起出现，意义上形成一个整体，整体大于部分之和，常常超越字面意义（Kecskes 2007）。程式化语言往往具有规约意义或机构性（institutionalized）意义。这样的意义其实具有很强的文化意义，如：*I'll talk to you later, How are you doing?, Welcome aboard*。这样的表达式其实在外语学习的早期就应该指出其在什么样的条件下使用。这既是教文化知识，又是培养语用交际能力。英语母语者喜欢使用程式化语言。在语言交往中，如果非母语者也同样使用程式化语言，这表明他遵守着共同的交际规则（Kecskes 2007）。情景话语，作为程式化语言的重要组成部分，涵盖了非常丰富的文化语境信息，了解这些信息是交际得体有效的重要保证。Kecskes（2007）概括性指出，程式化语言能够体现出语言使用者喜好的说话方式主要有三个方面的交际优势：一是减轻语言处理负担，认知注意力可以更多地放在交际效果上；二是具有很强的框架性（framing）功能，因为程式化语言一般都是依据一定的概念框架而定义产生的，说出这样一句话就意味着创造了一个特定的语境，在此语境下，说话人的角色和该说什么话都基本可以预测；三是程式化语言可以为协调双方的交际行为创造共同背景下的共享出发点，让交际双方都默认所说的话按照说话人的意图来理解，从而实现最终的交际目的。

因此，最大限度地了解和掌握程式化语言，是了解和掌握本族语者说话方式最有效的途径，也是跨文化交际能力最核心的要素之一。

2.4.2 隐喻性语言与文化学习

隐喻性（包括隐喻和转喻）语言也能典型反映语言社群喜好的说话方式，体现出不同语言观察世界和人生的不同方式和态度，积淀着深厚的文化渊源和传统。

隐喻充盈于语言当中，在各层次都无比丰富。如 Achilles' heel（弱点）来源于希腊神话，one's pound of flesh（合理不合情的要求）出自莎士比亚的《威尼斯商人》。break down（抛锚），down 往往引申表示不好的、数量减少的意义，而 up 则表示好的、积极的、多的意义（体积上越高数量越多），反映出体验认知的特点，再如 come down with a cold（感冒），cut down（减少、裁减），cheer up（振作起来），set up（建立），build up（建立，增强）等。英语中的习语更是反映出历史文化的积淀和认识世界的方式，如 Rome was not built in a day（罗马非一日之功；不积跬步无以至千里），（when in Rome）do as the Romans do（入乡随俗），all roads lead to Rome（殊途同归；条条大路通罗马），这样的系列表达式反映出 Rome（罗马）在西方文明发展史上的辉煌与重要历史地位；Even Homer nods（荷马也有打盹的时候；智者千虑也有一失；老马也有失蹄的时候）讲述着荷马作为智慧化身的尊高地位；carry coal to Newcastle（多此一举）讲述了 Newcastle 曾经作为煤炭能源基地在英国历史上的重要地位。

概念隐喻和概念转喻更是体现思维和民族文化的基本特征，再以 UP、DOWN 为例（Lakoff & Johnson 1980：15-23）

（19）a. HAPPY IS UP; SAD IS DOWN

　　　b. CONSCIOUS IS UP; UNCONSCIOUS IS DOWN

　　　c. HEALTH AND LIFE ARE UP; SICKNESS AND DEATH ARE DOWN

　　　d. HAVING CONTROl OR FORCE IS UP; BEING SUBJECT TO CONTROL OR FORCE IS DOWN

　　　e. MORE IS UP; LESS IS DOWN

　　　f. HIGH STATUS IS UP; LOW STATUS IS DOWN

　　　g. GOOD IS UP; BAD IS DOWN

　　　h. VIRTUE IS UP; DEPRAVITY IS DOWN

"上"、"下"作为一个抽象概念，在汉英语言里都可以表达十分丰富的意义，相关的表达式非常多，且体现系统性和内在逻辑性。中国文化中，有一种意识，多就是好，大就是好。多就是在直观上堆得更高，大在数量上、体积上都要多一些。归根结底就是 GOOD IS UP，好的东西总是向上的。这也可能是人类认识和文化的基本共性特征。然而，能集中体现民族文化差异的也是概念隐喻。

在英汉语里，如果我们仔细研究由"心"、"脑"，heart and mind 构成的概念隐喻，我们同样能发现重要的民族文化差异。整体上来说，英汉两种语言中，这四个词都可以构成 THE MIND IS A BODY 概念隐喻子系统，反映出人类大脑心智活动的经验属性。但是英语中，mind

和 heart 构成的概念隐喻典型地反映出二元对立的思维特征，即 mind 构成的隐喻主要是思维活动方面的，heart 构成的隐喻主要是情感方面的，二者分工明确。但在汉语中，情感与心智活动是交织在一起的，如"心事、心思、心想、心算；心口如一、心想事成；眼不见，心不烦，劳心者治人，劳力者治于人"。这也许能解释，汉语中现在一个很流行的说法："纠结"。"纠结"是因为情感与理智不分，理智战胜不了情感。在中国古代哲学中，"心"可以掌管一切心理、情感、思维等活动，体现出整体思维方式。英汉两种语言中，身体部位词汇构成的隐喻非常丰富，仔细比较各自的隐喻表达式，对深入认识两种语言所体现的思维方式具有积极的启发意义。

"时间"是思维的一个基本范畴，但汉英语言体现出很大的文化与思维差异，如：

（20）a. 五年后

　　　b. after five years

　　　c. in five years

英语里过去的五年和未来的五年对应的表达式分别是 b 和 c。但在汉语里都是"五年后"。英语思维中，时间是单向流动的、线性的，所以，过去和未来时间的语言表达式有明确的分工，时间的方向以空间运动的方向来确定，"前"表"未来"，"后"表"过去"。但汉语思维中，时间的方向是以事件是否发生为依据的，即已经发生的为过去，用"前"表达；没有发生的为"未来"，用"后"表达。类似的特征还表现在空间关系上，如（3）可以有（4）的两种解读：

（21）复旦大学前一站

　　　a. 需要先经过此站才到复旦大学。（The past stop prior to Fudan University）

　　　b. 需要先经过复旦大学才到此站。（The next stop after Fudan University）

（21a）是已经过去的那一站，（21b）是还未经过的那一站。一个说英语的人要能正确理解（21）并进行成功的交际，必须知道汉语所体现的观察世界的方式，否则会产生误解导致交际失败。当然用英语表达时，不会有问题，但却对翻译提出了更高要求。

Lakoff & Johnson（1980），Lakoff & Johnson（1987，1999）指出，

隐喻是人类思维与语言运行的基本方式。隐喻能力是本族语者语言产出的基本特征。外语学习者能恰当地使用隐喻性语言和规约性知识最能体现其接近本族语者的语言能力，而这种能力又表现在交际环境下选择和处理情景话语的能力。因此，隐喻能力甚至比语言能力和交际能力都重要，因为隐喻能力是它们二者的基础（Kecskes 2000），与一种文化组织其对世界的认识方式紧密相关（Danesi 1992）。

2.4.3　同义性、多义性表达式与文化学习

同义性、多义性表达实际上反映出人们观察世界的不同方式和思维组织方式。人们常说，西方人主要是分析性思维，逻辑严谨。这一点在词汇与结构的"同义性"和多义性及其语义分工方面表现得很突出。以 do 和 make 为例，英汉词典上都释义为"做"。很多老师在教学中很难简明扼要地讲清楚它们之间的使用差异，转而要求学生死记硬背它们的各种搭配，这是事倍功半的做法，同时也误导学生以为学语言就是死记硬背。其实我们仔细考察它们的各种用法，就很容易地理解和记住：do 是将存在的事情做完（从有到无），而 make 是在没有的情况下做出一个来（从无到有），如 do washing, do cleaning, do homework, do one's duty; make a plan（proposal），make some suggestions，make a meal，make progress，make money 等等。即使表面上看起来是例外的 do a degree（读学位），do Ph.d（攻读博士学位），其本质意义也是从有到无，即把一个学位的课程、学分，包括论文修读完毕。在英语学习过程中，我们感觉英语里存在很多同义词，其实在英语本族语者看来就不一定是同义词，而是分别表达不同的语义范畴和内容，体现出思维的精细化分工。

再如表示"花费"的动词 spend，cost 实际上反映了英语者从主体、客体两种视角认识事物的方式，如：

（22）a. I spend 10 dollars on the book.

　　　b. The book cost me 10 dollars.

（22a）表达的是主体视角，（22b）表达的是客体视角。主客体对立是西方文化和思维的基本特征。类似的例子如：

（23）a. It took me five hours to drive home.

　　　b. I spent five hours driving home.

多义性的产生往往是由于隐喻思维的结果，体现出概念范畴的内在联系：

（24）a. He fathered two sons.

b. A son owes a debt to the man who fathered him.

c. Bob fathered an orphan.

d. He fathered many inventions.

e. He fathered the plan.

父亲（father）转换为动词后，仍然像其名词一样，具有许多不同领域的特征。但是在某一特定的句子中，它也许只与某一领域相关。（24a）只与遗传（genetic）域相关。（24b）和（24c）与抚养（nurturance）域相关，但两者也并不完全相同。（24b）是履行父亲的责任，（24c）显示父亲般的能力。例（24d）和（24e）与生育域相关，（24d）更强调"首创"（originate），（24e）侧重于"提出"（be author of）。这些不同、但高度关联的意义构成一个辐射型语义网络或范畴。隐喻一方面使 father 的意义发生扩展，另一方面折射出英语者观察事物的视角和建立相互联系的方式。

2.4.4　语法结构词或标记语与文化学习

语法结构、句子的连接方式、小句等其实反映出不同语言喜好的信息组织方式，甚至思维特点，以被动句为例。

汉语里被动句在古汉语中最初表示"遭受"义，往往是"不如意或不企望的事情"（王力 1985），主观性较强，后来逐渐发展成表达一般的被动义。英语里的被动句主要是表示"受影响"，强调事件的完成性，客观性较强。正因为这样的不同语义起源，就出现了以下值得思考的现象。

汉语里，近年来出现了不及物动词、甚至名词用于被动句的现象，产生"被就业、被死亡、被高铁"的用法。这种用法能够产生，源于汉语被动句最初的"不如意"的意义。另外汉语中的"无主语句"一般都翻译成英语里的被动句，因为无主语句客观性较强。

英语中，有相当的及物动词虽能带宾语，却不能转换成被动语态，如：

（25）a. Beavers build dams

b. Pandas eat bamboo.

c. He lacks confidence.

d. John resembles his father.

e. The auditorium holds 4000 people.

仔细分析这些句子所表达的意义，就很容易解释了。（25）里的这些句子都不是表示一个完成性事件，宾语都没有受到动词所表达的动作的影响。相反，动词和宾语一起表达的是主语的特征或状态。但由于汉语的最初意义不是"受影响"，所以可以有：

（26）a. * 那地方被他逛了。

　　　b. 那地方被他逛得很熟。

（27）a. * 那首歌被他唱了。

　　　b. 那首歌被他唱得出神入化。

也就是说，汉语里被动句受到的使用限制少一些。在语言系统里，一个句式表达的意义主观性越强，受到的限制或发生改变，或被消解。在语言交际当中，这些地方往往是容易出错的地方。

2.4.5 融于语篇组织结构的赏析当中

告示语在日常生活中非常多，其实它反映了人际交往过程中的态度与权势问题：

（28）a. 严禁疲劳驾驶。　　　Tiredness kills (can kill).

　　　b. 严禁践踏草地。　　　Please keep off the grass.

　　　c. 不准（严禁）抽烟。　No smoking.

　　　d. 不准大声喧哗。　　　Please keep quiet. (Be quiet, please)

从上面汉英对照表达式可以看出以下差异：汉语喜用"命令"句式，传递的是居高临下，不平等的人际关系。英语里有三种句式：第一种是陈述句式，用以说明理由。这样的告示语是摆事实、讲道理，晓之以理，动之以情，非常平等、友好，再如 Smoking kills; smoking is harmful；第二种是祈使句前加表礼貌的词 please，体现出制作者诚恳、平等的态度；第三种是 No+V-ing 形式，陈述形式表达祈使意义，以客观的陈述表达主观的愿望，语气比 Don't smoke 柔和，相当于汉语里"不要抽烟"的意思。

语篇模式的差异体现着不同民族在思维模式上的不同，可能成为跨文化交际的障碍。例如汉语重神摄，重意合，在信息的组织上，往往是多个句子散点铺排，以意相连，形态上没有明显的语义标记。在语篇的宏观模式上往往是：铺垫性的信息在前，主题在后；事实在前，结论在后；原因在前，结果在后等等；而英语重形合，句子间的语义逻辑关系用显性形态标记清晰地标记出来。在语篇的宏观模式上往往采用主位推进的模式，即先述主题（最凸显的信息），然后根据逻辑上的紧密度逐渐线性展开。试比较下面的英文与汉语译文：

（29）Mrs. Clinton receives about 5,000 letters a week, according to Lawrence senior Jenny Dunlavy, who spent the fall term in D.C. as part of American University's Washington Semester Program. Working in the office of First Lady's Scheduling Correspondence, Dunlavy and others sorted through as many as 100 invitations a day requesting Mrs. Clinton to attend every thing from birthday parties to baby showers.

译文：由于参加"美国大学华盛顿学期见习计划"，劳伦斯大学四年级学生邓拉维在华盛顿特区待了整个一个秋季，在"第一夫人"日常信函办公室实习。据她透露，克林顿夫人每周大约收到 5 000 封来信。邓拉维与同事每天要处理多达 100 封左右的请柬，邀请夫人参加从生日宴会到婴儿洗礼之类的活动。

很显然，英语中的思想内容的组织方式与汉语有明显的不同，即两种语言社群喜好的思维组织方式迥异。了解这些差异，掌握其信息组织的方式是跨文化交际能力培养过程中的重点和难点，需要通过大量的教学和实践才能逐步贯通。

2.4.6　翻译与文化学习

翻译能充分体现不同语言社群喜好的说话方式和思维组织方式。这两方面是文化教学的重点也是难点。文化知识是显性的，比较容易通过显性教学和自学就能获得。但表达方式和思维组织方式是隐性的，只有通过深入仔细的领悟和翻译表达，才能把握语言间、文化间的异同。

翻译理论研究中一直存在着"归化"和"异化"的问题。其实，从跨文化交际的角度来看，二者只是功能取向不同而已。"归化"是为了使异域文化更好地让本族语读者所理解、所接受；"异化"是为了让本族语读者更多了解异域文化的特征，认知更多的认识世界的方式，加深和丰富对事物本质的认识。因此，不存在谁优谁劣的问题，而是服务于跨文化交际与传播的不同目的的问题。再如：

（30）a. Rome was not built in a day.

（罗马非一日之功；不积跬步无以至千里）

b. (When in Rome) do as the Romans do.

（在罗马，罗马人怎么做就怎么做；入乡随俗）

c. All roads lead to Rome.（条条大路通罗马；殊途同归）

两种译文里，前一种可以说是异化，但让学习者感悟出罗马在西方文明进程中的伟大与影响。后一种是归化，更容易让读者理解与接受。本文认为，就教学而言，两种不同的译法都应该让学生去体验与掌握，从而达到思想与文化的交融。另外，从英文中我们看出西方人分析性思维的特征。他们讲大道理多从具体的现象分析开始。而归化的中文翻译体现出中国人从整体或宏观上看问题的取向。

词汇的含义往往体现出文化的积淀。如汉语中"兄弟"与英语中的"brother"大相径庭。英语中，brother 主要表示亲属血缘关系，也可表示修道院社群中同阶的成员，短语 brothers in arms 作为习语表示因共同的事业或危险而拧在一起（Holme 2011：18）。但在汉语中"兄弟"可以有以下几种意义：1）血缘上是同母所生的两个男孩；2）社会关系上，私人关系特别好的两个人；3）社会组织里的平等成员，如"我们都是阶级兄弟"；4）作为称呼语，表示年龄相近的男性。那么，用英语来表达这些不同意义时，就不能再一概都用"brother"来表达了。

有时候，一个很普通的词的翻译也能凸显出概念内涵的文化差异，如下文中：When I was nine years old, my mom dropped my two brothers and a small backpack crammed with clothes off at my dad's house（《新目标大学英语》第一册第五单元）。其中，"house"如果翻译成"家"，初看是没有问题的。但事实是，他们的父母是分居的，小孩们开始是和母亲生活在一起。这句话的背景是母亲决定去寻找自己的生活，不管孩子们了，把他们交给其父亲来照顾。汉语里"家"可以是一个房子（house），可以是一个整体，一家人共同生活或心灵所属的地方（home），也可以是家庭成员（family）。所以，本句中，"house"翻译成"住处"才能准确表达句子的意义："9 岁那年，妈妈把我和我的两个兄弟还有一个塞满衣服的小背包送到了爸爸的住处。"

2.4.7　语言对比与文化学习

认知语言学为对比法的回归起到了推波助澜的作用，也为它正了名。只不过，认知语言学方法下的对比分析不在形式的对比，而在语义或概念内容的对比。其目的是更全面准确理解语言形式与概念内涵的内在联系。

L1 与 L2 对比可以从以下几个方面进行，以培养语言意识，进而增强语言、文化敏感性。

第一个方面是，两种语言各自的理据性对比，即结构形式与所表达的意义之间的对应联系。不断了解 L1 和 L2 的理据性的过程实际就是不断增强语言意识和语感的过程，这一方面能进一步激发学习者的学习动力，增强自主学习能力，另一方面促进学习者更深刻地认识 L1 和 L2 各自的特点及其文化特性，从而实现语言学习中两种语言的相互促进作用，将母语的干扰作用转化为促进作用（Martin Pütz 2010）。同时，也尽可能减少机械性学习，增加洞察性学习（知其所以然），提高学习效率。如 2.4 节里汉英语中被动句的不同意义特征，及其使用限制和新生用法。这样的比较，让我们在深入理解语言的本质特征的同时，看到思维方式的特征与作用。

第二个方面是，同样的概念内容所涉及的表达方式，目的是发现 L1 中存在，但 L2 中不存在的，或反过来 L1 中不存在，但 L2 中存在的表达方式。那些不存在的表达方式往往就是学习的难点和容易出错的地方。这方面的对比往往涉及概念隐喻内容，比如颜色词的隐喻意义，或"愤怒"、"嫉妒"等的表达方式。从认知语言学的角度看，外语学习的过程实际也是不断地重构母语的概念范畴、图式、原型的过程。重构的过程实际就是不断让母语中的概念系统与外语中概念系统相互适应的过程。因此，两种语言中的概念系统的异同必须显性地给学习者指出来。这种对比直接的效果是增强学习者的隐喻意识或隐喻表达能力，本质上是提高学习者的文化领悟能力，最终提高概念流利性。值得注意的是，这样的对比应该是系统性的，而不是蜻蜓点水式的（Boers 2000）。

本讲小结：外语学习的能力目标随着时代的变化而不断变化。早期的语言能力是把语言作为一个符号系统来认识的。后来的交际能力是把语言作为一种交际工具来对待的。全球化的今天，来自不同语言、不同文化的人们在一种多元文化的背景下要成功进行交际，外语能力必须是一种跨文化交际能力，因为语言是一种社会惯例或传统。因此，在现有的条件和环境下，外语教学中跨文化交际能力既是我们外语教学所追求的最高目标，更应该作为外语教学的理念，深度融入外语教学的各环节当中。

思考题

1. 认知语言学关于语言的基本认识对语言学习有何启发？

2. 认知语言学的"语义中心观"在教学方法上有何启发意义？

3. 从认知语言学的角度看，语言学习与文化学习是一种怎样的关系，或者说怎样理解语言是文化的载体？

拓展阅读参考书目

Pütz, M., Niemeier, S. & R.Dirven(eds.). 2001. *Applied Cognitive Linguistics: Theory and Language Acquisition*. Berlin/New York: Moutou de Gruyter.

Robinson, P. & N. Ellis(eds.), 2008. *Handbook of Cognitive Linguistics and Second Language Acquisition*. New York/London: Routledge.

Tomasello, M. 2003. Constructing a language: A usage-based theory of language acquisition. Cambridge, MA: Harvard University Press.

刘正光，2009，认知语言学的语言习得观，《外语教学与研究》41（1）：46-53。

刘正光，2009，认知语言学对外语教学的启示，《中国外语》6（5）：29-35。

刘正光，2010，认知语言学的语言观与外语教学的基本原则，《外语研究》（1）：8-14。

参考文献

Achard, M. & S. Niemeier (eds.). 2004. *Cognitive Linguistics, Second Language Acquisition, and Foreign Language Teaching.* Berlin: Mouton de Gruyter.

Ambridge, B. et al. 2015. Preemption versus Entrenchment: Towards a Construction-General Solution to the Problem of the Retreat from Verb Argument Structure overgeneralization. *PLOS (Public Library of Science) One* 10(4): 1-20.

Archard, M. 1997. *Cognitive grammar and SLA investigation. Journal of Intensive English Studies* 11: 157-176.

Barcroft, J. 2002. Semantic and structural elaboration in lexical acquisition. *Language Learning* 52(2): 323-363.

Barsalou, L. W. 1992. Frames, concepts, and conceptual fields. In E. Kittay & A. Lehrer (eds.), *Frames, fields, and contrasts: New essays in Semantic and Lexical Organization.* Hillsdale, NJ: Erlbaum, 21-74.

Behrens, H. 2009. Usage-based and emergentist approaches to language acquisition. *Linguistics* 47(2): 383-411.

Beitel, D. A., Gibbs, R. W. & P. Sanders. 2001. The embodied approach to the polysemy of the spatial preposition *on.* In Cuyckens, H. & B. Zawada (eds.), *Polysemy in Cognitive Linguistics: Selected Papers from the International Cognitive Linguistics Conference, Amsterdam 1997.* Amsterdam: John Benjamins, 241-260.

Bickerton, D. 2009. *Adam's Tongue: How Humans Made Language, How Language Made Humans.* New York: Hill and Wang.

Blank, A. & P. Koch. (eds.), 1999. *Historical Semantics and Cognition.* Berlin / New York: Mouton de Gruyter.

Boas, H. C. 2013a. "Cognitive Construction Grammar." In: T. Hoffmann and G. Trousdale (eds.), *The Oxford Handbook of Construction Grammar.* Oxford: Oxford University Press. 233-254.

Boers, F. 2000. Metaphor awareness and vocabulary retention [J]. *Applied Linguistics* 21: 553-571.

Boers, F. & S. Lindstromberg. 2006. Cognitive linguistics applications in second or foreign language instruction: rationale, proposals and evaluation [A]. In Kristiansen, G. et.al. (eds.), *Cognitive Linguistics: Current Applications and Future Perspectives* [C]. Berlin/New York: Mouton de Gruyter.

Bolinger, D. 1965. The atomization of meaning. *Language* 41: 555-573.

Bowerman, M. 1982. Reorganizational processes in lexical and syntactic development.

In E. Wanner and L. R. Gleitman. (eds.), *Language Acquisition: The state of the art.* Cambridge: University Press, 319−346.

Bowerman, M. 1988. The "nonegative evidence" problem: How do children avoid constructing an overly general grammar. In J. A. Hawkins(ed.), *Explaining Language Universals*, New York, 73−101.

Bresnan, J. 1982. *The Mental Representation of Grammatical Relations.* Cambridge, Mass: MIT Press.

Bresnan, J. 1994. Locative Inversion and Universal Grammar. *Language* 70 (1): 72−131.

Brisard, F. 2002. The English Present. In Frank Brisard(ed.), *Grounding: The Epistemic Footing of Deixis and Reference.* Berlin/New York: Mouton de Gruyter. 251−298.

Brisard, F. 2010. Aspects of virtuality in the meaning of the French *imparfait. Linguistics* 48(2): 487−524.

Bybee, J. 2008. Usage-based grammar and second language acquisition. In Robinson, P. & N. Ellis (eds.), *Handbook of Cognitive Linguistics and Second Language Acquisition.* New York/London: Routledge.

Bybee, J. 2010. *Language, Usage and Cognition.* Cambridge: Cambridge University Press.

Carlson, G. (1980). *Reference to Kinds in English.* Garland Publishing.

Carter, R. 1995. *Keywords in Language and Literacy.* London: Routledge.

Chafe, W. 1973. Language and memory. *Language* 49: 261−281.

Chafe, W. 1977. The recall and verbalization of past experience. In Cole (ed.), *Syntax and Semantics: Grammatical Relations.* New York: Academic Press. 215−246.

Chang, N., Feldman, J., Porzel, R. & K. Sanders. 2002. Scaling cognitive linguistics: Formalisms for language understanding. In *Proceedings 1st International Workshop on Scalable Natural Language Understanding.* Heidelberg, Germany.

Chomsky, N. 1980. *Rules and Representations.* Oxford: Blackwell.

Chomsky, N. 1981. *Lectures on Government and Binding.* Dordrecht: Foris.

Clark, Eve,V. 2003. *First Language Acquisition.* Cambridge: Cambridge University Press.

Cohen, A. 1996. *Think Generic: The Meaning and Use of Generic Sentences.*Ph.D. thesis, Carnegie Mellon University. Published 1999, CSLI, Stanford.

Cole, P. & Sadock, J. (eds.). 1977. *Syntax and Semantics: Grammatical Relations.* New York: Academic Press.

Coulmas, F. 1996. *The Blackwell Encyclopedia of Writing Systems* [M]. Oxford: Blackwell.

Coulson, S. & T. Oakley. 2000. Blending basics. *Cognitive Linguistics* 11(3/4): 175−196.

Croft, W. 2001. *Radical Construction Grammar.* Oxford: Oxford University Press.

Croft, W. 2003. *Typology and Universals.* Cambridge: Cambridge University Press. (Second Edition)

Croft, W., Cruse, D.A. 2004. *Cognitive Linguistics.* Cambridge: Cambridge University Press.

Csábi, S. 2004. A cognitive linguistic view of polysemy in English and its implications for teaching. In M. Achard, & S. Niemeier (Eds.), *Cognitive linguistics, second language acquisition, and foreign language teaching*. Berlin: Mouton de Gruyter, 233−256.

Cuyckens, H. & B. Zawada (eds.). 2001. *Polysemy in cognitive linguistics*. Amsterdam: John Benjamins.

Dabrowska, E. 2004. *Language, Mind and Brain: Some Psychological and Neurological Constraints on Theories of Grammar*. Edinburgh: Edinburgh University Press.

Danesi, M. 1992. Metaphorical competence in second language acquisition and second language teaching: The neglected dimension. In J. E. Alatis (Ed.). *Georgetown University Round Table on Languages and Linguistics*. Washington, DC: Georgetown University Press, 489−500.

Danesi, M. 1995. Learning and teaching languages: The role of "conceptual fluency'". *International Journal of Applied Linguistics* 5(1): 3−20.

Deane, P. D. 1988. Polysemy and cognition. *Lingua* 75(4): 325−361.

Deardorff, D. K. 2006. Identification and assessment of intercultural competence as a student outcome of internationalization [J]. *Journal of Studies in International Education* 10: 241−266.

DeLancey, S. 1985. The analysis-synthesis-lexis cycle in Tibeto-Burman: A case study in motivated change. In J. Haiman (ed.). *Iconicity in Syntax*. Amsterdam: John Benjamins, 367−389.

Diessel, H. 2004. *The Acquisition of Complex Sentences*. Cambridge: Cambridge University Press.

Diessel, H. 2013. Construction grammar and first language acquisition. In Trousdale, G. & T. Hoffmann (eds.), *The Oxford Handbook of Construction Grammar*. Oxford: Oxford University Press.

Evans, V. & M. C. Green. 2006. *Cognitive Linguistics: An introduction*. Edinburgh: Endinburgh University Press Ltd.

Fauconnier, G. 1994. *Mental Spaces: Aspects of Meaning Construction in Natural Language*. Cambridge: Cambridge University Press.

Fauconnier, G. 1997. *Mappings in Thought and Language*. Cambridge: Cambridge University Press.

Fauconnier, G. 2000. Methods and generalizations. In Janssen, T. & G. Redeker (eds.), *Scope and Foundations of Cognitive Linguistics*. The Hague: Mouton De Gruyter, 283−304.

Fauconnier, G. & E. Sweeter. 1996. *Spaces, Worlds, and Grammars*. Chicago: Chicago University Press.

Fauconnier, G. & E. Sweetser. 1996. Cognitive links and domains. In Fauconnier & Sweetser (eds.), *Spaces, Worlds, and Grammar*. Chicago: The University of Chicago Press.

Fauconnier, Gilles. 2007. "Mental Spaces." In Geeraerts, D. & H. Cuyckens (eds.), *The Oxford Handbook of Cognitive Linguistics*.

Fauconnier, G. & M. Turner. 1996. Blending as central process of Grammar. In Goldberg, A. (ed.), *Conceptual Structure, Discourse, and Language*. Stanford: Center for the

Study of Language and Information.

Fauconnier, G. & M. Turner. 1998. Conceptual Integration Network. *Cognitive Linguistics* 22(2): 133–187.

Fauconnier, G. & M. Turner. 1998. Principles of Conceptual Integration. In J.-P. Koenig (ed.), *Discourse and Cognition*. Stanford: CSLI, 269–283.

Fauconnier, G. & M.Turner. 2002. *The way we think: Conceptual blending and the mind's hidden complexities*. New York: Basic Books.

Feyaerts, K. 2000. Refining the Inheritance Hypothesis: Interaction between metaphoric and metonymic hierarchies. In Barcelona, A. (ed.). *Metaphor and Metonymy at the Crossroads*. Berlin/New York: Mouton de Gruyter, 59–78.

Feyaerts, K. 2000. Refining the Inheritance Hypothesis: Interaction between metaphoric and metonymic hierarchies. In Barcelona (ed.): *Metaphor and Metonymy at the Crossroads*. Berlin, New York: Mouton de Gruyter, 59–78.

Fillmore, C. 1976. Frame semantics and the nature of language. *Annals of the New York Academy of Sciences: Conference on the Origin and Development of Language and Speech*. Vol. 280: 20–32.

Fillmore, C. & B. Atkins. 1992. Towards a frame-based lexicon: The semantics of RISK and its neighbors. In Lehrer, A. & E. Kitty (eds.), *Frames, Fields, and Contrast: New Essays in Semantics and Lexical Organization*. Hillsdale: Lawrence Erlbaum Associates, 75–102.

Fillmore, Charles J., Paul Kay, Laura Michaelis & Ivan Sag. *Construction Grammar*. *Stanford*. CSLI, 2005.

Fillmore, C. J. (1985). Frames and the semantics of understanding. *Quaderni di Semantica* 6(2): 222–254.

Fillmore, C. J., Kay, P. & M.C. O'Connor.1988. Regularity and Idiomaticity in Grammatical Constructions: The Case of Let Alone. *Language* 64: 501–538.

Fodor, J. A.1983. *The Modularity of the Mind*. Cambridge / Massachusetts : MIT Press.

Francisco J. Ruiz de Mendoza Ibáñez & M. Sandra Peña Cerval. 2005. *Cognitive Linguistics: Internal Dynamics and Interdisciplinary Interaction*. Berlin / New York: Mouton de Gruyter.

Geeraerts, D. 1985. Cognitive restrictions on the structure of semantic change. In Fisiak (ed.), *Historical Semantics, Historical Word Formation*. Berlin: Mouton de Gruyter, 135–151.

Geeraerts, D. 1988. On necessary and sufficient conditions. *Journal of Semantics*: 275–291.

Geeraerts, D. 1988. Where Does Prototypicality Come from. In Rudzka-Ostyn(ed.), *Topics in Cognitive Linguistics*. Amsterdam: Benjamins. 207–209.

Geeraerts, D. 1989. Prospects and problems of prototype theory. *Linguistics* 27: 587–612.

Geeraerts, D.1999. Diachronic prototype semantics: A digest. In Blank and Koch (eds.), *Historical Semantics and Cognition*. Berlin / New York: Mouton de Gruyter, 91–108.

Geeraerts, D. 2005. Lectal variation and empirical data in Cognitive Linguistics. In Ruiz de Mendoza Ibáñez & M. Sandra Peña Cerval (eds.), *Cognitive Linguistics: Internal Dynamics and Interdisciplinary Interaction*. Berlin / New York: Mouton de Gruyter.

Gibbs, Jr. R. W. 2000. Making good psychology out of blending theory. *Cognitive Linguistics* 11（3/4）: 347-358.

Gibbs, R. 1994. *The Poetics of Mind*. Cambridge: Cambridge University Press.

Givón, T. 1985. Iconicity, isomorphism and non -arbitrary coding in syntax [A]. In J. Haiman (ed.). *Iconicity in Syntax* [C]. Amsterdam: John Benjamins, 187-220.

Givòn, T. 1986. Prototypes: Between Plato and Wittgenstein. In Craig, C. (ed.), *Noun Classes and Categorization*. Amsterdan/ Philadelphia: John Benjamins, 77-102.

Givón, T. 1991. Isomorphism in the grammatical code: Cognitive and biological considerations [J]. *Studies in Language* 15(1): 85-114.

Goldberg, A. 2002. Surface generalization: An alternative to alternations. *Cognitive Linguistics* 13 (4): 327-356.

Goldberg, A. E. 1995. *Constructions: A Constructional Grammar Approach to Argument Structure*. Chicago: University of Chicago Press.

Goldberg, A. E. 2003. Constructions: A new theoretical approach to language.《外国语》(3): 1-11.

Goldberg, A. E. 2006. *Constructions at Work: The Nature of Generalization in Language*. Oxford: Oxford University Press.

Goldberg, A. E., Casenhiser, D, M.& N. Sethuraman 2004. Learning argument structure generalizations. *Cognitive Linguistics* 15(3): 289-136.

Goldberg, A. E., Casenhiser, D. & T. R. White 2007. Constructions as categories of language. *New Ideas in Psychology* 25: 70-86.

Goldberg, A. E. et al. 2004. Learning argument generalizations [J]. *Cognitive Linguistics* 15(3): 289-316.

Goldberg, A. E. & R. Jackendoff. 2004. The English resultative as a family of constructions. *Language* 80(3): 536-568.

Gries, S. Th. 2015. Polysemy. In Dabrowska, E. & D. Divjak (eds.), *Handbook of Cognitive Linguistics*. Berlin: Mouton de Gruyter.

Gronemeyer, C. 1999. On deriving complex polysemy: the grammaticalization of *get*. *English Language and Linguistics* 3-1: 1-39.

Grygiel,M. 2004. Semantic change as a process of conceptual blending. *Annual Review of Cognitive Linguistics* 2: 285-304.

Guhe, M., Smaill, A. & A. Pease. 2015. Towards a cognitive model of conceptual blending. www.researchgate.net/publication/.

Haiman, J. 1980. The iconicity of grammar: Isomorphism and motivation [J]. *Language* 56(3): 515-540.

Haiman, J. 1983. Iconic and economic motivation [J]. *Language* 59(4): 781-819.

Haiman, J. 1985. *Natural Syntax: Iconicity and Erosion* [M]. Cambridge: Cambridge University Press.

Haspelmath, M. 2008. Frequency vs. iconicity in explaining grammatical asymmetries [J]. *Cognitive Linguistics* 19(1): 1–33.

Heine, B. 1993. *Auxiliaries: Cognitive Forces and Grammaticalization.* Oxford: Oxford University Press.

Hockett, C. F. 1958. *A Course in Modern Linguistics.* New York. Macmillan Company.

Hockett, C. F. 1960. The Origin of Speech. *Scientific American* 203, 88–96.

Holme, R. 2011. *Cognitive Linguistics and Language Teaching.* 北京：外语教学与研究出版社.

Howarth, P. 1998. Phraseology and second language proficiency [J]. *Applied Linguistics* 19 (1): 24–44.

Hudson, R. 2008. Word grammar, Cognitive Linguistics and second language teaching and learning. In Robinson, P. & N. Ellis (eds.), *Handbook of Cognitive Linguistics and Second Language Acquisition.* New York & London: Routledge, 89–113.

Hymes, D. 1974. *Foundations in Sociolinguistics: An Ethnographic Approach.* Philadelphia: University of Pennsylvania Press.

Janssen, T. & G. Redeker. (eds.). 2000. *Scope and Foundations of Cognitive Linguistics.* The Hague: Mouton De Gruyter.

Johnson, M. 1987. *The Body in the Mind.* Chicago: University of Chicago Press.

Johnson, M. 2007. *The Meaning of the Body: Aesthetics of Human Understanding.* Chicago: University of Chicago Press.

Kecskes, I. 2000. Conceptual fluency and the use of situation-bound utterances in L2 [J]. *Links & Letters* 7.

Kecskes, I. 2007. Formulaic language in English lingua franca. In I. Kecskes, & L. Horn (eds.). *Explorations in Pragmatics: Linguistic, Cognitive and Intercultural Aspects.* Berlin/New York: Mouton de Gruyter, 191–218.

Keshet, Ezra. 2008, *Good Intensions: Paving Two Roads to a Theory of the De re/De dicto Distinction.* Doctoral Dissertation, MIT.

Keyser, S. J. & T. Roeper. 1984. On the Middle and Ergative Construction in English. *Linguistic Inquiry* (15): 381–416.

Kövecses, Z. 2002. *Metaphor: A Practical Introduction.* Oxford: Oxford University Press.

Labov, W. 1973. The boundaries of words and their meanings. In Bailey, C. J. & R. Shuy (eds.), *New Ways of Analysing Variation in English.* Washington, D. C.: Georgetown University Press, 340–373.

Lakoff, G. 1972. A study in meaning criteria and the logic of fuzzy concepts. In CLS(8), *Papers from the 13th Regional Meetings.* Chicago: Chicago Linguistic Society.

Lakoff, G. 1974. Syntactic Amalgams. Papers from the Regional Meetings, Chicago Linguistic Society 10: 321–344.

Lakoff, G. 1977. Linguistic gestalts. In CLS(13), *Papers from the 13th Regional Meetings.* Chicago: Chicago Linguistic Society.

Lakoff, G. 1987. *Women, Fire and Dangerous Things*. Chicago: University of Chicago Press.

Lakoff, G. 1993. Cognitive Phonology. In Goldsmith-John (ed.), *The Last Phonological Rule: Reflections on Constraints and Derivations*. Chicago: University of Chicago Press,117−145.

Lakoff, G. 1993. The contemporary theory of metaphor.In Ortony (ed.), *Metaphor and Thought*. Cambridge: Cambridge University Press, 202−251.

Lakoff, G. 2005. Cognitive linguistics：What it means and where it is going.《外国语》(2): 1−21.

Lakoff, G. 2012. Explaining embodied cognition results. *Topics in Cognitive Science:* 1−13.

Lakoff, G. & M. Johnson. 1980. *Metaphors We Live By*. Chicago: University of Chicago Press.

Lakoff, G. & M. Johnson. 1999. *Philosophy in the Flesh: the Embodied Mind and Its Challenge to Western Thought*. New York: Basic Books.

Lakoff, G. & M.Turner. 1989. *More Than Cool Reason: A Field Guide to Poetic Metaphor*. Chicago: Chicago University Press.

Lakoff, G. & R. E. Núñez. 2000. *Where Mathematics Comes from*. New York: Basic Books.

Lakoff & Johnson, G. 1978. Some remarks on AI and linguistics. *Cognitive Science* 2: 267−275.

Landsberg, M. E. 1995. *Syntactic Iconicity and Linguistic Freezes*. Berlin / New York: Mouton de Gruyter.

Langacker, R. W. 1978. The form and meaning of English auxiliary. *Language* 54: 853−882.

Langacker, R. W. 1982. Space grammar, analyzability, and the English passive. *Language* 58(1): 22−80.

Langacker, R. W. 1984. Active zones. *Proceedings of the Tenth Annual Meeting of the Berkeley Linguisitics Society* 10: 172−188.

Langacker, R. W. 1985. Observations and speculations on subjectivity. In J. Haiman (ed.), *Iconicity in Syntax*. Amsterdam: John Benjamins Publishing Company. 109−150.

Langacker, R. W. 1987a. Nouns and Verbs. *Language* 63: 53 − 95.

Langacker, R. W. 1987b. *Foundations of Cognitive Grammar Vol. I*. Stanford: Stanford University Press.

Langacker, R. W. 1988. Review of *Women, Fire, and Dangerous Things: What Categories Reveal about the Mind* by George Lakoff. *Language* 64(2): 384−395.

Langacker, R. W. 1990. *Concept, Image and Symbol: The Cognitive Base of Grammar*. Berlin / New York: Mouton de Gruyter.

Langacker, R. W. 1991. *Foundations of Cognitive Grammar Vol.II*. Stanford: Stanford University Press.

Langacker, R. W. 1993. Reference-point construction. *Cognitive Linguistics* 4: 1−38.

Langacker, R. W. 1996. Conceptual Grouping and Pronominal Anaphora. In Barbara Fox (ed.), *Studies in Anaphora*, Amsterdam and Philadelphia: John Benjamins. Typological Studies in Language 33, 333–378.

Langacker, R. W. 1999. Virtual Reality. *Studies in the Linguistic Sciences* 29(2): 77–103.

Langacker, R.W. 1999a. *Grammar and Conceptualization*. Berlin / New York: Mouton de Gruyter.

Langacker, R.W. 1999b. Losing control: grammaticization, subjectification, and transparency. In Blank & Koch (eds.): *Historical Semantics and Cognition*. Berlin / New York: Mouton de Gruyter,147–175.

Langacker, R. W. 2000. Why a mind is necessary. In L. Albertazzi (ed.), *Meaning and Cognition: A Multidisciplinary Approach* [C]. Amsterdam: John Benjamins. 25–38.

Langacker, R. W. 2001.The English present tense. *English Language and Linguistics* 5(2): 251–272.

Langacker, R. W. 2005. Dynamicity, Fictivity, and Scanning: The Imaginative Basis of Logic and Linguistic Meaning. In Pecher, D. & R. A. Zwaan (eds.), *Grounding Cognition: The Role of Perception and Action in Memory, Language and Thinking*. Cambridge: Cambridge University Press, 164–197.

Langacker, R. W. 2008. Cognitive Grammar as a Basis for Language Instruction. In Robinson, P. & C. N. Ellis (eds.), *Handbook of Cognitive Linguistics and Second Language Acquisition*. New York/London: Routledge, 66–88.

Langakcer, R. W. 2008. *Cognitive Grammar: A Basic Introduction*. Oxford University Press.

Langacker, R. W. 2015. Construal. In E. Dabrowska and D. Divjak (eds.), *Handbook of Cognitive Linguistics*, 120–142. De Gruyter Mouton.

Liberman, K. 2012. Semantic Drift in Conversations. *Humor Studies* 35: 263–277.

Liebesman, D. 2011. *Simple generics. Noûs* 45: 409–442.

Lin, Tiffany Ying yu & Chen I-Shuan. 2012. How Semantics is Embodied through Visual Representation: Image Schemas in the Art of Chinese Calligraphy. *Proceedings of the Annual Meeting of the Berkeley Linguistics Society* 38. DOI:http://dx.doi.org/10.3765/bls.v38i0, 328–336.

Martin, W. 2001. A Frame-based approach to polysemy. In Cuyckens, H. & B. Zawada (eds.), *Polysemy in Cognitive Linguistics*. Amsterdam: John Benjamins

Matlock, T. 2004. Fictive motion as cognitive simulation. *Memory and Cognition* 32(8): 1389–1400.

Mierzwińska-Hajnos, A. 2014. Shockvertising: Beyond blunt slogans and drastic images. A conceptual blending analysis. *Lublin Studies in Modern Languages and Literature*. 38(2). HTTP: //WWW.LSMLL.UMCS.LUBLIN.PL

Myhill, J. 1988. Categoriality and clustering. *Studies in Language* 12: 261–297.

Newmeyer, F. J. 1999. Bridges between generative and cognitive linguistics. In Leon de Stadler & C. Eyrich (eds.) *Issues in Cognitive Linguistics*. Berlin/New York: Mouton de Gruyter.

Niemeier, S. 2004. Linguistics and cultural relativity. In M. Achard & S. Niemeier (eds.), *Cognitive linguistics, second language acquisition, and foreign language teaching.* Berlin: Mouton de Gruyter, 95−118.

Nunberg, G., Sag, I. & T. Wasow. 1994. Idioms. *Language* 70: 491−538.

Oakley, T. Image Schemas. 2007. In Geeraerts, D. & H. Cuyckens (eds.), *Handbook of Cognitive Linguistics.* Oxford: Oxford University Press.

Padden, C., I. Meir, S-O. Hwang, R. Lepic, S. Seegers & T. Sampson. 2013. Patterned iconicity in sign language lexicons. *Gesture* 13(3): 287−308.

Pascula, E. 2006. Fictive interaction within the sentence: A communicative type of fictivity in grammar. *Cognitive Linguistics* 17(2): 245−267.

Patard, A. 2014. When tense and aspect convey modality. Reflections on the modal uses of past tenses in Romance and Germanic languages. *Journal of Pragmatics* 71: 69−97.

Patard, Adeline, 2011. The epistemic uses of the English simple past and French imparfait. In Patard, A. & F. Brisard (eds.), *Cognitive Approaches to Tense, Aspect, and Epistemic Modality.* Amsterdam: John Benjamins, 279−310.

Peirce, C. S. 1932. The icon, index and symbol. In C. Hartshorne & P. Weiss (eds.). *Collected Papers of Charles Sanders Peirce, vol. 2*: *Elements of Logic.* Cambridge, MA: Harvard University Press, 156−173.

Percus, Orin and Uli Sauerland. 2002. Pronoun Movement in Dream Reports. In Makoto Kadowaki and Shigeto Kawahara (eds.), *Proceedings of NELS 33.* Amherst, GLSA, University of Massachusetts, 265−283.

Pesina, S. & O. Latushkina. 2015. Polysemy and Cognition. *Procedia-Social and Behavioral Sciences* 192: 486−490.

Pietrandrea, P. 2012. The conceptual structure of irreality: a focus on non-exclusion-of-factuality as a conceptual and linguistic category. *Language Sciences* 34: 184−199.

Pinker, S. Lebeaux, D. S. & L. A. Frost. 1987. Productivity and constraints in the acquisition of the passive. *Cognition* 26: 195−267.

Pollard, C. J, Sag, I. A. 1987. *Information-based syntax and semantics.* Stanford, Calif.: Center for the Study of Language and Information.

Pütz, M., Niemeier,S. & R. Dirven (eds.). 2001. *Applied Cognitive Linguistics: Theory and Language Acquisition.* Berlin/New York: Mouton de Gruyter.

Pütz, M., Niemeier,S. & R. Dirven (eds.). 2001. *Applied Cognitive Linguistics: Theory and Language Acquisition.* Berlin/New York: Moutou de Gruyter.

Quirk, R. et. Al. 1985. *A Comprehensive Grammar of the English Language.* London & New York: Longman.

Radden, G. & R. Dirven. 2007. *Cognitive English Grammar.* Berlin: John Benjamins.

Ravin, Y. & C. C. Leacock. 2000. Polysemy: An Overview. In Ravin, Y. & C. Leacock, (eds.), *Polysemy: Theoretical and Computational Approaches.* Oxford: Oxford University Press.

Ravin,Y. & C. Leacock. 2000. *Polysemy: Theoretical and Computational Approaches.* Oxford: Oxford University Press.

Riitta Välimaa-Blum. 2005. *Cognitive Phonology in Construction Grammar*. Berlin / New York: Mouton de Gruyter.

Robinson, P. & N. Ellis (eds.), 2008. *Handbook of Cognitive Linguistics and Second Language Acquisition*. New York/London: Routledge.

Rosch, E. 1973. Natural Categories. *Cognitive Psychology* 4–3: 328–350.

Rosch, E. 1975. Cognitive Reference Points. *Cognitive Psychology* 7–4: 532–547.

Rosch, E. & B. Lloyd. (eds.). 1978. *Cognition and Categorisation*. Hillsdale, New Jersey: Lawrence Eribaum Associates, Publishers.

Rosch, E. & C. Mervis 1975. Family Resemblances: Studies in the Internal Structure of Categories. *Cognitive Psychology* 7(4): 573–605.

Rosch, E., Mervis, C.B., Gray, W.D., Johnson, D.M. & P. Boyes-Braem. 1976. Basic objects in natural categories. *Cognitive Psychology* 8: 382–439.

Ruiz de Mendoza. 1997. Cognitive and Pragmatic aspects of Metonymy. *Cuadernos de FilologiaInglesa* 6(2): 161–178.

Sew, J. W. 2005. Iconicity [A]. In P. Strasny (ed). *Routledge Encyclopedia of Linguistics* [C]. London: Routledge, 487–488.

Sokmen, A. J. 1997. Current trends in teaching second language vocabulary. In Schmitt, N. & M. McCarthy (eds.), *Vocabulary: Description, Acquisition and Pedagogy*. Cambridge: Cambridge University Press.

Srinivasan, M & H.Rabagliati. 2015. How concepts and conventions structure the lexicon: Cross-linguistic evidence from polysemy. *Lingua* 157:124–152.

Stockwell, P. 2002. *Cognitive Poetics*. London & New York: Routledge.

Sweetser, E. 1990. *From Etymology to Pragmatics*. Cambridge: Cambridge University Press.

Talmy, L. 1978. Figure and ground in complex sentences. In J. Greenberg (ed.), *Universals of Human Language: Syntax. (vol. 4)*. Stanford University Press. 627–649.

Talmy, L. 2000. *Toward a Cognitive Semantics, Vol I: Concept Structuring System*. Cambridge/ Massachusetts: The MIT Press.

Talmy, L. 2000. *Toward a Cognitive Semantics, Vol II: Typology and Process in Concept Structuring*. Cambridge/Massachusetts: The MIT Press.

Talmy, L. 2007. The attention phenomena. In Geeraerts, D. & H. Cuyckens (eds.), *The Oxford Handbook of Cognitive Linguistics*. Oxford: Oxford University Press.

Taub, S. F. 2001. *Language from the Body: Iconicity and Metaphor in American Sign Language*. Cambridge: Cambridge University Press.

Taylor, J. R.1989/95. *Linguistic Categorization: Prototypes in Linguistic Theory*. Oxford: Oxford University Press.

Taylor, J. R. 2002. *Cognitive Grammar*. Oxford: Oxford University Press.

Teodora Popescu & Grigore-Dan Iordachescu. 2015. Raising Students' Intercultural Competence through the Process of Language Learning [J]. Procedia-Social and Behavioral Sciences 197: 2315–2319.

Tiffany, Y. L. & I Shuan, Chen. 2012. How semantics is embodied through visual representation: Image schema in the art of Chinese calligraphy. *Proceedings of the Annual Meeting of the Berkeley Linguistic Society*, Published for BLS by the Linguistic Society of America.

Tomasello, M. 1992. *First Verbs: A Case Study of Early Grammatical Development.* Cambridge, MA: Harvard University Press.

Tomasello, M.2000a. The item-based nature of children's early syntactic development. *Trends in Cognitive Science* 4(4): 156−163.

Tomasello, M. 2000b. First steps in a usage based theory of language acquisition. *Cognitive Linguistics* 11: 61−82.

Tomasello, M. 2003. *Constructing a Language: A Usage-based Theory of Language Acquisition.* Boston: Harvard University Press.

Tomasello, M. 2006. Acquiring linguistic constructions. In Siegler, R., Kuhn, D. & M. Tomasello (eds.), *Handbook of Child Psychology: Cognitive Development.* New Jersey: John Wiley & Sons, Inc.

Tomasello, M. 2009. The usage-based theory of language acquisition. In E. Bavin (ed.), *Handbook of Child Language.* Cambridge: Cambridge University Press.

Tomasello, M., Kruger, A., & H. Ratner. 1993. Cultural learning. *Behavioral and Brain Sciences* 16: 496−552.

Traugott, E. C. 1989. On the rise of epistemic meaning in English: An example of subjectification in semantic change. *Language* 65(1): 31−55.

Traugott, E. C. & B. Heine.1991. *Approaches to Grammaticalization 2 Vols.* Amsterdan/ Philadelphia: John Benjamins.

Traugott, E. C. & R. B. Dasher. 2002. *Regularity in Semantic Change.* Cambridge: Cambridge University Press.

Turner, M. 1991. *Reading Minds: The Study of English in the Age of Cognitive Science.* Princeton: Princeton University Press.

Tyler, A. & V. Evans. 2001. Reconsidering prepositional networks: the case of *over. Language* 77(4): 724−765.

Tyler, A. & V. Evans. 2003. *The Semantics of English Prepositions: Spatial Scenes, Embodied Meanings and Cognition.* Cambridge: Cambridge University Press.

Ungerer, F. & H. Schmid. 1996. *An Introduction to Cognitive Linguistics.* London/New York: Longman.

Vandeloise, C. 1994. Methodology and the analysis of the preposition in *Cognitive Linguistics* 5(2): 157−184.

Verhaar, J. W. M. 1990. How transitive is intransitive?. *Studies in Language* 14(1): 93−168.

Wang, F. Y. 1995. A cognitive account of the lexical polysemy of Chinese *Kai.* https: // www.researchgate.net/publication/33005802 Retrieved on 26 September 2016.

Widdowson, H. G. 1990. *Aspects of Language Teaching.* Oxford: Oxford University Press.

Wittgenstein, L. 1953. *Philosophical Investigations.* Translated by Anscombe, G.E.M.

New York: MacMillan.

Wray, Alison. 1999. Formulaic language in learners and native speakers. *Language Teaching* 32: 213–231.

Wray, Alison. 2002 Formulaic Language and the Lexicon. Cambridge: Cambridge University Press.

Zaunbrecher, N. J. 2012. Suspending Belief and Suspending Doubt: The Everyday and the Virtual in Practices of Factuality. *Human Studies* 35(4): 519–537.

陈　平，1987，释汉语中与名词性成分相关的四组概念，《中国语文》（2）：81–92。

桂诗春，1995，从"这个地区很郊区"谈起，《语言文字应用》（3）：24–28。

李宇明，2005，《语法研究录》，北京：商务印书馆。

刘正光，2000，名词动用过程中的隐喻思维，《外语教学与研究》（5）：335–339。

刘正光，2006，语言非范畴化：语言范畴化的重要组成部分，上海：上海外语教育出版社。

刘正光，2007，宾语隐形时的语义与语用特征，《外语教学与研究》（1）：43–50。

刘正光，2008，非范畴化与汉语诗歌中的名词短语并置，《外国语》31（4）：22–30。

刘正光，2009，认知语言学的语言习得观，《外语教学与研究》41（1）：46–53。

刘正光，2009，认知语言学对外语教学的启示，《中国外语》6（5）：29–35。

刘正光，2010，认知语言学的语言观与外语教学的基本原则，《外语研究》（1）：8–14。

刘正光，2011，主观化对句法限制的消解，《外语教学与研究》（3）：335–349。

刘正光，2016，大学外语教学跨文化交际能力培养与隐喻教学，《东北师范大学学报》（3）：121–124。

刘正光、陈弋，2016，亚瑟·韦利《论语》英译"偏离"的认知解释，《外国语》（2）：89–96。

刘正光、崔刚，2005，非范畴化与"副词＋名词"结构，《外国语》（2）：37–44。

刘正光等，2016，虚拟性与句法语义的逻辑关联问题，《外语教学与研究》（1）：36–48。

鲁·阿恩海姆（郭小平、翟灿译），1994，《艺术心理学新论》，北京：商务印书馆。

陆俭明，1994，关于词的兼类问题，《中国语文》（1）：28–34。

秦秀白，1986，文体学概论，长沙：湖南教育出版社。

沈家煊，1999，转喻和转指，《当代语言学》（1）：3–15。

史锡尧，2000，"介宾＋动"向"动宾"的演变，《汉语学习》（1）：6–7。

邢福义，1997，"很淑女"之类说法语言文化背景的思考，《语言研究》（2）：1–10。

徐烈炯，1988，生成语法理论，上海：上海外语教育出版社。

徐盛桓，2010，指类句研究的认知—语用意蕴，《外语教学与研究》42（2）：83–91。

周北海，2004，概称句本质与概念，《北京大学学报》（4）：20–29。

张磊、姚双云，2013，从语体视角考察指类句的句法特征和分布情况，《语言教学与研究》（2）：74–81。

后 记

　　2014年应上海外语教育出版社之约，撰写《认知语言学十讲》，2016年底完成初稿。在修改和等待稿件出版的过程中，我将初稿作为湖南大学外国语学院英语专业新培养方案的选修课教学材料先后讲授了两轮。

　　第一轮是在2018年9月初，英语系主任通知我说，《认知语言学》这门课有58人选（当时英语专业有学生80人左右），感觉很欣慰。作为一门选修课，有这么高比例的选课率我已经很满足了。课程是在国庆前一周开始的，国庆假期后再次上课时，学生又增加了9人。第一次上课时，我发现了一个很奇怪的现象，选课学生当中有近30位男生（据我所知，我院每一届男生一般不会超过15人），经询问得知非英语专业学生有三分之二左右。更让人惊讶的是，经过一段时间的教学，我问学生们为什么选这门课，答案居然是这门课学分多，有3个学分；再问他们为什么坚持来上课而从不逃课时（我第一次上课时就宣布，本门课不考勤），他们说，这门课很有意思，能给人不少启发。

　　第二轮开课是2019年9月，8月底学校教务系统开放选课，有51人选择，上完第一次课后又有16位学生补报。现在百余个座位的大教室里，基本是座无虚席：听课的还有来自周边学校的语言学教师、访问学者等，当然也有本院的教师、博士生和硕士生。

　　除了选课人数外，讲授这门课，还有两件事令我非常感动。第一件是2018年12月31号晚上补2019年元旦的课，我都做好了心理准备，可能来上课的人不会有几个：因为第二天就是元旦假期了，晚上还下着雨夹雪。让我吃惊的是，学生们居然都到了！这反映出当代大学生还是有很强的求知欲的。第二件事，这门课程的评价采用的是写论文的方式。当我花了三天时间批阅完所有论文，分数上传到系统后，一位建筑系的男生通过QQ问我为什么只给了他78分的成绩，并且说这门课的成绩对他申请攻读牛津大学的哲学硕士学位很重要。我回复他，本来打了84分，后来又仔细审读了一遍，改为78分，并给出了三条评分依据（每一篇论文都写了评分的理由）。该学生听过以后信服了，并且补充说，其他课程的任课教师也为他指出过类似的问题。交谈中，我们还深入交流了他以后应该努力的方向。他最后说，虽然分数不高，但通过学习《认知语言学》这门课程，他受益匪浅、收获良多，衷心感谢外国语学院为同学们开设了这门课。这件事，让我明白了学生也并不是惟分数而学习，是否真正学到有用的知识才是他们的关切。

其实，一门课，有用没用，效果如何，老师怎么教，关系挺大。北京大学陆俭明先生给全校本科生开设的《现代语言学》课程深受欢迎，也说明了这个道理。语言学真的是非常能培养学生的思辨能力和创新能力的。

《认知语言学十讲》课程两轮讲授下来，证明了两个基本想法的可行性和有效性：一是，以认知能力为纲编排庞大的《认知语言学十讲》的内容，是一种简单明快的方式，有利于学生和一般读者更好地领悟语言与认知的关系；二是围绕认知能力做专题性、深层次地讨论更能激发学生的思考与探究能力，也能更好地培养读者的思辨意识和研究能力。我在写作该书的过程中，始终把这两个想法作为指导思想，同时也根据教学实践和读者反馈，不断地优化和补充本书的材料，希望能起到更好的作用。

语言学魅力无穷，认知语言学更是如此！